Finito di stampare
nel settembre 1985
dalle Grafiche Lema
Via delle Industrie, 11
33085 Maniago (Pordenone)
tel. 0427.72831
telex 460656 Lema I

*Printed in Italy
in September 1985
by Grafiche Lema
Via delle Industrie, 11
33085 Maniago (Pordenone)
ph. 0427.72831
telex 460656 Lema I*

Italia / *Italy*
Magnus Edizioni
Via Spilimbergo, 180
33034 Fagagna (Udine)
tel. 0432.800081
telex 460656 Lema I

estero / *abroad*
Rotovision Sa
10, Rue de l'Arquebuse
P.O. Box 434
1211 Genève 11 (Switzerland)
ph. 022.212121
telex 421479 Rovi CH

Franco Giacometti
art director / *art director*

Giorgio Camuffo
copertina / *cover design*

Alice e Paola Vigiak
servizi grafici / making-up

CTC, Conegliano / Nidra Poller, Parigi
traduzioni / *translations*

**Zincografia di Verona,
Castel d'Azzano**
fotolito / colour separations

Cartiera Sottrici, Olgiate Olona
carta bilux extra / bilux extra paper

Colorama, Caleppio di Settala
inchiostri da stampa / printing inks

Legatoria Zanardi, Padova
rilegatura / binding

**Carla Adamoli
ADI, Associazione per
il Disegno Industriale**
Via Montenapoleone, 18
20121 Milano
tel. 02.782044

ISBN 88-7057-044-4

Industrial Designers Italiani / *Italian Industrial Designers*

coordinatore / *coordinator*
Mario Vigiak

curatori / *editors*
Giancarlo Iliprandi
Pierluigi Molinari

editore / *publisher*
Magnus Edizioni

Anzitutto, cosa è un annual? Un repertorio annuale di immagini illustranti la produzione in un determinato settore. L'esempio più tipico sono gli annual di fotografia, di pubblicità, di art direction; senza i quali oramai sarebbe difficile, se non impossibile, operare ricostruzioni ed analisi storico-critiche attorno a precise discipline.

Un annual del design, più precisamente del product design italiano, è sempre mancato.

Se una istituzione come l'ADI, Associazione per il Disegno Industriale, si fosse fatto carico dalla propria fondazione di raccogliere ed editare le opere prodotte dai soci, anno dopo anno, sicuramente avremmo a disposizione il miglior archivio storico del design esistente al mondo. Purtroppo i costi di organizzazione, allestimento e produzione hanno ridotto questa attività a pochi esempi.

Citiamo per dovere di cronaca due volumetti in formato ridotto pubblicati nel 1961 e 1964 ed uno, più sostanzioso, del 1976; tutti gli altri lodevoli tentativi si sono arrestati di fronte a precise difficoltà economiche.

Come ci si può documentare sul design italiano? All'inizio era «Stile industria», poi venne la notte. A parte ogni facile ironia, è incredibile come la nostra area del progetto, secondo incontrolati unanimi consensi la più vasta in senso quantitativo ed una delle più fertili dal punto di vista qualitativo, sia poco descritta almeno in senso iconologico, pure se spesso circoscritta da postulati ideologici.

Probabilmente, esplorata con eccessiva cautela proprio a causa delle tante contraddittorie o confuse definizioni che ponevano gli autori nella necessità di proporsi come padri della patria, coniandone delle nuove.

Il design italiano è stato comunque documentato, comunque nel senso di in qualche modo, da tutte le riviste di settore, dai resoconti spesso introvabili del premio Compasso d'Oro, dai cataloghi di mostre e rassegne nazionali ed internazionali che, evidentemente, presentavano prodotti selezionati e la responsabilità dei quali, merito o demerito, ricade sulle commissioni ordinatrici.

Due casi ci sembrano abbastanza differenti, quindi degni di citazione, per i criteri di selezione adottati e per la visione cartografica del problema.

Il catalogo della mostra «Italy: the new domestic landscape» curato da Emilio Ambasz, edito dal *Museum of Modern Art* di New York ed il volume «Atlante del design Italiano» di Alfonso Grassi ed Anty Pansera, Fratelli Fabbri Editori 1980, ai quali rimandiamo il lettore non specializzato nel settore, ma interessato all'argomento, che pretendesse un antefatto a questa impresa editoriale.

Impresa non certo facile e per i tempi di realizzazione volutamente ristretti; la Magnus pensa di editare un Omnibook nella primavera di ogni anno, alternando quello dedicato a grafica, fotografia, art direction, illustrazione a questo dedicato al product design e probabilmente esteso ad aree contigue nella prossima edizione.

Anche se i curatori sono soci attivi dell'ADI, il presente volume vuole uscire dall'ambito associativo affrontando una realtà nazionale più vasta.

La cadenza biennale ed il testo bilingue ne fanno comunque un veicolo internazionale che, proprio sul mercato straniero, susciterà un sicuro interesse garantendone sia il successo sia una meritata continuità.

i curatori

First of all, what is an Annual? It is an annual selection of images which illustrate production in a given field. Typical examples are the Photography Annual, and Advertising of Art Director's Annuals which have become essential tools of the trade. It would be difficult if not impossible to envisage any historical and critical analysis and interpretation of these specific fields without the use of these directories.

But a design Annual, and particularly an Annual of Italian product design, has been conspicuous by its absence.

If an organisation like the ADI, the Industrial Design Association, had taken upon itself from the very start to document and publish the works produced by its members over the years, we would have now available the most complete archives of design history existing in the entire world.

However, the high costs of organising, preparing and publishing such documents have drastically limited the scope of this activity. We must mention two slim volumes published in 1961 and 1964 and a more substantial work which came out in 1976; all other laudable attempts have been blocked by simple financial problems.

How can Italian design be documented? First, there was «Stile Industria». Then darkness fell. Putting aside the temptation to be ironic, it is truly incredible to note the poverty of description, at least in an iconographical sense, of our planning area which by unanimous consent is one of the most extensive quantitatively speaking and one of the most fertile from the qualitative point of view. In the absence of documentation there is a corresponding excess of restrictive ideological postulates. It has perhaps been too cautiously investigated because of the numerous contradictions or the confusion of definitions which have led authors to adopt a patriotic attitude to the subject.

Italian design has been documented in a particular way in some specialised magazines, in reports from the Compasso d'Oro Award (almost impossible to find) and in catalogues of Italian and international trade fairs where the selections depend on commissioning authorities who bear solely the credit – or discredit – for their choices.

Two notable exceptions to this situation are remarkable both for the selection criteria applied and the cartographic vision of the field. These are the catalogue of the American exhibition «Italy: the new domestic landscape», edited by Emilio Ambasz and published by the MOMA of New York, and «Atlante del design italiano» by Alfonso Grassi and Anty Pansera, published by Fratelli Fabbri Editori in 1980. These books can be recommended to readers who are not specialists in the field but are interested in the subject and curious to follow the process which leads to the present publishing enterprise.

An enterprise made more difficult because of the restricted time available. Magnus intends to publish an Omnibook in the Spring of each year, alternating between a work devoted to graphic arts, photography, art direction and illustration and one that will cover product design and eventually, in future editions, other related fields.

Though the editors of this book are active members of the ADI they wish to go beyond the limits of the Association and confront in this book a much broader national reality. With biennial publication in a bi-lingual edition, the Annual should achieve an international status which will certainly attract interest in foreign markets, there by ensuring its success and stimulating the continuation of a worthwhile project.

the editors

Per una mappa del design italiano

Questa pubblicazione, un annual, è abbastanza atipica per il mondo del product design italiano che si è visto gratificato da poche opere illustrate, però tutte in qualche modo ponderose ed importanti, fatta eccezione per alcuni cataloghi di mostre internazionali ai quali, in ogni caso, veniva sempre premesso un saggio introduttivo come avallo culturale della manifestazione.

La prima anomalia riguarda la periodicità, che vuole essere biennale, e quindi esclude il concetto di rassegna storica pure se ad una prima edizione non si può chiedere una totale attualità delle immagini. Molti progettisti, di fronte ad una richiesta del genere, sono portati a fornire una scheda personale che valga come biglietto di visita, riassuntiva quindi di tutto un iter professionale, capace di condensare in breve spazio le capacità e le intenzioni operative.

Più chiarificatrici del momento contemporaneo saranno senza dubbio le edizioni a venire quando, accantonati i prodotti già noti o quelli per i quali l'autore spera di entrare nella notorietà, la presentazione verterà sulla produzione più recente, facendosi più indicativa del momento contemporaneo.

Un'altra anomalia si rifà al criterio di composizione del volume. L'ordine di sequenza è alfabetico e riguarda i progettisti, non i prodotti, non le categorie merceologiche, non la sequenza cronologica, trattandosi di un repertorio di personaggi e non di artefatti.

È quindi uno di quei volumi che non si sfogliano per sapere cosa accade di nuovo nel mondo degli imbottiti piuttosto che in quello degli elettrodomestici, bensì per sapere chi è, in breve, il tale o talaltro progettista e quale sia la sua produzione più recente. Fatta salva la pregiudiziale, alla quale prima accennavamo, del bisogno di autopresentazione dovuto alla carenza di periodiche pubblicazioni riassuntive dedicate all'argomento specifico.

Una terza anomalia, ammesso sia giusto definire così una semplice diversità, è costituita dal fatto che la raccolta non parte da una preselezione determinata, come accade per i testi di indagine storica o per i cataloghi di mostre di attualità, bensì fa appello alla partecipazione spontanea degli autori, lasciando ad essi il compito di autoselezionarsi quindi di essere responsabili ultimi della propria immagine.

I curatori del volume hanno limitato il loro intervento ad una verifica di pura pertinenza professionale, scartando a priori ogni griglia ideologica oppure estetica che volesse significare la formazione di un libro esemplare. Questo spiega, inoltre, perché dalla raccolta sono assenti parecchi personaggi, più o meno noti, operanti da anni in questo campo i quali, vuoi per il poco tempo concesso alla raccolta di documentazione, vuoi per innata pigrizia oppure per istintiva diffidenza verso un mezzo che noi stessi definiamo anomalo, vuoi per politica personale, non hanno inviato in tempo la loro scheda. Ne è scaturita quindi una mappa topografica ampiamente incompleta però altrettanto interessante poiché se ad essa mancano i nomi di certe piazze o di certe circonvallazioni, giustamente famose, in essa si delineano intere vie e nuovi quartieri che rappresentano, nel bene e nel male, il tessuto urbanistico del quale dobbiamo sempre più tener conto.

Ecco quindi emergere da questo repertorio la diversa fisionomia del design italiano, non quella delle punte avanzate, o non unicamente codesta, bensì quella di molti giovani e di altrettanti che giovani non sono, i quali, operando in centri lontani dalla cosiddetta capitale del design oppure su prodotti di scarso allettamento pubblicitario, avevano sino ad oggi trovato scarse occasioni di presentazione.

Ecco quindi una mappa nella quale la qualità non vuole essere l'indicazione di certe altitudini, mediante una sapiente ricostruzione di curve isometriche, bensì l'assommarsi di forze progettuali in un unico complesso panorama collettivo.

A chi sarà rivolto questo repertorio è facile ipotizzarlo. Agli autori stessi quando saranno ben disposti all'autocritica, ai produttori se andranno cercando nuovi progettisti per la propria produzione, a quanti si interessano di design in senso lato per capire meglio cosa sottintenda il termine tanto dibattuto quanto incompreso.

Credo però che un volume del genere potrà interessare maggiormente certi paesi stranieri dove il design italiano è molto noto di nome e poco

Charting Italian Design

The publication of this Annual is an exceptional event in the world of Italian product design. Though very few illustrated works have been produced, we must acknowledge that most of them have been intelligent and significant. In addition, various international exhibitions have brought out catalogues, with the inevitable preface that serves to confirm the cultural ambitions of the show.

The first anomaly lies in the intention to publish this 'Annual' every two years. The focus will not be on a historical view. However, this first edition cannot be expected to present totally contemporary images. When invited to participate in a project of this nature, many designers choose to offer a career résumé which will serve as a calling card, summing up a professional itinerary, concentrating within a limited space the range of their qualifications and operative intentions. Future editions will undoubtedly be more representative of the contemporary scene. Creations which are already well known and products with which the designer hoped to achieve fame can be set aside and the most recent production will be presented, which will give a clearer picture of modern trends.

Another anomaly will be found in the criteria used to organise this volume. Entries are placed in alphabetical order according to the designer's name, and not in chronological order nor according to the product or the category of goods designed. The book deals with people, not goods.

So it is not the book to consult in order to find out what is going on in the upholstery trade rather than in the household appliance industry, it is the place to find out who that certain designer is and what s/he has produced lately.

A third anomaly – if we may use this word to describe what is simply a difference – derives from the fact that the collection is not based on determined choices, as is the case in historical analyses or exhibition catalogues which present new products. In this case the designers themselves were invited to make their own selection, there by taking responsibility for the image presented. The editors have intervened only to assure a thoroughly professional approach; no ideological nor aesthetic a priori have been imposed that would make this work into a catalogue of examplary models.

This also explains the absence of certain more or less well known personalities who have been working in the field for many years. Perhaps because of the limited time allowed for supplying documentation, perhaps out of indifference or diffidence towards a project which we ourselves define as anomalous, several designers did not provide their dossiers in time. As a result the topographical chart is somewhat incomplete. If the names of certain Squares and highways – undoubtedly worthy of fame – are missing it is nonetheless interesting to discover new roads and entire neighborhoods which – for better or for worse – give a true picture of the urban scene which must be taken into account.

Various currents of Italian design emerge within the Annual, where we see not only the advance posts but also, and with greater coherence, the work of many young designers as well as others, not so young, who are working far away from the so-called «design capital». Because of this distance, or because their creations do not attract wide publicity, these designers find few occasions to make themselves known, despite the seriousness of their professional approach.

On this map of Italian design, quality is not considered the attainment of certain altitudes reached by way of clever reconstruction of isometric curves. What is presented is rather the sum of design forces operating in a complex collective panorama.

It is easy to imagine the public that will be attracted to this directory: designers themselves, if they are willing to take a critical view of their own work; producers who are looking for new designers; and general readers, interested in the subject but not actively involved in it, who would like to understand this much discussed but often misunderstood word 'design'.

But I think that this type of Annual will be even more interesting to readers in certain foreign countries where 'Italian design' is so well known in name and so badly in fact. Treated as a fad, Italian design is placed in the category of the 'Italian miracle'; too difficult to codify, it must be handled with care.

We must acknowledge the important contribution made by the now

di fatto, considerato, come è, un fenomeno di moda, una specie di miracolo all'italiana, non sempre codificabile e quindi da maneggiare con cautela.

Dobbiamo dare merito ad una mostra, oramai inevitabilmente da citarsi in ogni circostanza (Italy: the new domestic landscape. Museum of Modern art New York, 1972), se il design italiano fiorente ed attivo negli anni '50 e '60, poté affrontare e superare un primo rendiconto storico a livello internazionale. Quando la mostra vide la luce non mancarono critiche e denigrazioni, cosa del resto abituale per chi non è in grado di compiere certe operazioni e non per questo si astiene da far sapere a tutti quanto si sarebbero potute organizzare meglio. Si parlò di giubileo del design italiano in un processo di giubilazione, si scrisse che l'esposizione, per nulla rappresentativa della potenzialità reale della nostra progettazione, era un mastodonte confuso la cui esposizione al pubblico aveva il solo scopo di sancire la morte del «fenomeno» design italiano. Fu una splendida mostra e quanti sono continuamente costretti a ricordarla, seppure a denti stretti, non possono che darne atto; fu splendida non per la rappresentatività dei singoli oggetti, o non solo per la iconicità di certi pezzi storici divenuti immagine di se stessi, bensì per il coraggio, dissacratorio, del livellamento settoriale.

Cosa è accaduto del design italiano dopo i presunti rintocchi di campana? Morto non è certamente, anzi, si presenta sulla scena internazionale sempre con la medesima vivacità, rivitalizzato ogni tanto da iniezioni di moderno e postmoderno che, se non altro, hanno il grande merito di vivacizzare un dibattito. Questo non vuole essere un giudizio bensì una semplice constatazione.

Le vere conclusioni potrebbero essere tratte, non certo agevolmente, studiando gli atti del tredicesimo congresso mondiale ICSID-Design tenutosi a Milano nell'ottobre 1983 che, purtroppo, non hanno ancora visto la luce al momento di redigere queste note, ma che saranno facilmente reperibili dopo la presentazione ufficiale al Worldesign 85/ICSID negli USA.

Resta però un altro testo abbastanza significativo, la trascrizione delle comunicazioni e degli interventi presentati al convegno promosso dalla Camera del Lavoro territoriale di Milano e dalla CGIL «Per chi lavora il designer. Il progetto, il prodotto, l'immagine, il mercato». Palazzo delle ex-Stelline gennaio 1983 più tavola rotonda alla Casa della Cultura.

Ancora ci sembra doveroso citare tra i tanti il dibattito promosso dalla rivista «Modo» nell'ambito del premio Compasso d'Oro ADI, Comune di Milano. «Tre anni di design» autunno 1984, come paradigmatico di una dialettica attuale mentre, invece, unica nel suo genere, la mostra itinerante dei tredici premi Compasso d'Oro che, curata interamente dall'ADI, Associazione per il Disegno Industriale, ed accompagnata via via da pubblicazioni di maggiore o minore peso, tocca le principali capitali del mondo italiana di cosa è design.

Nel programma del nuovo Comitato Direttivo ADI viene, tra le tante attività, annunciato un volume destinato a riassumere trent'anni di attività culturali, organizzative e propositive.

Forse questo potrà essere un nuovo e più preciso punto di riferimento per quanti, studiosi, operatori, o soltanto curiosi, si propongono di ripercorrere le tappe passate di una storia tutta ancora presente.

In tutti questi anni tra ideologia e prassi il corpo vivo del design italiano, la cosiddetta area del progetto, è stato delicatamente posto sul tavolo anatomico e garbatamente dissecato.

Senza drammi, secondo dialettiche spesso di parte, però note solo agli addetti ai lavori, persino con un garbato fair-play. È questo quanto i designers italiani pensano del design italiano ed è questo il design italiano come, del resto, si presenta in questo volume? Oppure non è anche quello dei grandi e piccoli assenti, e sono moltissimi, che ogni giorno siedono al tavolo da disegno e riempiono il nostro quotidiano di tutti quegli oggetti d'uso dei quali neppure teniamo conto?

Giancarlo Iliprandi, aprile 1985

classical exhibition, 'Italy: the new domestic landscape' held at the Museum of Modern Art in New York in 1972. This show offered at an international level a historical view of Italian design, which was so prolific and energetic in the 50s and 60s. When the show opened it was subject to criticism and even denigrated. As often happens, those who are not capable of organising a movement of this order don't hesitate to let it be known that they would have certainly done it much better. There was talk of this jubilee of Italian design in a process of jubilation; there were articles saying that the exhibition, in no way representative of the true potential of our designers, was a hopeless mastodon. It was said that the sole purpose of the exhibition was to sign the death warrant of the «phenomenon» of Italian design. But it was a splendid show and it can't be forgotten, even if many are reluctant to admit it. It was splendid, not because of the exemplary nature of individual objects, and not because of the iconic quality of certain historical pieces which have become the images of themselves, but rather for its courage, desacrilizing, of sectorial levelling.

All what remains of that exhibition is an invaluable catalogue, produced by the Centro DI of Florence, which is still worth being attentively studied. What has happened to Italian design since this supposed death knell? It is certainly not dead. In fact it is still in the forefront of the international scene, as vivacious as ever, regularly stimulated by modern and postmodern influences which serve at the very least to keep the debate lively. It is not a question of opinion but a simple statement of the facts.

Real conclusions might be drawn, not without difficulty, from an examination of the Minutes of the 13th ICSID-DESIGN World Congress held in Milan in October 1983. Not yet available these Minutes will be brought out in September after the official presentation of WORLDESIGN 85/ICSID in the United States.

Another significant text came out of the transcript of communications and lectures presented at the convention promoted by the territorial Camera del Lavoro di Milano in association with the CGIL union: «Per chi lavora il designer. Il progetto, il prodotto, l'immagine, il mercato» (Who does the designer serve? The project, the product, the images, the market) held in the Palazzo ex Stelline on the 20th and 21st of January, 1983, with a round table discussion held at the Casa della Cultura.

Mention must also be made of a debate entitled 'Three years of design', one among many sponsored by the magazine «Modo» during the autumn of 1984 in connection with the ADI/Milan Council Compasso d'Oro Award. The development of modern trends can be traced forward from this debate. Also worthy of mention is the unique itinerant exhibition of the 13 Compasso d'Oro Awards, entirely organized by the Association for Industrial Design. Many more or less prestigious publications were produced as a consequence of this exhibition, which travelled to major world capitals, introducing the Italian concept of design.

The new Management Committee of ADI has announced its program which includes, among many other initiatives, the publication of a book summarizing thirty years of proposals and of cultural and organisational activity. This may serve as a new and more exact reference for scholars and also for people active in the field and others who are simply curious to retrace the course of a history that is in the making.

Between ideology and praxis the living body of Italian design, the so-called planning area, has been politely stretched out on the dissecting table and politely put under the dissecting knife. Without storm and fury, following dialectical principles commonly known but only to those in the trade, Italian design has been nicely dished out, with a certain attempt to be fair. But what do Italian designers think of Italian design, and how will this book present Italian design? Is it not also created by the greater and the lesser absentees, and they are inumerable, seated every day before the drawing board, conceiving objects that enhance our everyday lives and which we have come to take for granted?

Giancarlo Iliprandi, April 1985

Legenda delle abbreviazioni / *list of abbrevations*

ADCM
Art Directors Club Milano

ADI
Associazione per il Disegno Industriale

BEDA
Bureau of European Designers Association

CIAM
Congresso Internazinale di Architettura Moderna

ICSID
International Council of Societies of Industrial Design

ICOGRADA
International Council of Graphic Design Associations

INASA
Istituto Nazionale Arredo Urbano e Strutture Ambientali

ISDA
Industrial Design Society of America

MOMA
Museum of Modern Art

SIE
Associazione Italiana di Ergonomia

SWB
Schweizer Werk Bund

TP
Associazione Tecnici Pubblicitari

VSI
Vereinigung Schweizer Innerarchitecten

art direction Studio I roisi - foto Studio Azzurro

SHERATON:
compasso d'oro - Milano 1979
Lodovico Acerbis - Giotto Stoppino

ACERBIS INTERNATIONAL
SERIATE - (BG) - ITALY

CariniAdService Express.

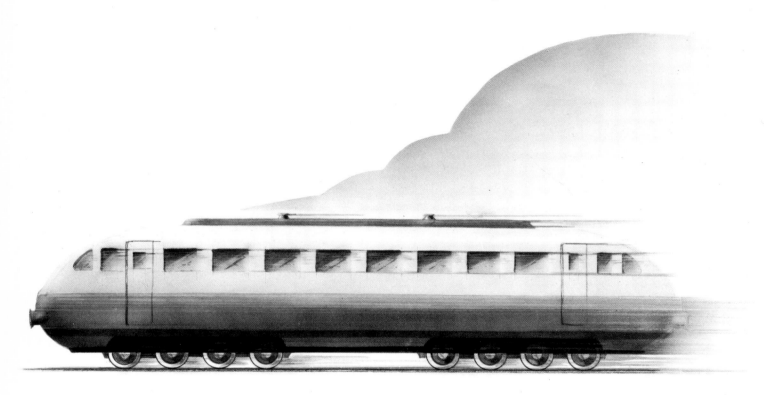

Accessori per tecnigrafi
Acetati
Adesivi per carta e cartone
Aerografi e compressori
Affilamatite
Balaustrini
Bisturi
Blocchi carta millimetrata
Blocchi per schizzi
Blocchi per tempera
Blocchi carta da lucido
Caratteri adesivi
Caratteri trasferibili
Carta da lucido
Cartelle porta disegni
Carte da disegno
Carte e pellicole colorate
Carte e pellicole colorate
adesive
Cartoni per paste-up
Cartoni per tempera
Cassettiere per trasferibili
Cassettiere porta disegni
Cassettiere per cartoni
Cavalletti
Chine nere e colorate
Colle per carta e cartone
Colle per plastica

Colori ad acquerello
Colori ad olio
Colori a tempera
Colori acrilici
Colori per tessuti
Colori per vetro
Colori per ceramica
Compassi
Curvilinee
Curvimetri
Cutters
Detersivi per penne a china
Fissativi spray
Forbici
Gomme per matita
e inchiostro
Goniometri
Kristall
Inchiostri
Lame per bisturi
Lavagne luminose
Libri di grafica, disegno
e pittura
Manichini
Markers a punta fine
Markers a punta grossa
Matite colorate
Matite nere

Mine di ogni gradazione
Mobili per disegnatori
Nastri adesivi
Nastrini per grafica
Normografi
Pannelli telati
Pannelli in polistirolo
Parallelografi
Passe-partout per foto
e disegni
Paste e polveri per modellare
Pastelli
Pastelli oleosi
Pastelli cerosi
Pennarelli
Penne
Pennelli
Portamine
Puntine da disegno
Raccoglitori
Regoli
Retini adesivi

Retini colorati
Righe e righelli
Schedari
Scodellini e piastre
per tempera
Sgabelli
Sgorbie
Spatole
Spruzzatori
Squadre
Tagliacarte
Taglierine
Tavoli da disegno
Tavolozze
Telai per pittura
Telai per fotografare
Trasferibili
Umidificatori per
penne a china
Valigie luminose
Vaporizzatori
Vernici trasparenti

CariniAdService

Via Lulli, 32 - Telefoni 2899076/2843786 - Milano

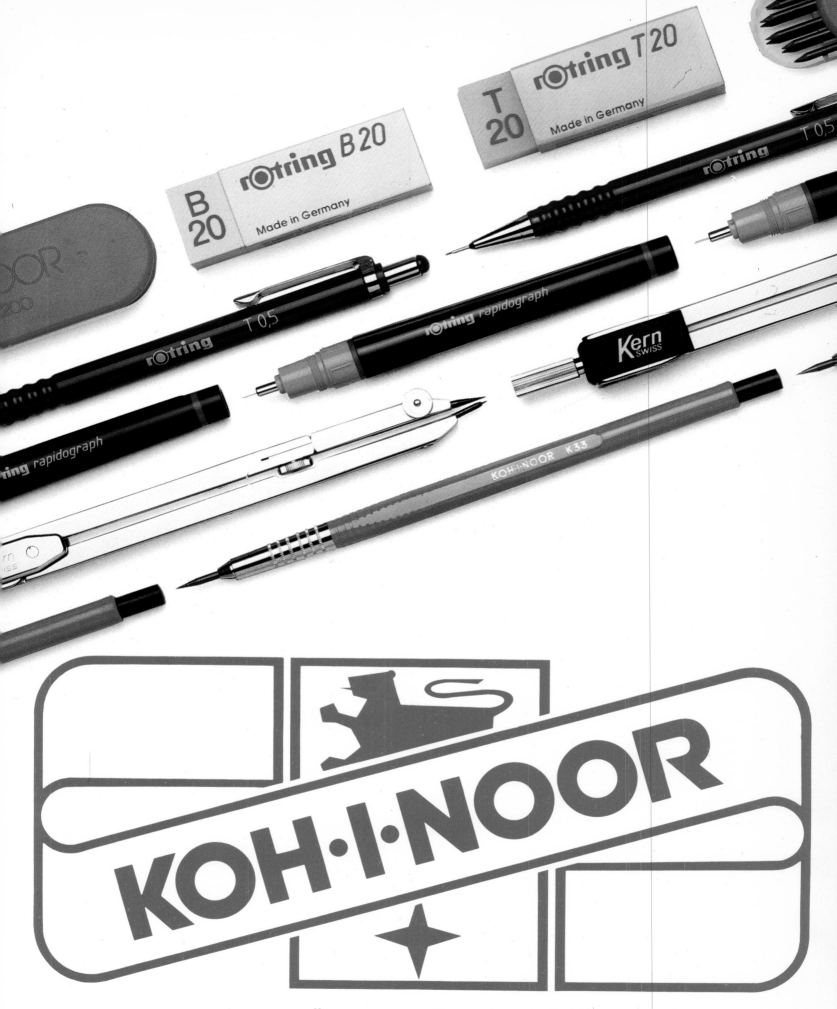

KOH·I·NOOR

sceglie e garantisce i prodotti

KOH·I·NOOR Hardtmuth   rotring   Kern SWISS   STANLEY   hp HEWLETT PACKARD   Texas Instruments calcolatrici elettroniche

FLOS

apparecchi
per l'illuminazione
lighting fixtures
Beleuchtungskörper
appareils
pour l'éclairage

Lodovico Acerbis, 17
Acerbis International
Via Brusaporto, 31
24068 Seriate (Bergamo)
tel. 035.294222

Alberti Damiano, 18
Studio DDA
Corso Italia, 8
20030 Bovisio (Milano)
tel. 0362.593275

Albini, Helg, Piva, 19
Architetti Associati
Via Telesio, 13
20145 Milano
tel. 02.4981971/4982378

Emilio Ambasz, 20
Via Serra, 8/III
40012 Bologna
tel. 051.726288

632 Broadway
New York N.Y. 10012
tel. 212.4208850

Lamberto Angelini, 21
Via S. Felice, 37
40122 Bologna
tel. 051.268294

Archirivolto, 22
Via Martiri della Libertà, 46
53034 Colle Val d'Elsa (Siena)
tel. 0577.922701/920172

Architettura dell'immagine, 23
Via Accademia Albertina, 24/26
10123 Torino
tel. 011.518347

Jorge Arcuri, 24
Via Savona, 7
20144 Milano
tel. 02.8350753

Arduini, Bonfanti, Salvemini, 25
Via C. Menotti, 33
20129 Milano
tel. 02.222651

Mario Antonio Arnaboldi, 26
Via Perrone di San Martino, 14
20125 Milano
tel. 02.6081098

Danilo, Corrado, Maurizio Aroldi, 27
Corso Venezia, 38
20121 Milano
tel. 02.701297

Pietro Arosio, 28
Via G. Giardino, 2/A
20053 Muggiò (Milano)
tel. 039/793237

Sergio Asti, 29
Via Bernardino Luini, 12
20123 Milano
tel. 02.876486

Antonia Astori, 30
Via Rossini, 3
20122 Milano
tel. 02.795005

Renzo Baldanello, 31
Via Cesare Battisti, 1
33100 Udine
tel. 0432.297266

Luciano Balestrini, 32
Via De Amicis, 53
20123 Milano
tel. 02.8322192

Marisa Bandiera Cerantola, 33
Via Benzi, 6
31100 Treviso
tel. 0422.20866

Bandiera e Facchini, 34
Vicolo Pescatori, 1
31100 Treviso
tel. 0422.50615

Carlo Bartoli, 35
Via Grigna, 2
20052 Monza (Milano)
tel. 039.387225

Bazzi e Gaffuri, 36
Via Pioda, 10
22070 Vertemate (Como)
tel. 031.900077

Ermanno Bazzocchi, 37
Aermacchi
Via Sanvito, 80
21100 Varese
tel. 0332.254111
telex 380070 AERMAC I

BCF Studio, 38
Designers Associati
Viale del Lavoro, 7
37020 Arbizzano di Negrar (Verona)
tel. 045.7513841

Alessandro Becchi, 39
Studio Area
Via Trieste, 74
50047 Prato (Firenze)
tel. 0574.40815

Carlo Bellini, 40
Viale Premuda, 46
20129 Milano
tel. 02.798710

Beppe Benenti, 41
Benenti Design Associati
Via Carena, 2
10144 Torino
tel. 011/4730050

Luciano Bertoncini, 42
Via dello Squero, 9
31100 Treviso
tel. 0422.55096

Nuccio Bertone, 43
Bertone SpA
Corso Allamano, 46
10095 Grugliasco (Torino)
tel. 011.788044

Fabrizio Bianchetti, 44
Via De Amicis, 30
28026 Omegna (Novara)
tel. 0323.61266

Rodolfo Bianchi, 45
Via Catalani, 3
20131 Milano
tel. 02.292696

Anna Bicego, 46
Via Cesare da Sesto, 8
20123 Milano
tel. 02.8320740

Marilena Boccato, 47
Boccato, Gigante, Zambusi
Via Isola di Mezzo, 26
31100 Treviso
tel. 0422.547390

Francesco Bocola, 48
Via Signorelli, 7
20154 Milano
tel. 02.311344/3495624

Cini Boeri, 49
Piazza S. Ambrogio, 14
20123 Milano
tel. 02.876301

Bombardelli, Bodega,
De Dominicis, 50
Istituto Europeo di Design
Piazza Diaz, 6
20123 Milano
tel. 02.867491/867147

Rodolfo Bonetto, 51
Via Vincenzo Monti, 8
20123 Milano
tel. 02.875779/865947

Renata Bonfanti, 52
Via Piana d'Oriente, 52
36065 Mussolente (Vicenza)
tel. 0424/87008

Francesco Boniolo, 53
via Diego Valeri, 9
35020 Roncaglia
di Ponte S. Nicolò (Padova)

Fausto Boscariol, 54
Via Cellina, 4
33080 Zoppola (Pordenone)
tel. 0434.978431

Paolo Braggion, 55
Via Giuseppe Verdi, 20
35010 Limena (Padova)
tel. 049.767357

Broggi e Burckhardt, 56
Studio Architettura
Via Circo, 3
20123 Milano
tel. 02.802473/806714

Brunati e Zerbaro, 57
Mastrociliegia
Via Gorizia, 13
36016 Thiene (Vicenza)
tel. 0445.368527

Antonio Bullo, 58
Via Fossoli, 58
41100 Modena
tel. 059.392188

Francesco Burcini, 59
Studio A Design
Via S. Rocco, 94
06083 Bastia Umbra (Perugia)
tel. 075.8002065

Gaspare Cairoli, 60
Cairoli Associati
Viale Lombardia, 44
20036 Meda (Milano)
tel. 0362.71638

Elio Carmi, 61
Via G. Mameli, 57
15033 Casale Monferrato
(Alessandria)
tel. 0142.71686

Anna Castelli Ferrieri, 62
Corso di Porta Romana, 87/B
20122 Milano
tel. 02.580451

Achille Castiglioni, 63
Piazza Castello, 27
20121 Milano
tel. 02.8053606

Giorgina Castiglioni, 64
Via Francesco Sforza, 15
20122 Milano
tel. 02.790889

Piero Castiglioni, 65
Via Presolana, 5
20135 Milano
tel. 02.5483545/573223

Ennio Ludovico Chiggio, 66
Vicolo Mazzini, 1/C
35100 Padova
tel. 049.662366

Tommaso Cimini, 67
Lumina Italia
Via Donatori
20010 Arluno (Milano)
tel. 02.9015498/9012321

Antonio Citterio, 68
Via Frisi, 22
20052 Monza (Milano)
tel. 039.322196

Bruno Citterio, 69
Viale Lombardia, 22
20131 Milano
tel. 02.293071

Gino Colautti, 70
Via Pallavicino, 31
20145 Milano
tel. 02.4813135

Laslo Čonek, 71
Via Poletti, 90
41100 Modena
tel. 059.223184

Enrico Contreas, 72
Mattia e Cecco
Via De Amicis, 36/G
20092 Cinisello (Milano)
tel. 02.6189453

Giancarlo Coppola, 73
Via Calmaggiore, 25
31100 Treviso
tel. 0422.542336

Sergio Coppola, 74
Viale Montenero, 6
20135 Milano
tel. 02.581116/592898

Silvio Coppola, 75
Via Privata Perugia, 10
20122 Milano
tel. 02.798769

Patrizio Corno, 76
Via Settala, 2
20124 Milano
tel. 02.2043659/2043709

Angelo Cortesi, 77
Studio GPI
Via Boccaccio, 16
20123 Milano
tel. 02.4692582

Flora Crippa, 78
M.A.D.
Via Vicinanza, 10
22040 Cremeno (Como)
tel. 0341.997456

Marcello Cuneo, 79
Via Lanzone, 47
20123 Milano
tel. 02.865496

DA, 80
Centro per il disegno ambientale
Piazza Tricolore, 2
20129 Milano
tel. 02.793281

Studio D.A., 81
Designers Associati
Piazza Borromeo, 12
20123 Milano
tel. 02.860013

Adalberto Dal Lago, 82
Via Aurelio Saffi, 34
20123 Milano
tel. 02.464500/4981566

Enrico D'Alto, 83
Via Darwin, 8
20143 Milano
tel. 02.8375557/8392159

Roberto Danesi, 84
Viale Monfenera, 7
31100 Treviso
tel. 0422. 262630

Giorgio Decursu, 85
Via G. De Alessandri, 3
20144 Milano
tel. 02.4813374

Lorenzo De Giudici, 86
Piazza Libertà, 3
33077 Sacile (Pordenone)
tel. 0434.733225

De Pas, D'Urbino, Lomazzi, 87
Corso XXII Marzo, 39
20129 Milano
tel. 02.711444/731433

Christian De Poorter, 88
Via Bullona, 12
20154 Milano
tel. 02.317747

Design Group Italia, 89
Vicolo S. Maria alla Porta, 1
20123 Milano
tel. 02.872455/872467

Derk Jan de Vries, 90
Casella Postale 40
15011 Acqui Terme (Alessandria)
tel. 0144.593391

Peppe Di Giuli, 91
Via Bergognone, 43
20144 Milano
tel. 02.8327616

Rodolfo Di Martino, 92
Via Antinori, 8
10128 Torino
tel. 011.596239/592454

Rudi Dordoni, 93
Via della Spiga, 42
20121 Milano
tel. 02.783250

Arduino Dottori, 94
Studio Era
Via A. Tadino, 57
20124 Milano
tel. 02.2715762

Studio Drugman, 95
Via Legnano, 28
20121 Milano
tel. 02.6551612

Gianfranco Facchetti, 96
G14 Progettazione
Via Aurelio Saffi, 27
20123 Milano
tel. 02.4982538/4984709

Paolo Favaretto, 97
Galleria Duomo, 5
35141 Padova
tel. 049.663663

Alberto Ferrari, 98
Piazza S. Ambrogio, 16
20123 Milano
tel. 02.865576/800746

Giulio Ferretti, 99
Via Val d'Arzino, 11
33170 Pordenone
tel. 0434.366478

Maria Grazia Fiocco, 100
Via A. Da Brescia, 31
37133 Verona
tel. 045.521749

Foltran e Vedova, 109
Viale Spellanzon, 102
31015 Conegliano (Treviso)
tel. 0438.23119/34690

Gianfranco Frattini, 102
Via S. Agnese, 14
20123 Milano
tel. 02.865585/8058409

Giulio Gabbianelli, 103
Viale Sarca, 87
20125 Milano
tel. 02.6433494

Luigi Gabbrielli, 104
Via G. Silva, 29
20149 Milano
tel. 02.4986898

Bruno Gastaldo, 105
Via Avogari, 24
31040 Selva del Montello (Treviso)
tel. 0423.820477

Bruno Gecchelin, 106
Via Desiderio da Settignano, 9
20149 Milano
tel. 02.4981140

Bruno Giardino, 107
Giardino Design
Via S. Giacomo, 54
10091 Alpignano (Torino)
tel. 011.9673779

Giovanni Giavotto, 108
Via Morosini, 17
21100 Varese
tel. 0332.236427

Gian Nicola Gigante, 109
Boccato, Gigante, Zambusi
Via Isola di Mezzo, 26
31100 Treviso
tel. 0422.547390

Ernesto Gismondi, 110
Artemide
Via Brughiera
20010 Pregnana Milanese
tel. 02.93291301/93291255

Giorgetto Giugiaro, 111
Giugiaro Design
Via Duino, 128
10127 Torino
tel. 011.6192452/6192225

Ezio Grassi, 112
Viale Scarampo, 19
20148 Milano
tel. 02.4697976

Maria Pace Gritti Morlacchi, 113
Via C. De Cristoforis, 13
20124 Milano
tel. 02.6571765/6571738

Laura Griziotti, 114
Piazza S. Ambrogio, 14
20123 Milano
tel. 02.875038

Leila Guerra, 115
Via M. Buonarroti, 137
35100 Padova
tel. 049.618560

Makio Hasuike, 116
Via M. Donati, 8
20146 Milano
tel. 02.478896

Isao Hosoe, 117
Via Marco Burigozzo, 5
20122 Milano
tel. 02.8325900

Studio Kairos, 118
Via Scortegara, 64
30030 Mirano Zianigo (Venezia)
tel. 041.431576

King Miranda Associati, 119
Via Savona, 43
20144 Milano
tel. 02.478465/479204

Giancarlo Iliprandi, 120
Via Vallazze, 63
20131 Milano
tel. 02.292843

Roberto Ingegnere, 121
Studio Era
Via A. Tadino, 57
20124 Milano
tel. 02.2715762

Tonino Lamborghini, 122
Via Galliera, 317
40050 Funo (Bologna)
tel. 051.861955
telex 511075 Lambo I

Carlo Lamperti, 123
Via Carlo Poma, 1
20129 Milano
tel. 02.7383596

Gianluigi Landoni, 124
Via Roma, 13D
21052 Busto Arsizio (Varese)
tel. 0331.631622

Ugo La Pietra, 125
Studioinpiù
Corso Garibaldi, 50
20121 Milano
tel. 02.807916

Giulio Lazzotti, 126
Via Sauro, 17
55045 Pietrasanta (Lucca)
tel. 0584.733377

Fabio Lenci, 127
Via Leone Dehon, 50
00165 Roma
tel. 06.6225736

Roberto Lucci, 128
Via Montebianco, 26
20149 Milano

Ennio Lucini, 129
Piazza Buonarroti, 32
20145 Milano
tel. 02.437037/4981803

Vico Magistretti, 130
Via Conservatorio, 20
20122 Milano
tel. 02.702964

Angelo Mangiarotti, 131
Via Cappuccio, 7
20123 Milano
tel. 02.865463

Giulio Manzoni, 132
M.A.D.
Via Vicinanza, 10
22040 Cremeno (Como)
tel. 0341.997456

Mario Marenco, 133
Via Nomentana, 263
00161 Roma
tel. 06.859073

Ann R. Marinelli, 134
Via P. Valery, 3
20143 Milano
tel. 02.8134676

Jesse Marsh, 135
Viale Romagna, 56/3
20133 Milano
tel. 02.296974

Stefano Marzano, 136
Ire Spa Industrial Design
21024 Cassinetta di Biandronno
(Varese)
tel. 0332.766187

Luigi Massoni, 137
Studio A & D
Via Unione, 18
22072 Cermenate (Como)
tel. 031.771955

Mazza e Gramigna, 138
Via Nievo, 10
20145 Milano
tel. 02.4696021/4696078

Mario Mazzer, 139
Via XX Settembre, 154
31015 Conegliano (Treviso)
tel. 0438.21690

Paolo Mazzilli, 140
Via Pascoli, 17
22070 Caonate (Como)
tel. 031.451254

Roberto Menghi, 141
Via Marchiondi, 7
20122 Milano
tel. 02.5150336

Franco Menna, 142
Via Solferino, 56
20121 Milano
tel. 02.6571256

Davide Mercatali, 143
Mercatali e Pedrizzetti Associati
Via Rossini, 5
20122 Milano
tel. 02.702596

Franco Mirenzi, 144
Unimark International
Via S. Maria Fulcorina, 20
20123 Milano
tel. 02.8690586/8690686

Pierluigi Molinari, 145
Via California, 7
20144 Milano
tel. 02.4697192

Luigi Molinis, 146
Via Revedole, 3
33170 Pordenone
tel. 0434.255042

Monti G.P.A., 147
Via De Amicis, 47
20123 Milano
tel. 02.8397635

Marcello Morandini, 148
Via Del Bacino, 29
21100 Varese
tel. 0332.261024

Serena Moretti Arrivabene, 149
Via Grazie, 1/b
25122 Brescia
tel. 030.49316/48469

Maurizio Morgantini, 150
Largo Cairoli, 2
20121 Milano
tel. 02.807661

Giulia Moselli, 151
GM Design
Piazza Maria Teresa, 2
10123 Torino
tel. 011.873471/873472

Muratori e Zanon, 152
Via S. Speroni, 43
35100 Padova
tel. 049.655413

Cesare Augusto Nava, 153
Via De Amicis, 1
20033 Desio (Milano)
tel. 0362.624176

Vito Noto, 154
6965 Cadro
Lugano (Svizzera)
tel. 091.914561

Giovanni Offredi, 155
Via Muratori, 29
20135 Milano
tel. 02.5464220

Paolo Orlandini, 156
Via Fagnani, 45
20018 Sedriano (Milano)
tel. 02.9021465

Umberto Orsoni, 157
G14 Progettazione
Via A. Saffi, 27
20123 Milano
tel. 02.4982538/4984709

Roberto Ostinet, 158
Via Cavour, 142/a
31029 Vittorio Veneto (Treviso)
tel. 0438.551788

Carlo Paganelli, 159
Via P. Castaldi, 4
20124 Milano
tel. 02.654818

Max Pajetta, 160
CP & PR
Corso Venezia, 16
20121 Milano
tel. 02.709060

Paolo Pallucco, 161
Via Salaria, 1265
00138 Roma
tel. 06.6917590/1/2/3

Roberto Pamio, 162
Via Treviso, 79
30030 Scorzè (Venezia)
tel. 041/445260

Gianni Pareschi, 163
G14 Progettazione
Via A. Saffi 27
20123 Milano
tel. 02.4982538/4984709

Paolo Parigi, 164
Via della Tintoria, 3
50032 Borgo S. Lorenzo (Firenze)
tel. 055.849073/8457444

Marco Pasianotto, 165
Viale Matteotti, 39
33017 Tarcento (Udine)
tel. 0432.785967

Pasqui e Pasini, 166
Pasqui & Pasini Associati
Via Alberto Mario, 19
20149 Milano
tel. 02.4984817

Mauro Pasquinelli, 167
via Savonarola, 5
50018 Scandicci (Firenze)
tel. 055.253765

Gino Pastore, 168
Galleria Mazzini, 61D
73100 Lecce
tel. 083.52052

Giorgio Pavesi, 169
Pavesi & Pavesi architettura
Via B. Castelli, 11
21100 Varese
tel. 0332.231395

Pino Pedano, 170
Viale Umbria, 126
20135 Milano
tel. 02.7383735/7387353

Paolo Pedrizzetti, 171
Mercatali e Pedrizzetti Associati
Via Rossini, 5
20122 Milano
tel. 02.702596

Eleonore Peduzzi Riva, 172
Corso Venezia, 37
20121 Milano
tel. 02.796315

Roberto Pezzetta, 173
Via Borgo Nuovo, 59
33080 Roveredo in Piano
(Pordenone)
tel. 0434.920523

Enrico Picciani, 174
Studio Picciani e Scanziani
Via Rossini, 3
20122 Milano
tel. 02.702319

Giancarlo Piretti, 175
Via del Pratello, 9
40122 Bologna
tel. 051.238862

Marco Piva, 176
Studiodada Associati
Via Tadino, 8
20124 Milano
tel. 02.2719218

Alfredo Pizzo Greco, 177
Cascina Corte Amata
24040 Suisio (Bergamo)
tel. 035.901760

Piero Polato, 178
Corso Vercelli, 7
20144 Milano
tel. 02.4980533

Ambrogio Pozzi, 179
Via Alberone, 1
21013 Gallarate (Varese)
tel. 0331.780328

Marco Predari, 180
Zeta SpA
Via XXIV Maggio, 8
20050 Verano Brianza (Milano)
tel. 0362.903215

Antonio Quattrini, 181
Via Merini, 7
21100 Varese
tel. 0332.236482

Franco Quirighetti, 182
Via Drovetti, 2
10138 Torino
tel. 011.548623

Mario Augusto Ragusa, 183
Studio Ragusa
Via Speronari, 7
20123 Milano
tel. 02.877588

Giuseppe Raimondi, 184
Via Po, 1
10124 Torino
tel. 011.543518

Adelmo Rascaroli, 185
ARC architettura
Via Grancini, 4
20145 Milano
tel. 02.434037

Giorgio Reboli, 186
Via Trieste, 9
20146 Milano
tel. 02.4390830

Gabriele Regondi, 187
via Matteotti, 22
20030 Bovisio M. (Milano)
tel. 0362.591358

Sandi Renko, 188
Via Natisone, 20
35135 Padova
tel. 049.601506

Gastone Rinaldi, 189
Thema SpA
Via IV Novembre, 18
35010 Limena (Padova)
tel. 049.767564

Carlo Denis Rizzoli, 190
Via Ischia, 19
25100 Brescia
tel. 030.224315

Emilio Romanò, 191
Via Prudenziana, 3
22100 Como
tel. 031.266374

Carlo Ronchi, 192
Studio GPI
Via Boccaccio, 16
20123 Milano
tel. 02.4692582

Domenico Ronchi, 193
CP & PR
Corso Venezia, 16
20121 Milano
tel. 02.709060

Giovanni Ronzoni, 194
Via XX Settembre, 100
20035 Lissone (Milano)
tel. 039.461482

Guido Rosati, 195
Via Del Casale di San Pio V, 12
00165 Roma
tel. 06.6237410

Ambrogio Rossari, 196
Rossari & Associati
Via Eustachi, 2
20129 Milano
tel. 02.273698/220381

Bruno Rota, 197
Via Goisis, 30
24100 Bergamo
tel. 035.342039

Lino Sabattini, 198
Via Don Capiaghi, 2
22070 Bregnano (Como)
tel. 031.771019

Luigi Saccardo, 199
Via San Pio X, 7
35100 Padova
tel. 049.35331

Maurizio Sala, 200
MS Studio di Architettura
Via Sant'Andrea, 11
20121 Milano
tel. 02.701375

Claudio Salocchi, 201
Viale A. Filippetti, 3
20122 Milano
tel. 02.573576

Salvati e Tresoldi, 202
Viale Umbria, 36
20135 Milano
tel. 02.578076

Roberto Sambonet, 203
Foro Bonaparte, 44/A
20121 Milano
tel. 02.8052276

Franz T. Sartori, 204
Via Paisiello, 28
20131 Milano
tel. 02.2367010

Evasio Savina, 205
Ufficio Studi e Progetti
Honeywell I.S.I.
20010 Pregnana Milanese (Milano)
tel. 02.9310938/93361

Achille Savinelli, 206
Via Dogana, 3
20123 Milano
tel. 02.3452296

Michele Sbrogiò, 207
Viale Europa Unita
33030 Majano (Udine)
tel. 0432.959191

Francesco Scansetti, 208
Via F. Ozanam, 3
20129 Milano
tel. 02.279387

Mario Scheichenbauer, 209
Via V. Bellini, 11
20122 Milano
tel. 02.705900

Remo Semenzato, 210
Via Violino di Sopra, 154
25100 Brescia
tel. 030.311177

Seveso e Trezzi, 211
Laboratorio di progettazione
Corso Matteotti, 57
20036 Meda (Milano)
tel. 0362.76384

Kazumi Shigeto, 212
Viale Andrea Doria, 42
20142 Milano
tel. 02.6704292

Simonit e Del Piero, 213
Via Roma, 80
33048 San Giovanni al Natisone
(Udine)
tel. 0432.756165

Ettore Sottsass jr., 214
Via Borgonuovo, 9
20121 Milano
tel. 02.867436

Mario Sozzi, 215
Via Vincenzo Monti, 81
20145 Milano
tel. 02.435762/4471576

Pierluigi Spadolini, 216
Via Masaccio, 187
50132 Firenze
tel. 055.561115

Lorenzo Stano, 217
Via Magolfa, 18
20136 Milano
tel. 02.8351657

Franco Stefanoni, 218
Via Seminario, 35
22053 Lecco (Como)
tel. 0341.495322

Giotto Stoppino, 219
Via Argelati, 30/A
20143 Milano
tel. 02.8397225/8370227

Giovanna Talocci, 220
Via Leone Dehon, 50
00165 Roma
tel. 06.6225736

Paolo Targetti, 221
Via Barbacane, 29
50133 Firenze
tel. 055.572369

Alessio Tasca, 222
Via Molini, 79
36055 Nove (Vicenza)
tel. 0424.82093

Marcello Terzano, 223
Via S. Erasmo, 25
00184 Roma
tel. 06.7589483

Paolo Tilche, 224
Via Turati, 3
20121 Milano
tel. 02.6551448

Tom Tjaarda, 225
Dimensione Design
Corso Matteotti, 2
10121 Torino
tel. 011.514474

Werther Toffoloni, 226
Centro Commerciale, 98
33040 Corno di Rosazzo (Udine)
tel. 0432.759729

Gianni Tomba, 227
GT Design
Via De' Toschi, 2/h
40124 Bologna
tel. 051.234453

Lorenzo Tosi, 228
Via Farsaglia, 3
20137 Milano
tel. 02.582483

Trabucco e Vecchi, 229
Via San Michele del Carso, 15
20144 Milano
tel. 02.4690724

Nicola Trussardi, 230
Trussardi srl
Piazza Duse, 4
20122 Milano
tel. 02.704691
telex 340044 TRUSSA I

Carlo Urbinati, 231
Via Leone Dehon, 50
00165 Roma
tel. 06.6225736

Andries Van Onck, 232
Via Monte Nevoso, 8
20131 Milano
tel. 02.2363524

Carla Venosta, 233
Via Lovanio, 6
20121 Milano
tel. 02.6597170

Mario Viezzoli, 234
Via Vicenza, 7/b
35100 Padova
tel. 049.32684

Nanda Vigo, 235
Via Curtatone, 16
20122 Milano
tel. 02.5465905

Hans Von Klier, 236
Via Argelati, 30/A
20143 Milano
tel. 02.8378235

Antonio Zambusi, 237
Boccato, Gigante, Zambusi
Via S. Speroni, 43
35100 Padova
tel. 049.655413

Gastone Zanello, 238
Via Montereale, 10
33170 Pordenone
tel. 0434.366585

Marco Zanuso jr., 239
Corso Porta Romana, 111
20122 Milano
tel. 02.580593/573934

Studio Zetass, 240
Via Ambra d'Oro, 68
25100 Brescia
tel. 030.363758

Lodovico Acerbis

ADI

Nato nel 1939, laureato in Economia e Commercio è Presidente della Acerbis International. Nel 1977 inizia l'attività di designer. Sue opere sono presenti al Victoria & Albert Museum di Londra, al Museum für Angewandte Kunst di Monaco ed al Museum of Contemporary Art in Chicago. Compasso d'oro 1979, medaglia d'Oro BIO 9 di Lubiana, Product design Award dell'Institute of Business Designers di New York 1981.

Born in 1939, degree in Economics in Milan, is the President of Acerbis International. In 1977 began the design activity. Some of his works are included in the collections at the Victoria & Albert Museum in London, at the Museum für Angewandte Kunst in Munich and at the Contemporary Art Museum in Chicago. Compasso d'Oro winner 1979, gold metal at BIO 9 Lubiana 1981, Product design Award at the Institute of Business Designers in New York 1981.

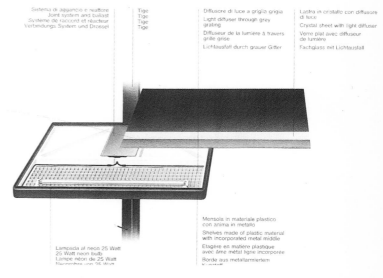

Sistema di aggancio e reattore / Joint system and ballast / Système de raccord et réacteur / Verbindungs. System und Drossel — Tige Tige Tige Tige

Diffusore di luce a griglia grigia / Light diffuser through grey grating / Diffuseur de la lumière à travers grille grise / Lichtaustall durch grauer Gitter

Lastra in cristallo con diffusore di luce / Crystal sheet with light diffuser / Verre plat avec diffuseur de lumière / Fachglass mit Lichtaustall

Lampada al neon 25 Watt / 25 Watt neon bulb / Lampe néon de 25 Watt / Neonrohre von 25 Watt

Mensola in materiale plastico con anima in metallo / Shelves made of plastic material with incorporated metal middle / Etagère en matière plastique avec âme métal ligne incorporée / Borde aus metallarmiertem Kunstoff

17

Solemio, mensola
con specchio luminoso rotante
Acerbis International 1983
con Giotto Stoppino

*Solemio, shelf
with a rotating bright mirror
Acerbis International 1983
with Giotto Stoppino*

Hilton System, componibile
(con particolare)
Silver Design Award, New York 1981
Acerbis International 1978
con Giotto Stoppino

*Hilton System, modular unit
(and detail)
Silver Design Award, New York 1981
Acerbis International 1978
with Giotto Stoppino*

Lux System
sistema a mensole luminose
(con particolare)
Acerbis International 1980
con Giotto Stoppino

*Lux System
a system of lighted shelves
(and detail)
Acerbis International 1980
with Giotto Stoppino*

Tavoli I Menhir,
sistema componibile
(con particolare)
Acerbis International 1983
con Giotto Stoppino

*I Menhir, tables
modular system
(and detail)
Acerbis International 1983
with Giotto Stoppino*

Alberti Damiano

ADI

Nato a Bovisio (Milano) nel 1953, studia ID all'IPSIA di Lissone. Dopo aver collaborato con Rosselli e Salocchi, nel 1980 apre lo Studio DDA, che si occupa di product, interior e graphic design. Mostre: Stile Industria, Parma 1981; International de ceramica, Valencia 1981; Compasso d'Oro, Milano 1981; Italdesign, Brescia 1982; Dal design all'habitat, Bari 1981; Compasso d'Oro, Shangai 1983; Progetto Trieste, 1983; Cucina & Cultura, Milano 1984.

Born in Bovisio (Milan) in 1953, studied ID at the IPSIA in Lissone. After working with Rosselli and Salocchi, in 1980 opened the Studio DDA specializing in product, interior and graphic design. Exhibitions: Stile Industria, Parma 1981; Internacional de ceramica, Valencia 1981; Compasso d'Oro, Milan 1981; Italdesign, Brescia 1982; Dal Design all'habitat, Bari 1981; Compasso d'Oro, Shangai 1983; Progetto Trieste, 1983; Cucina & Cultura, Milan 1984.

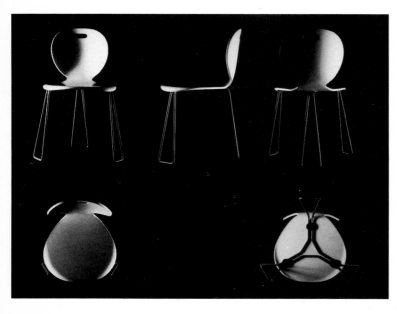

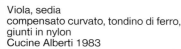

Viola, sedia
compensato curvato, tondino di ferro, giunti in nylon
Cucine Alberti 1983

*Viola, chair
curved plywood, iron rod, nylon joints
Cucine Alberti 1983*

Le dune, poltrone e divani
Erba/F.E. 1983

*Le dune, armchairs and sofas
Erba/F.E. 1983*

Thuja, lampada alogena da tavolo
Ycami Collection 1983

*Thuja, halogen table lamp
Ycami Collection 1983*

Domo, mobili componibili per cucina
Omfa 1976
con Alberto Rosselli

*Domo, kitchen modular furniture
Omfa 1976
with Alberto Rosselli*

Albini, Helg, Piva

Marco Albini (Milano 1940), Franca Helg (Milano 1920) e Antonio Piva (Padova 1936) si occupano di architettura, urbanistica e design. Tra le realizzazioni: Uffici Snam (1973), ristrutturazione Palazzo Lascaris (Torino 1979), Pinacoteca Castello Sforzesco (Milano 1980), Musei Civici (Varese 1982), Autoporto (Gorizia 1984), mostre varie al Padiglione d'Arte Contemporanea (Milano dal 1984), restauro Castello di Masnago (1985).

Marco Albini (Milan 1940), Franca Helg (Milan 1920) and Antonio Piva (Padua 1936) specialize in architecture, town planning and design. Their works include: Snam Offices (1973), restoration Lascaris Palace (Turin 1979), Sforza Castle Art Gallery (Milan 1980), Town Museums (Varese 1982), Autoporto (Gorizia 1984), exhibitions at the Contemporary Art Pavilion in Milan since 1984, restoration of Masnago Castle (1985), Town Museum (Padua 1985).

19

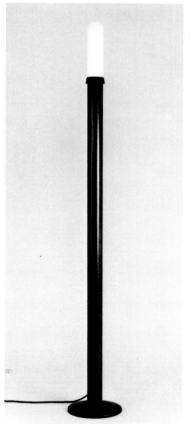

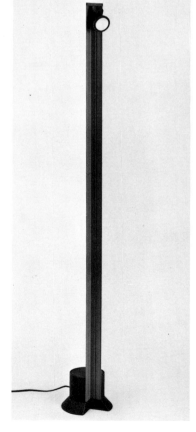

Stazione S. Agostino
Metropolitana Milanese 1964/1985

*S. Agostino station
Milan Underground 1964/1985*

Olimpia
Sirrah 1981

*Olimpia
Sirrah 1981*

Colibri 2
Sirrah 1984

*Colibri 2
Sirrah 1984*

Colibri 1
Sirrah 1984

*Colibri 1
Sirrah 1984*

Servizio da té
S. Lorenzo 1971

*Tea set
S. Lorenzo 1971*

Maniglia
Olivari 1970

*Handle
Olivari 1970*

Posate
S. Lorenzo 1968

*Cutlery
S. Lorenzo 1968*

Emilio Ambasz

ADI

Laureato in architettura a Princeton, dal 1970 al 1976 curatore della Sezione Design al MOMA di New York del quale è membro del Consiglio Internazionale e Coordinatore del Comitato di Architettura. Dirige l'Ufficio Progetti della Cummins Engine. Gold Prize dell'IBD (USA 1977), Premio SMAU 1979, Compasso d'Oro 1981, Premio Speciale BIO 10 a Lubiana. Numerose realizzazioni di prestigio, la più recente una parte del Centro Rockefeller.

Graduated in architecture from Princeton; 1970 to 1976 in charge of the Design Dept. at the MOMA Museum in New York where he is a member of the International Council, and the Architecture Committee co-ordinator; director of the Projects Dept. at Cummins Engine. IBD gold prize (USA 1977), Smau Award 1979, Compasso d'Oro winner 1981, Special prize BIO 10 Lubiana. Several prestigious works, the latest is a part of the Rockefeller Center in New York.

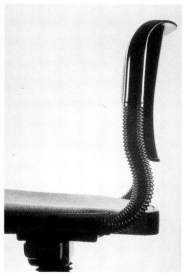

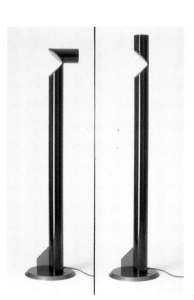

Vertebra, sedia
collezione MOMA, New York
Castelli 1980
con G. Piretti

*Vertebra, chair
MOMA Collection, New York
Castelli 1980
with G. Piretti*

Motore diesel n. 14
Cummins Engine Co.USA 1985

*Diesel engine no. 14
Cummins Engine Co. USA 1985*

Lumb-R, sedia
Vitra, Germania 1982
con G. Piretti

*Lumb-R, chair
Vitra, Germany 1982
with G. Piretti*

Agamennone, lampada
Artemide 1985

*Agamennone, lamp
Artemide 1985*

Lamberto Angelini

ADI

Nato a Bologna nel 1949. Laureato in ingegneria meccanica. 1978-1979 Centro Stile Volkswagen a Wolfsburg, collaborazione ai modelli Polo II e Golf II. Design della carrozzeria dell''Auto 2000' presentata dalla Volkswagen a Francoforte nel 1979 come modello statico e nel 1981 come prototipo. Dal 1980 libero professionista a Bologna. Collaborazioni con KTM, Motobecane, Oglaend Norway, BMA, DIAVIA, Nuova Fiberglass, Defendi, Marcato.

Born in Bologna in 1949. Degree in mechanical engineering. 1978-1979 Volkswagen Styling Dept. Member of design staff for models Polo II and Golf II. Body designer of the '2000 Automobile' exhibited by Volkswagen in Frankfurt in 1979 as a static model and in 1981 as a prototype. Working as a freelance in Bologna since 1980. Worked for KTM, Motobecane, Oglaend Norway, BMA, DIAVIA, Nuova Fiberglass, Defendi, Marcato. Prefers moving objects (cars, motorbikes, boats).

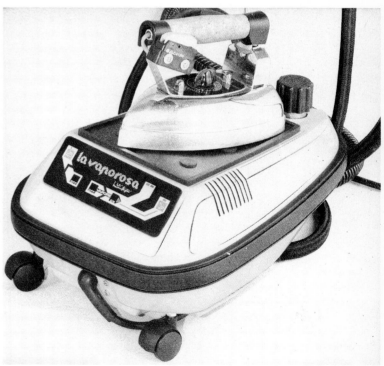

Motobecane 'Modulo'
Moto Meteora 'Scacco'
telaio tubolare vestito in materiale plastico tranne serbatoio in lamiera
Motobecane Italia / Moto Meteora, 1982

Motobecane 'Modulo'
Moto Meteora 'Scacco'
Tubular frame covered with plastic material except steel tank.
Motobecane Italia / Moto Meteora 1982

Impastatrice elettrica ad uso domestico 'Ampia electric' materiale plastico, coltello in acciaio cromato
OMC Marcato, 1985

Electrical dough machine for domestic use 'Ampia electric'
plastic material, chromium plated steel knife
OMC Marcato, 1985

Centralina a vapore multiuso 'La vaporosa'
acciaio
Fagacci habitat, 1985

Multipurpose steam unit 'La vaporosa'
steel
Fagacci habitat, 1985

Archirivolto

Claudio Dondoli e Marco Pocci sono nati agli inizi degli anni Cinquanta fra le colline del Chianti. Lavorano in prevalenza a Milano.

Claudio Dondoli and Marco Pocci were born in the early '50s, in the hills of Chianti. They work mostly in Milan.

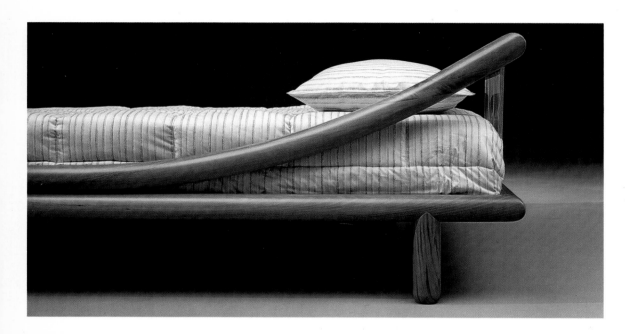

Vogue
Tassoni 1982

*Vogue
Tassoni 1982*

Jolly
pannellatura attrezzata
Impero 1982

*Jolly
equipped panel
Impero 1982*

Airone
Acam 1983

*Airone
Acam 1983*

Architettura dell'immagine

ADI

Roberto Nicoletto scenografo, Luisella Italia e Massimo Venegoni architetti lavorano a Torino occupandosi di progettazione di allestimenti, design e edilizia. Collaborano con il comune di Torino e il Gruppo FIAT.

Roberto Nicoletto, a stage designer, and Luisella Italia and Massimo Venegoni architects, work in Turin in the field of pavilion designing, product design and building. They work for the Turin Local Authority and the FIAT Group.

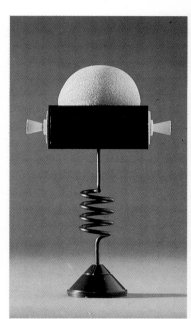

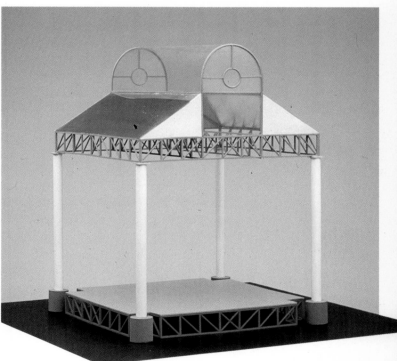

Il futuro della città e della casa particolari di decori
Fondazione Agnelli 1983

Town and home of the future decoration details
Fondazione Agnelli 1983

Servant
Riforma 1980

Servant
Riforma 1980

Da collezione di gadgets
ECO, Gruppo Fiat 1984

From collection of gadgets
ECO, Fiat Group 1984

Radio con ventosa
Riforma 1985

Radio set with suction cup
Riforma 1985

Palco per concerti all'aperto
Comune di Torino 1985

Stand for open-air concerts
The Turin Local Authority 1985

Jorge Arcuri

Nato a Buenos Aires nel 1945, vive e lavora a Milano. Dal 1970 collaboratore e consulente di primarie industrie italiane ed estere nel campo dell'Automotive ed Industrial Design. Ha progettato per Pininfarina, Moto Guzzi, Benelli, Gilera, Brembo, Same Trattori, Lamborghini, Hürlimann, Termozeta, OTM Elettrodomestici, Lander, Roller, Maserati, Renault, BB.

Born in Buenos Aires in 1945, lives and works in Milan. Collaborator and consultant, since 1970, of leading Italian and foreign industries in the field of Automotive and Industrial Design. Has worked for Pininfarina, Moto Guzzi, Benelli, Gilera, Brembo, Same Trattori, Lamborghini, Hürlimann, Termozeta, OTM Elettrodomestici, Lander, Roller, Maserati, Renault, BB.

Pompafreni e comandi per motocicletta
Materiali termoplastici
Brembo 1985

Brake pump and controls for motorcycles
Thermoplastic materials
Brembo 1985

Interno del Maserati 'Kyalami'
Officine A. Maserati 1976

Interior of Maserati 'Kyalami'
Officine A. Maserati 1976

Laser 150
Same Trattori 1983

Laser 150
Same Trattori 1983

Moto Guzzi 254
Seimm Moto Guzzi 1976

Moto Guzzi 254
Seimm Moto Guzzi 1976

Moto Guzzi SP 1000
Seimm Moto Guzzi 1977

Motorcycle Guzzi SP 1000
Seimm Moto Guzzi 1977

Trattore 1706 Turbo
Lamborghini Trattori 1984

Tractor 1706 Turbo
Lamborghini Trattori 1984

Arduini, Bonfanti, Salvemini

ADI BEDA

Gianni Arduini, Lorenzo Bonfanti e Gianfranco Salvemini iniziano a collaborare nel 1976. Lo studio si occupa prevalentemente della progettazione di beni durevoli prodotti con tecnologie complesse, con interesse allo sviluppo ed alla sperimentazione di materiali e tecniche nuove ed alla progettazione di sistemi. Riconoscimenti: Segnalazione al 14° Premio SMAU, 3 selezioni al Compasso d'Oro 1981, vincitori Compasso d'Oro 1984.

Gianni Arduini, Lorenzo Bonfanti and Gianfranco Salvemini start their co-operation in 1976. They primarily deal with projects of durable products requiring the utilization of advanced technologies, with great interest towards the development and introduction of new materials and techniques. Awards: Noteworthy at the 14th SMAU prize, 3 selections at the Compasso d'Oro 1981, prize winners at the Compasso d'Oro 1984.

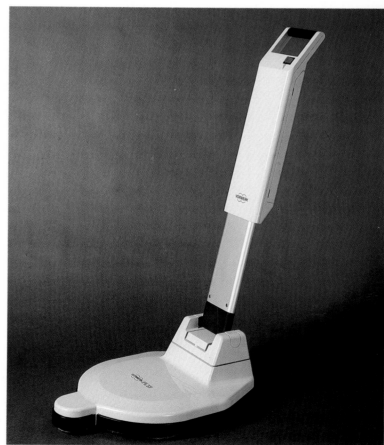

25

Macchina per imbottigliamento
Simonazzi 1983

*Bottling machine
Simonazzi 1983*

Condizionatore d'aria
Carrier 1984

*Room air conditioner
Carrier 1984*

Apparecchiatura per analisi medicali
Gelman Elow 1983

*Bio-medical instrument
Gelman Elow 1983*

Termoconvettore
Selezione Compasso d'Oro 1981
BCS Progetti 1981

*Fan heater
selection Compasso d'Oro 1981
BCS Progetti 1981*

Macchina per caffè
Famak 1979

*Coffee machine
Famak 1979*

Lucidalavapavimenti FB33
Compasso d'Oro 1984
Vorwerk Folletto 1982

*Floor polisher FB33
Compasso d'Oro 1984
Vorwerk Folletto 1982*

Mario Antonio Arnaboldi

ADI

Nato nel 1932 a Milano, architetto, insegna alla Facoltà di Architettura. Opere esposte alla San Fedele Milano, International Architecture Design / Australia. Saggi su *Ottagono, P.E.G., Acciaio.* Ha pubblicato libri sulla *Propedeusi al Progetto* e sulla *Genesi della Forma.* Già docente all'Istituto del Mobile di Lissone, alla Scuola di Design del Comune di Milano, Università di Trento, Sydney University. Presidente della C.P. dell'Ordine Architetti.

Born in Milan in 1932. Architect and Professor at the Faculty of Architecture. Works exhibited at San Fedele / Milan, International Architecture Design / Australia. Articles on Ottagono, P.E.G., Acciaio. *He published books on* Project Propedeusis *and* Shape origin. *He taught at the Furniture Institute of Lissone, Design School of Milan Local Authority, Trento University, Sydney University. C.P. President of Architect Council.*

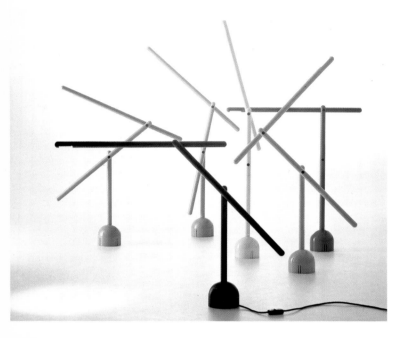

26

Mira, lampada da tavolo
Programmaluce 1984

Mira, table lamp
Programmaluce 1984

Skateboard
Selezione Compasso d'Oro 1979
Bosi 1978

Skateboard
Selection Compasso d'Oro 1979
Bosi 1978

Pista di Skateboard
Palazzo del Ghiaccio
Selezione Compasso d'Oro 1979
Milano 1978

Skateboard track
Ice Palace
Selection Compasso d'Oro 1979
Milan 1978

Babele, lampada componibile
Selezione Compasso d'Oro 1981
Forme Nuove 1981

Babele, unit lamp
Selection Compasso d'Oro 1981
Forme Nuove 1981

Electric Power Transmission
Sydney 1971

Electric Power Transmission
Sydney 1971

Slider, deriva
Alpa 1984

Slider, keel
Alpa 1984

Danilo, Corrado, Maurizio Aroldi

ADI

Nati rispettivamente nel 1925, 1936, 1954. Eurodomus 1968, 1970, 1972; mostra del Design Italiano, Losanna 1975; mostra delle attrezzature per ufficio, Kioto 1978; Design & Design, mostra selettiva Compasso d'Oro 1979; Coordinamento mostra itinerante del Design Italiano, Beirut 1980; mostra del Design Italiano, Stadt Museum, Colonia 1980; mostra permanente al MOMA di New York con la lampada Periscopio, prodotta da Stilnovo.

Born in 1925, 1936, 1954 respectively. Eurodomus 1968, 1970, 1972; Italian Design Exhibition, Lausanne 1975; Office Equipment Exhibition, Kioto 1978; Design & Design, Selective exhibition Compasso d'Oro 1979; coordination for itinerant exhibition of Italian Design, Beirut 1980; Italian Design exhibition, Stadt Museum, Cologne 1980; permanent exhibition at the MOMA in New York with the lamp Periscopio.

'76' elementi modulari per cucina
Campi & Calegari 1976

76' Kitchen modular units
Campi & Calegari 1976

Mirina, lampada da tavolo alogena
MA & MO 1984

Mirina, halogen table lamp
MA & MO 1984

Teca, libreria componibile
Penta 1982

Teca, modular bookcase
Penta 1982

Martina, poltroncina
INSA 1982

Martina, easy chair
INSA 1982

Pietro Arosio

Nato a Lissone nel 1946, collabora con varie aziende del settore arredamento, non solo come industrial designer, ma per alcune anche come coordinatore per l'immagine. Primo premio Casaviva d'Oro 1983 per la cucina 'Agrodolce' della ditta Pedini. Il carrello 'Arco' disegnato nel 1982 per Ciatti è stato selezionato e presentato al Victoria & Albert Museum di Londra.

Born in Lissone in 1946, works for several companies in the furnishing sector as an industrial designer and sometimes as a corporate identity planner. Awarded first prize at Casaviva d'Oro 1983 for the kitchen 'Agrodolce' manufactured by Pedini. The trolley 'Arco' designed in 1982 for Ciatti was selected and exhibited at the Victoria and Albert Museum in London.

Milano 84, poltroncina impilabile
Airon 1984

*Milano 84, stackable easy chair
Airon 1984*

Carrello Zerotre
Airon 1984

*Zerotre, trolley
Airon 1984*

Boy, servomuto
Airon 1984

*Boy, clothes-stand
Airon 1984*

Línea Agrodolce
premio Casaviva d'Oro 1983
Pedini 1981

*Line Agrodolce
prize Casaviva d'Oro 1983
Pedini 1981*

Tavoli cafeteria
Airon 1984

*Cafeteria tables
Airon 1984*

Collezione 'Pomarance'
Baldacci 1980

*Collection 'Pomarance'
Baldacci 1980*

Sergio Asti

ADI

Tra i fondatori dell'ADI, è attivo sin dagli anni '50 nei settori architettura, arredamento e ID. Corsi di insegnamento in Italia, Giappone, Portogallo; conferenze a Berlino, Colonia, Parigi, Chicago, Pechino. Riconoscimenti a varie Triennali, al MOMA di New York, al Compasso d'Oro. Numerose esposizioni personali e collettive in Italia e all'estero, molti progetti presenti in collezioni di importanti musei.

A charter member of ADI, has been devoted to architecture, interior and industrial design since the '50s. Taught in Italy, Japan, Portugal; lectures in Berlin, Cologne, Paris, Chicago, Peking. Awards at various Triennials, at the MOMA in New York and the Compasso d'Oro contest. Several personal and group exhibitions in Italy and abroad; many designs in the most important Museum collections.

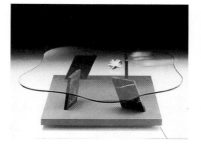

Plancia portastrumenti
Alfa Romeo 1981

*Dashboard
Alfa Romeo 1981*

Collezione Alice
Salvati 1979/1983

*Alice Collection
Salvati 1979/1983*

Pally 18'' Brionvega 1973

Tavolo per soggiorno,
marmo e cristallo
Morphos / Acerbis International 1985

*Coffee-table,
marble and crystal glass
Morphos / Acerbis International 1985*

Dada, servizio in ceramica
Ceramica Revelli 1972

*Dada, ceramic tea set
Ceramica Revelli 1972*

El Sadat, piastrelle in ceramica
Cedit 1975

*El Sadat, ceramic wall tiles
Cedit 1975*

Daruma, lampada in vetro
esposta al MOMA, New York
Candle 1966

*Daruma, glass table lamp
shown at the MOMA, New York
Candle 1966*

Sifone per selz, esposto al MOMA
segnalato Compasso d'Oro
medaglia d'argento XI Triennale
Saccab 1956

*Soda water syphon, shown at MOMA
special mention Compasso d'Oro
silver medal at 11th Triennial
Saccab 1956*

Eleusi 1982/1983

Antonia Astori

ADI

Nata a Milano nel 1940, ha studiato Industrial Design e Visual Design all'Athenaeum di Losanna. Nel 1958 ha iniziato la collaborazione con Driade, industria per l'arredamento, cui ha legato gran parte della sua attività, progettando in epoche successive mobili singoli e sistemi componibili, elaborando inoltre i progetti di allestimenti in Italia e all'estero.

Born in Milan in 1940, studied Industrial Design and Visual Design at the Athenaeum in Lausanne. In 1968 she started to work for Driade, a furniture manufacturer. For this company she designed, at different times, individual pieces of furniture and modular systems as well as pavilion projects in Italy and abroad.

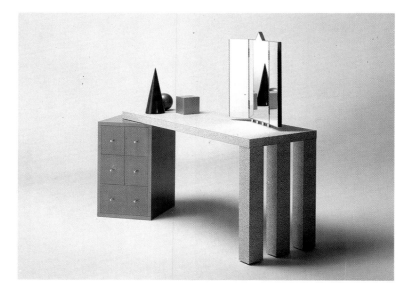

30

Oikos contenitori
composizione progettata nel 1982
Driade 1973

*Oikos units
arrangement designed in 1982
Driade 1973*

Aforismi
contenitori Acale
Aleph, Driade diffusione 1984

*Aforismi
Acale units
Aleph, Driade diffusione 1984*

Oikos contenitori
composizione progettata nel 1982
Driade 1973

*Oikos units
arrangement designed in 1982
Driade 1973*

Aforismi
toilette Dione
Aleph, Driade diffusione 1984

*Aforismi
Dione, dressing-table
Aleph, Driade diffusione 1984*

Renzo Baldanello

Nato a Venezia nel 1942, vive e lavora a Udine. Dopo il Corso Superiore di Disegno Industriale a Venezia, dal 1969 collabora con le Industrie Patriarca. Nel 1982 apre uno studio dove progetta mobili e complementi di arredo. Attivo anche nel settore illuminazione con vetro di Murano.

Born in Venice in 1942, lives and works in Udine. After attending the Higher Course of Industrial Design in Venice, in 1969 started working for Industrie Patriarca. In 1982 opened an office where he designs furniture and furnishings. Works also in the lighting sector with Murano glass.

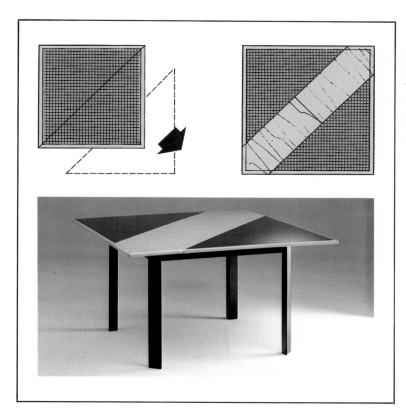

Tavolo allungabile
Del Fabro 1984

*Extension table
Del Fabro 1984*

Omaggio a Piet
Design Center 1985

*Homage to Piet
Design Center 1985*

Casual, cucina
Comello 1984

*Casual, kitchen
Comello 1984*

Sedia in metallo
Archnova 1985
con Marco Azzini

*Metal chair
Archnova 1985
with Marco Azzini*

Luciano Balestrini

Nato nel 1943, vive e lavora a Milano. Collaboratore e consulente di industrie nazionali nel campo dell'illuminazione, dei contenitori per cosmetica e profumeria, dell'oggettistica e dei complementi d'arredo.

Born in 1943, lives and works in Milan. Designer and consultant for Italian lighting, cosmetics, perfume and interior design industries.

'Compasso'
lampada a sospensione
a configurazione variabile
aste metalliche laccate,
cristalli soffiati
Luceplan 1984
con Paola Longhi

'Compasso'
changing shape hanging lamp,
lacquered metal rods, blown glass
Luceplan 1984
with Paola Longhi

Marisa Bandiera Cerantola

ADI

Nata a Bassano del Grappa, vive e lavora a Treviso. Opera nel settore della ricerca strutturale, applicata alla Fiberart (Biennali Internazionali della 'Tapissere', Losanna; Stedelijk Museum, Amsterdam; Triennali Lodz, Polonia). Ha proposto il collegamento *on line* del calcolatore al telaio tessile e sperimentato la stampa a grande dimensione su tessuti d'arredamento, a disegni componibili con processi programmabili.

Born in Bassano del Grappa, lives and works in Treviso. Works in the field of structural research applied to Fiberart (Biennal International exhibitions of Tapestry, Lausanne; Stedelijk Museum, Amsterdam; Triennials Lodz, Poland). Proposed the On line *connection of the computer to the loom and experimented big size printing on furnishing material, with patterns to be matched through programmable processes.*

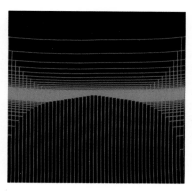

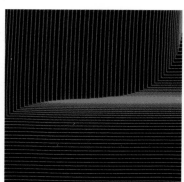
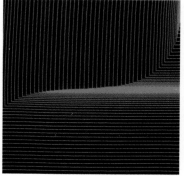

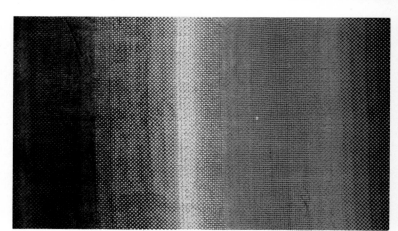

Diagododici B, Diagosei B
tende e copriletti
della collezione Diago
euroacril, Anic
Rossitex, Lanerossi 1980

*Diagododici B, Diagosei B
curtains and bedcovers
from collection Diago
euroacril, Anic
Rossitex, Lanerossi 1980*

Sisei, Sinuno, Sidue
tende e copriletti
della collezione Open
euroacril, Anic
Rossitex, Lanerossi 1976

*Sisei, Sinuno, Sidue
curtains and bedcovers
from collection Open
euroacril, Anic
Rossitex, Lanerossi 1976*

Profilo, copriletto
euroacril, Anic
Rossitex, Lanerossi 1983

*Profilo, bedcover
euroacril, Anic
Rossitex, Lanerossi 1983*

Spettro, della collezione Colore
euroacril, Anic
Rossitex, Lanerossi 1978

*Spettro, from collection Colore
euroacril, Anic
Rossitex, Lanerossi 1978*

Spiraleuno, copriletto
Rossitex, Lanerossi 1982

*Spiraleuno, bedcover
Rossitex, Lanerossi 1982*

Bandiera e Facchini

ADI

Paolo Bandiera e Umberto Facchini architetti, lavorano insieme fin dai tempi dell'Università. Si interessano soprattutto di architettura e urbanistica, ma il disegno industriale occupa da sempre un posto importante nella loro attività professionale.

Paolo Bandiera and Umberto Facchini, architects, have been working together since the university years. They specialize in architecture and town planning but product design has always played an important role in their activity.

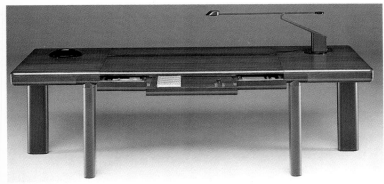

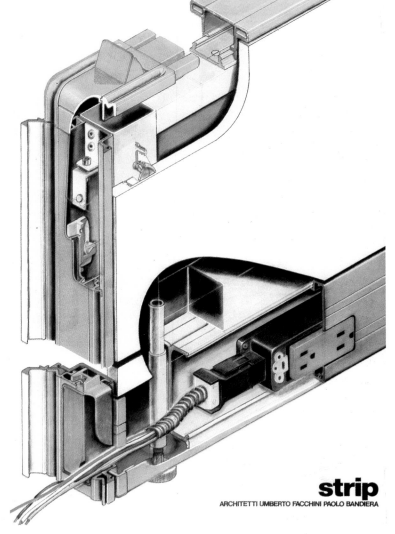

strip

ARCHITETTI UMBERTO FACCHINI PAOLO BANDIERA

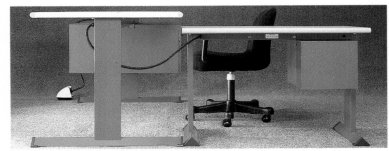

34

Dual
scrivania e contenitori direzionali
Faram 1982

*Dual
manager's desk and units
Faram 1982*

Megalfa, direzionale
Faram 1979

*Megalfa, manager's desk
Faram 1979*

Tari
tavoli da riunione
Faram 1981

*Tari
meeting tables
Faram 1981*

Superalfa, operativa
Faram 1980

*Superalfa, clerk's desk
Faram 1980*

Strip
pannelli divisori
Faram 1985

*Strip
partitions
Faram 1985*

Alfa
scrivania operativa
segnalata Premio SMAU 1978
Faram 1978

*Alfa
clerk's desk
special mention at SMAU award 1978
Faram 1978*

Carlo Bartoli

ADI

Nato a Milano nel 1931. Laureato in architettura, si occupa di design di arredi e oggetti d'uso, arredo urbano. Dal 1967 al 1970 insegna progettazione all'ISIA di Firenze. Varie opere sono state selezionate per esposizioni e musei, tra i quali il MOMA di New York. Componente in giuria per premi e concorsi di design.

Born in Milan in 1931, degree in architecture. Specializes in furnishings design. From 1967 to 1970 taught design at ISIA in Florence. Several works were selected for exhibitions and museums, including the MOMA of New York. Member of juries at Design awards and competitions.

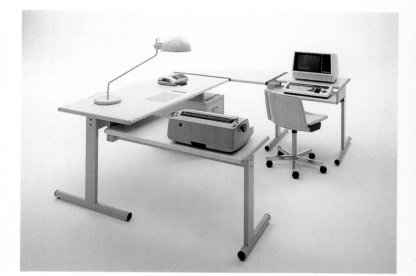

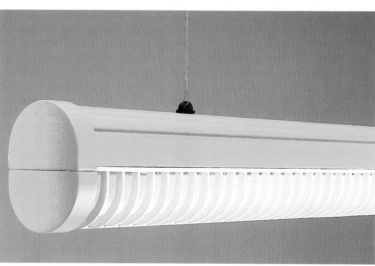

CIBI, componibile
Tisettanta 1983

CIBI, modular unit
Tisettanta 1983

Libra
apparecchi illuminanti
a sospensione e a parete
F.I.L.E. 1984

Libra
hanging and wall light fixtures
F.I.L.E. 1984

Set 2
sistema per uffici a pianta
aperta e per office automation
Oscam 1983

Set 2
System for open space
offices and office automation
Oscam 1983

Knock Down
cucina autoportante
Arc Linea 1982
con Giulio Ripamonti

Knock Down
free-standing kitchen
Arc Linea 1982
with Giulio Ripamonti

Bazzi e Gaffuri

ADI

Angelo Bazzi, nato nel 1947, vive e lavora in Brianza. Dal 1975 opera con aziende leader del contract, tra le quali Bellotti, Saporiti, B&B Italia. Maria Gaffuri, anch'essa nata nel 1947, ha collaborato in Tisettanta dal 1976 al 1980 e quindi con il marito.

Angelo Bazzi, born in 1947, lives and works in Brianza. Since 1975 has been working with leading contract companies including Bellotti, Saporiti, B&B Italia. Maria Gaffuri, also born in 1947, worked for Tisettanta from 1976 to 1980, then with her husband.

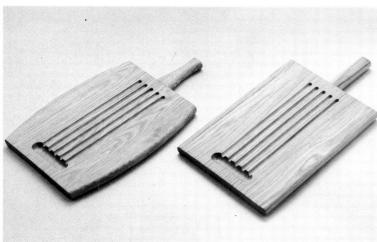

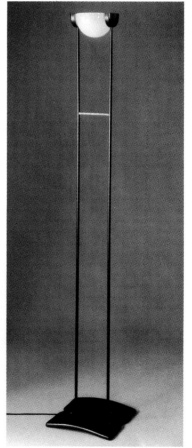

36

Taglieri
Legnoart 1985

*Chopping-boards
Legnoart 1985*

Tagliapane
Legnoart 1985

*Bread-boards
Legnoart 1985*

Studio, lampada
Lamperti 1983

*Studio, lamp
Lamperti 1983*

Candy, lampade
metallo e vetropressato
Lamperti 1983

*Candy, lamps
metal and pressed glass
Lamperti 1983*

Sogno
struttura metallica, poliuretano
3D 1985

*Sogno
metal structure, polyurethane
3D 1985*

Akab
Gammalux 1984

*Akab
Gammalux 1984*

Ermanno Bazzocchi

Nato a Tradate (Varese) nel 1914, laureato al Politecnico di Milano, il suo primo progetto è un biposto da turismo del 1939. Nel 1941 entra all'Ufficio Tecnico dell'Aeronautica Macchi, succede nella direzione all'ing. Castoldi nel 1945 e lega il suo nome alla rinascita dell'industria aeronautica italiana del dopoguerra. Dal 1981 amministratore delegato dell'Aermarchi, conta innumerevoli e prestigiose onorificenze e riconoscimenti in campo internazionale.

Born in Tradate (Varese) in 1914, graduated from the Milan Polytechnic. His first design was a two-seater touring plane in 1939. In 1941 became a member of Aeronautica Macchi Technical Dept and in 1945 succeded Ing. Castoldi in the management of the company. His name is linked with the rebirth of the Italian aircraft industry in the post-war period. Managing director of Aermacchi since 1981, he has been conferred many prestigious international awards.

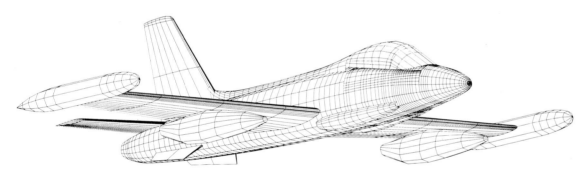

MB339 versione biposto velivolo da addestramento militare basico avanzato

MB339 two-seater version basic advanced military training aircraft

MB320 bimotore executive

MB320 executive twinmotor plane

MB339, MB339K addestratore a getto avanzato

MB339, MB339K training aircraft

MB308 biposto da addestramento primo aereo progettato e costruito dopo la seconda Guerra Mondiale

MB308 two-seater training aircraft First plane designed and built after the 2nd World War

MB326 e MB326K velivoli da appoggio tattico

MB326 and MB326K tactical support aircrafts

MB326 addestratore a getto Aermacchi (come tutti)

MB326 training aircraft Aermacchi (like all the others)

BCF Studio

ADI AIAP

È lo studio associato di Susanna Brugnoli e Marcello Cutino. Effettua interventi specifici di industrial design, progettazione di arredamenti per ambienti commerciali e privati, visual design, pianificazione di immagini aziendali.

This is the Studio of Brugnoli and Cutino associates. They work in the fields of industrial design, interior decoration design, visual design, corporate identity planning.

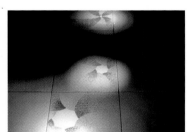

38

Tea, maniglia
Borromini 1980

Tea, handle
Borromini 1980

Tulip, sanitari
Ideal Standard 1982
con Maria Grazia Fiocco

Tulip, sanitary fixtures
Ideal Standard 1982
with Maria Grazia Fiocco

Teo, maniglia
Borromini 1980

Teo, handle
Borromini 1980

Manilla, maniglia
Frascio 1985

Manilla, handle
Frascio 1985

Prospecta, pavimenti 1984
Assoli, rivestimenti 1983
Ragno

Prospecta, floors 1984
Assoli, tiling 1983
Ragno

Portachiavi 'Valdadige Costruzioni'
Delio Civaschi 1983

Key-ring 'Valdadige Costruzioni'
Delio Civaschi 1983

Forno da incasso
Franke 1985

Built-in oven
Franke 1985

Prospecta, pavimenti 1984
Assoli, rivestimenti 1983
Ragno

Prospecta, floors 1984
Assoli, tiling 1983
Ragno

Alessandro Becchi

Nato a Firenze nel 1946. Sue opere fanno parte delle collezioni del MOMA di New York, di Houston e di La Jolla, dello Stadt Art Museum di Colonia, del Design Since del Philadelphia Museum of Art. Archivio del Design Centre Beaubourg, segnalato all'XI Compasso d'Oro, presente al Museo de Arte di San Paolo in Brasile, Museo de Cultura y Arte, Costarica. Nel 1971 invitato alla mostra *Italy, the New Domestic Landscape*.

Born in Florence in 1946. His works are included in the collections of the MOMA of New York, Houston and La Jolla, of the Stadt Art Museum of Cologne and the Design Since of the Philadelphia Museum of Art. In the archives of the Design Centre Beaubourg, special mention at 11th Compasso d'Oro, exhibiting at the Museo de Arte, in São Paulo, Brazil; Museo de Cultura y Arte, Costarica. In 1971 was invited to the exhibition Italy, the New Domestic Landscape.

Area, cucina componibile
laminato plastico e metallo
Gandi Arredamento 1982

*Area, modular kitchen
laminated plastic and metal
Gandi arredamento 1982*

Anfibio
divano letto trasformabile
Giovannetti Collezioni 1970

*Anfibio
Sofa bed
Giovannetti Collezioni 1970*

M14, orologio
Gama, Tokio 1976

*M14, alarm clock
Gama, Tokyo 1976*

Nonnamaria, divani e poltrone
Giovannetti Collezioni 1984

*Nonnamaria, sofas and armchairs
Giovannetti Collezioni 1984*

Il Cardinale
gruppo conversazione
Giovannetti Collezioni 1980

*Il Cardinale
sofas
Giovannetti Collezioni 1980*

Le bugie
poltrone componibili
Giovannetti Collezioni 1973

*Le bugie
modular armchairs
Giovannetti Collezioni 1973*

Only-you
Giovannetti Collezioni 1974

*Only-you
Giovannetti Collezioni 1974*

Carlo Bellini

Nato nel 1960 a Perugia. Ha partecipato ai seguenti concorsi di architettura e design: ascensore Stigler-Otis, Opera Parigi, stazione Bologna, arredo Regione Toscana (primo premio ex-aequo), illuminazione Zurigo, Biennale Venezia. Collabora con il Centro Beni Culturali della Regione Lombardia e con l'UNI. Fa parte del comitato scientifico di *Habitat Ufficio*.

Born in 1960 in Perugia. Exhibited in the following competitions of architecture and design: Stigler-Otis elevator, Paris Opera House, Bologna station, Regione Toscana furnishing (1st prize ex-aequo), Biennial of Venice. Works for the Centro Beni Culturali Regione Lombardia and UNI. Member of the scientific committee of Habitat Ufficio magazine.

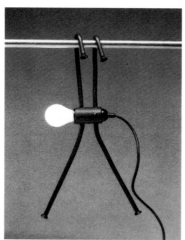

40

Apparecchio illuminante E27
gomma policloropremica armata
con fili di rame e vulcanizzata
Luxo Italiana 1985
con Marco Ferreri

*E27, light fixture
rubber reinforced with copper
wires and vulcanized
Luxo Italiana 1985
with Marco Ferreri*

Beppe Benenti

ADI

Nato a Torino nel maggio 1947.
Dal 1976 opera nei settori del
product design, del corporate
identity design e del packaging.
Mostre di design *Compasso d'Oro
storico* ad Osaka nel 1982 ed a
Shanghai nel 1983. Curatore
audiovisivo ICSID 1983 per il
Comune di Milano e ADI.
Suoi prodotti sono apparsi nelle
più importanti riviste di settore.
Premio Compasso d'Oro 1981.

*Born in Turin in May 1947. Since
1976 has been working in the
following sectors: product design,
corporate identity design and
packaging. Exhibitions of Italian
design Compasso d'Oro storico
in Osaka in 1982 and Shanghai in
1983. Audio-visual director at the
ICSID 1983 congress for the Milan
Local Authority and ADI. His
products were published in the
leading trade press. Compasso
d'Oro winner 1981.*

Synx 508, sintetizzatore
lamiera e poliuretano
Jen Elettronica 1983

*Synx 508, synthesizer
sheet steel and polyurethane
Jen Elettronica 1983*

E280, stampante alfanumerica
Sistemi Etipack 1981

*E280, Alphanumeric printer
Sistemi Etipack 1981*

BS1, fotocellula
Data Logic 1985

*BS1, Photoelectric cell
Data Logic 1985*

Prisma, radiocomando-torcia
Reer 1984

*Prisma, wireless control with flashlight
Reer 1984*

Decompressimetro computerizzato
Compasso d'Oro 1981
Eldec 1981, con Walter Olmi

*Miniaturised Decompression Computer
Compasso d'Oro winner 1981
Eldec 1981, with Walter Olmi*

Autogru, Ormig 1981
con Bruno Giardino

*Crane truck, Ormig 1981
with Bruno Giardino*

Cardioscope J2000, visualizzatore
ECG
Selezione Compasso d'Oro 1979
Jen Elettronica 1979

*Cardioscope J2000, ECG visualizer
Selection Compasso d'Oro 1979
Jen Elettronica 1979*

Luciano Bertoncini

ADI

Nato a Feltre (Belluno) nel 1939, vive e lavora a Treviso. Nel 1970 passa dall'architettura al design. Nel 1971 con Gronda vince il secondo premio Abet Print a Pordenone. Dopo la morte di Joe Colombo realizza per la Elco Fiarm la parte esecutiva del progetto *Total Furnishing Unit* presentato all'*Italy, the new domestic landscape* di New York. Nel 1976 e 1977 vince il Trofeo Secolo XIX alla mostra selettiva dei miniappartamenti di Genova.

Born in Feltre (Belluno) in 1939, lives and works in Treviso. In 1970 left architecture for design. In 1971 won, with Gronda, the second prize Abet Print in Pordenone. After the death of Joe Colombo made for Elco Fiarm the executive part of the project Total Furnishing Unit *exibited at* Italy, the new domestic landscape *in New York. In 1976 and 1977 won the trophy Secolo XIX at the selective exhibition of miniflats in Genoa.*

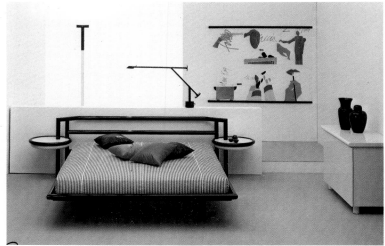

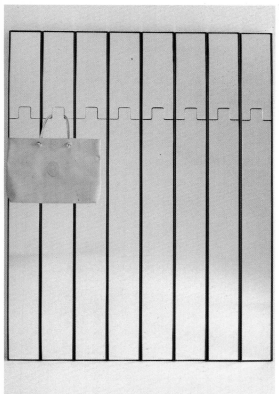

Progetto Pluri
sistema di elementi componibili
Bellato 1984

Progetto Pluri
system of modular units
Bellato 1984

Gronda, appendiabiti
Bellato 1971

Gronda, clothes-peg
Bellato 1971

Onda
Selezione Compasso d'Oro 1981
Bellato 1980

Onda
Selection Compasso d'Oro 1981
Bellato 1980

Vela
letto matrimoniale
Bellato 1979

Vela
double bed
Bellato 1979

ETX600, ETX350,
Tuareg rally 50
Aprilia 1985

ETX600, ETX350,
Tuareg rally 50
Aprilia 1985

Nuccio Bertone

In 40 anni di attività ha collaborato con tutte le case automobilistiche italiane e attualmente opera con i massimi costruttori mondiali per la definizione estetico-funzionale dei loro modelli. Le tappe più significative sono la Giulietta Sprint del '54, le Fiat 850 Spider e X1/9, le Lamborghini Miura, Espada e Countach, le Ferrari Dino 308, GT4 e Rainbow, le Maserati, le Lancia, le BMW, ecc. Ultime creazioni la Citroen BX, l'Alfa 90 e la Volvo 780.

During 40 years of activity, he has designed models for all Italian car manufacturers and he presently works for the main car companies in the world. Among his most signicant models: the Alfa Romeo Giulietta Sprint, the Fiat 850 spider and X1/9, the Lamborghini Miura, Espada and Countach, the Ferrari Dino 308, GT4 and Rainbow, the Maserati, Lancia, BMW, etc. His latest designs include the Citroen BX, the Alfa 90 and the new Volvo 780.

43

Volvo 780, 1985
Volvo 780, 1985

Lamborghini Miura 1966
Lamborghini Miura 1966

Computer
Nordern Technologies 1981
*Computer
Nordern Technologies 1981*

Bertone-Fiat X1/9 1972
Bertone-Fiat X1/9 1972

Dia Sound System
Silma Eumig 1984
*Dia Sound System
Silma Eumig 1984*

Ramarro, prototipo su Chevrolet
Corvette 1984
*Ramarro, prototype based on Chevrolet
Corvette 1984*

Lancia Stratos HF 1970
Lancia Stratos HF 1970

Casco Stratos
Vitaloni 1972
*Helmet Stratos
Vitaloni 1972*

Trattori
Ebro 1977
*Agricultural machines
Ebro 1977*

Fabrizio Bianchetti

ADI INASA

Si occupa professionalmente di architettura e disegno industriale. I suoi attuali interventi investono, oltre i settori del product design, una ricerca sui colori e sulle superfici dell'ambiente cittadino. Ha partecipato con una mostra sul progetto del colore nelle città ai convegni del Saiedue a Bologna 1985. Alcune realizzazioni hanno partecipato alla mostra *Italian re evolution* organizzata dal Museo d'Arte Contemporanea di La Jolla nel 1982.

Specialized in architecture and industrial design. At present is working in the sector of product design and is studying colours and surfaces in the town environment. In 1985 was present in the meeting of Siaedue in Bologna with an exhibition of the colour project in towns. Some works were exhibited at the Italian re evolution *organized by the Museum of Contemporary Art in 'La Jolla' in 1982.*

Piano di coordinamento cromatico
Città di Omegna 1985
progetto di alcune vie

*Chromatic plan
Municipality of Omegna 1985
Project of some streets*

Set condimenti
Del Bru 1985

*Menage
Del Bru 1985*

Valletto letto
Sleeping System Italia 1984

*Valletto soft bed
Sleeping System Italia 1984*

Piano di coordinamento cromatico
Città di Omegna 1985
modello di ricerca

*Chromatic plan
Municipality of Omegna 1985
research model*

Verbano, maniglia
Olivari 1983

*Verbano, handle
Olivari 1983*

Torino, maniglia
Olivari 1983

*Torino, handle
Olivari 1983*

Rodolfo Bianchi

Vive ed esercita a Milano, dove è nato nel 1948 e si è laureato in architettura. Dal 1975 si occupa di design e comunicazione visiva, collaborando con aziende del settore del mobile.

Lives and works in Milan where he was born in 1948 and graduated in architecture. Since 1975 has been working in the field of design and visual communication for companies in the furniture sector.

45

Animaletti
legno curvato
Metrocubo 1975

*Little animals
curved wood
Metrocubo 1975*

Palinuro, letto
Elam 1984

*Palinuro, bed
Elam 1984*

Tuttifrutti, imbottiti
Salmistraro 1981

*Tuttifrutti, upholstered units
Salmistraro 1981*

Altea, imbottiti
Adile 1984

*Altea, upholstered units
Adile 1984*

Anna Bicego

Nata a Milano nel 1957, laureata in architettura al Politecnico, si occupa di architettura e design. Dal 1983 consulente presso il DA Centro per il disegno ambientale. Nel 1984 ha vinto, con Carlo Bellini, il primo premio ex-aequo al Concorso *Un sistema d'arredo per la residenza*, promosso dalla Regione Toscana in collaborazione con l'ADI.

Born in Milan in 1957, graduated in architecture from the Polytechnic, specializes in architecture and design. A consultant of environmental design for the DA Centro since 1983. In 1984 was awarded, with Carlo Bellini, the 1st prize ex aequo at the competition Un sistema d'arredo per la residenza *promoted by Regione Toscana in co-operation with ADI.*

Sopra la panca
sistema d'arredo per la residenza
castagno e straticolor Abet Print
Poltronova 1984
con Carlo Bellini

*Sopra la panca
home decoration system
walnut and Abet Print straticolor
Poltronova 1984
with Carlo Bellini*

Marilena Boccato

ADI

Dello studio Boccato Gigante Zambusi. Nata a Treviso nel 1941, laureata in architettura a Venezia. Attiva nei settori architettura, restauro, arredamento e design, collabora da sempre con Gigante e Zambusi. Pezzi esposti all'*Italy, the new domestic landscape* di New York, Biennale di Venezia 1970 (sezione arti decorative), Museo d'arte contemporanea di Chicago 1982. Premio *Andrea Palladio* Vicenza 1969, Premio *Macef 1966.*

Boccato Gigante Zambusi Studio's. Born in Treviso in 1941, graduated in architecture in Venice. Works in the sectors of architecture, restoration, furnishing and design and has always worked with Gigante and Zambusi. Works exhibited at Italy, the new domestic landscape *in New York, the Biennial of Venice 1970 and the Museum of Contemporary Art in Chicago 1982. Prize* Andrea Palladio *Vicenza 1969, Macef award 1966.*

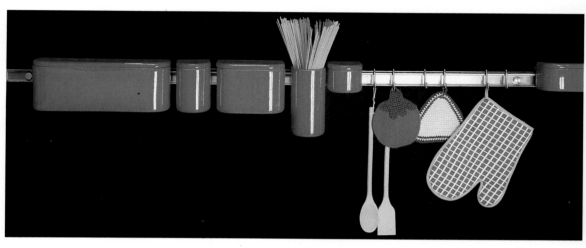

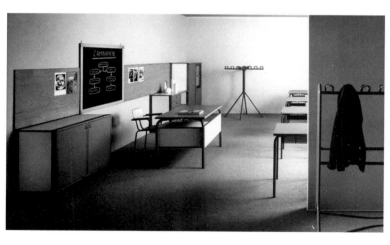

47

Giro, appendiabiti girevole
Magis 1981

*Giro, revolving clothes-stand
Magis 1981*

Mobili per scuole
Caloi 1983

*School furniture
Caloi 1983*

Plus, attrezzatura da parete
ceramica, acciaio inox
Sicart 1978

*Plus, wall attachment
ceramic, stainless steel
Sicart 1978*

Solo, lampada a tubi fluorescenti
Zerbetto 1983

*Solo, glow tube lamp
Zerbetto 1983*

Rail
sistema di illuminazione e servizi
Zerbetto 1981

*Rail
lighting system and services
Zerbetto 1981*

Theo
BBB Bonacina 1980

*Theo
BBB Bonacina 1980*

Sistemi Liston e Reti
Industrie Secco, Seccose 1980

*Liston and Reti systems
Industrie Secco, Seccose 1980*

Francesco Bocola

ADI

Nato a Milano nel 1938, studia all'Accademia di Brera e a Parigi. Partecipa a mostre nazionali e internazionali. Realizza 'Espace Cardin' a Parigi: cinema, ufficio-scultura, teatro, boutique modulare; parte del complesso edilizio di Famiglia Cristiana, numerosi progetti per appartamenti, una catena di 32 boutiques. Costruisce barche a vela da 16 a 30 m.

Born in Milan in 1938, studied at the Brera Academy and in Paris. Was present in exhibitions in Italy and abroad. Designed 'Espace Cardin' in Paris: cinema, sculpture-office, theatre, modular boutique; a part of the building complex of Famiglia Cristiana, several plans for flats, a chain of 32 boutiques. Designs 16 to 30 m. sailing boats.

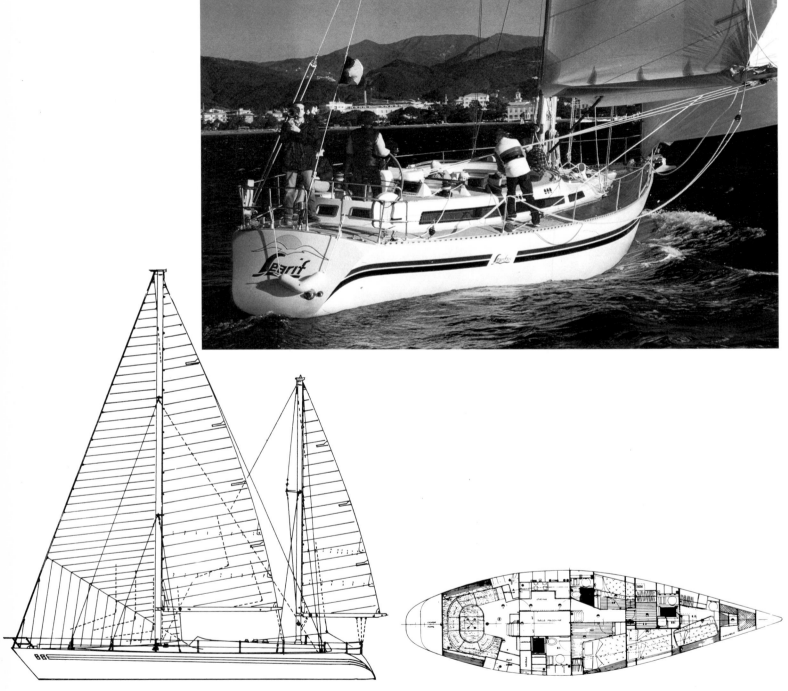

48

Serif 55', imbarcazione
Searif Italia 1981

*Serif 55', boat
Searif Italia 1981*

Cini Boeri

ADI

Laureata al Politecnico di Milano svolge attività di architetto e industrial designer. Ha tenuto conferenze in numerose università straniere. Compasso d'Oro nel 1979, medaglia d'Oro Bio 10 di Lubiana nel 1984. Molti suoi lavori sono esposti in importanti musei. Nel 1980 ha pubblicato presso Franco Angeli il libro *Le dimensioni umane dell'abitazione*. Docente incaricato per un biennio presso la Facoltà di architettura del Politecnico di Milano.

Graduated from the Milan Polytechnic, she runs her own activity as an architect and industrial designer. She has given lectures in many foreign universities. Compasso d'Oro winner 1979, gold medal Bio 10, Lubiana 1984. Many of her projects are exhibited in important museums. Her book The human dimensions of the house *was published by Franco Angeli Editore in 1980. Visiting professor at the Milan Polytechnic University.*

49

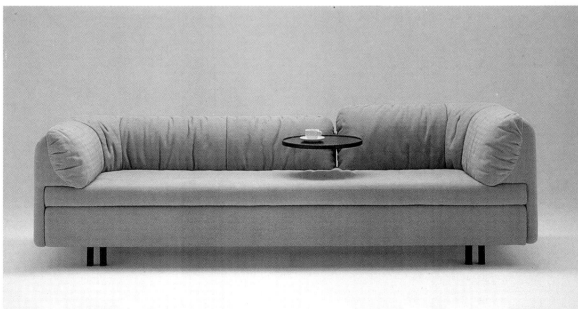

Rever, porta con sezione simmetrica e arrotondata
Tre Più 1981
con Laura Griziotti e Guido Nardi

Rever, door with symmetric and round edge
Tre più 1981
with Laura Griziotti and Guido Nardi

Double Face
libreria girevole
Arflex 1980

Double Face
rotating bookcase
Arflex 1980

Pacific, divano con schienale in differenti altezze
Arflex 1983

Pacific, sofa with back in different heights
Arflex 1983

Folio
poltroncina pieghevole
Rosenthal 1980

Folio
folding armchair
Rosenthal 1980

Bombardelli, Bodega, De Dominicis

Industrial Designers dal 1980, svolgono attività professionale in Milano. Dal 1982 collaborano con l'Istituto Europeo di Design, in qualità di docenti (Bombardelli, De Dominicis) e come ricercatori-progettisti nel Dipartimento di Industrial Design di Milano, all'interno del Centro Ricerche Strutture Naturali. Partecipano nel 1985 alla XVII Triennale di Milano esponendo *Naturo Due* realizzato in collaborazione con Montedison.

Industrial designers since 1980, work in Milan. Since 1982 have been working for the Istituto Europeo di Design as teachers (Bombardelli, De Dominicis) and as researchers-designers in the department of Industrial Design in Milan within the Centro Ricerche Strutture Naturali. In 1985 were present in XVII Triennial of Milano exhibiting Naturo Due *in cooperation with Montedison.*

muscoli
media
lunghezza

muscoli
tutta lunghezza

A — A

B — B

sezione AA

sezione BB

50

Naturo Due
braccio meccanico-bionico per applicazioni robotiche
elementi modulari galleggianti in Pibiter con inserti in Algoflon
Laboratorio C.S.I. del Centro Ricerche Montedison (ing. P. Cau) 1985
con Italtel Telematica e Ranger Italiana

Naturo Due
Mechanical-bionic arm for robotic application
Floating modular elements in Pibiter with inserts in algoflon
C.S.I. laboratory of the Montedison Research Centre (Mr. P. Cau) 1985 with Italtel Telematica and Ranger Italiana

Naturo Due
proboscide di elefante: muscolatura longitudinale con punti di applicazione differenziati su due livelli

Naturo Due
elephant proboscis: longitudinal muscles with application points on two different levels

Naturo Due
modello funzionale con punti di applicazione differenziati dei tiranti

Naturo Due
functional model with different application points of tie bars

Rodolfo Bonetto

ADI

Nato a Milano, ha iniziato l'attività nel 1958. Dal 1961 al 1965 docente presso la Hochschule di Ulm, dal 1971 al 1973 all'ISDI di Roma. Compasso d'Oro 1964, 1967, 1970, 1979, 1981, 1984. È stato presidente dell'ADI e dell'ICSID, membro e presidente di giurie di premi prestigiosi. Ha partecipato a mostre internazionali e tenuto conferenze in ogni parte del mondo.

Born in Milan, started his activity in 1958. 1961 to 1965 teacher at the Hochschule in Ulm, 1971 to 1973 at the ISDI in Rome. Compasso d'Oro winner in 1964, 1967, 1970, 1979, 1981, 1984. Was the president of ADI and ICSID, member and president of juries at important contests. Was present at international exhibitions and gave lectures all over the world.

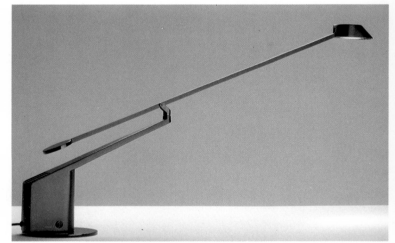

51

Horizon 400
machining center a controllo numerico
Olivetti OCN 1982

*Horizon 400
NC machining center
Olivetti OCN 1982*

Regata, Fiat 1984
con Centro Stile Fiat

*Regata, Fiat 1984
with Fiat Styling Centre*

Motore Fire 1000
Fiat 1985
con Centro Stile Fiat

*Fire 1000 engine
Fiat 1985
with Fiat Styling Centre*

Sanitari serie Profilo
Ceramica Dolomite 1985

*Profilo series, sanitary fixtures
Ceramica Dolomite 1985*

Horizon 800
Olivetti OCN 1983

*Horizon 800
Olivetti OCN 1983*

Registratore di cassa 2OR3
IES Sweda 1984

*2OR3 cash register
IES Sweda 1984*

Lampada alogena Ala
I Guzzini 1983

*Ala, halogen lamp
I Guzzini 1983*

Terminale video Tina
Selenia 1983

*Tina, video terminal
Selenia 1983*

Renata Bonfanti

ADI

Nata a Bassano del Grappa (Vicenza) nel 1929. Ha studiato all'Istituto Statale d'Arte di Venezia e alla Kvinnelige Industri Skole di Oslo. Dal 1954 produce in proprio tappeti e tessuto per arredamento. Ha disegnato per La Rinascente, Rossifloor, Malobbia, Silent Gliss Italia, Uvet Dimensione, Ermenegildo Zegna, Appiani Selezione. Segnalazione d'onore Compasso d'Oro 1956, Compasso d'Oro 1962.

Born in Bassano del Grappa (Vicenza) in 1929. She studied at the Istituto Statale d'Arte in Venice and at the Kvinnelige Industri Skole in Oslo. Since 1954 she has produced rugs and fabrics for furnishings in her own workshop. She designed for La Rinascente, Rossifloor, Malobbia, Silent Gliss Italia, Uvet Dimensione, Ermenegildo Zegna, Appiani Selezione. Compasso d'Oro 1956, a special mention, Compasso d'Oro winner 1962.

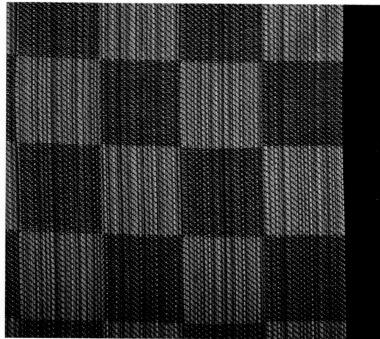

52

Luna Park
tappeto 185x215
lana, meraklon e lino
Bonfanti 1983

*Luna Park
rug 185x215
wool, meraklon and flax
Bonfanti 1983*

Torcello
tessuto per copriletti
cotone e acrilico
Bonfanti 1981

*Torcello
bed cover material
cotton and acrylic
Bonfanti 1981*

Riesling, tessuto per tovaglie
cotone e lino 1983

*Riesling, table-cloth material
cotton and flax 1983*

Algeria 8, tappeto 210x230
lana e lino
Bonfanti 1980

*Algeria 8, rug 210x230
wool and flax
Bonfanti 1980*

Girasole, tappeto 150x200
lana, meraklon e lino
Bonfanti 1984

*Girasole, rug 150x200
wool, meraklon and flax
Bonfanti 1984*

Passito, tessuto per tovaglie
cotone e lino 1983

*Passito, table-cloth material
cotton and flax 1983*

Francesco Boniolo

Nato a Padova nel 1945, dove vive e lavora. Con esperienza in numerosi settori industriali e veicoli in genere, si occupa di prodotti industriali ad alta e media complessità tecnologica. Ha vinto premi a Parigi, Ginevra, Norimberga. Le sue opere sono state pubblicate in numerose edizioni specializzate. La sua filosofia è: linea essenziale equivalente ad efficienza della forma e semplicità di realizzazione del prodotto.

Born in Padua in 1945 where he lives and works. Worked in several industrial sectors including the motor industry. Specializes in industrial products of medium and advanced technology. Won prizes in Paris, Geneva and Nuremberg. His works were published in several specialized editions. His philosophy is: an essential line leading to an efficient shape and an easy manufacturing of the product.

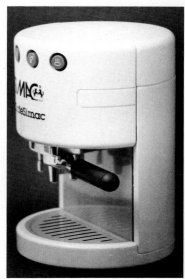

Crom
macchina a iniezione per applicazioni plastiche calzaturiere
Industria Meccanica Lorenzin 1980

Crom
injection machine for shoe industry
Industria Meccanica Lorenzin 1980

Ferrari 308 GTB da competizione carrozzeria in kevlar e tessuto di carbonio
Officina G. Michelotto 1983

Ferrari 308 GTB - racing car body in kevlar and carbon texture Officina G. Michelotto 1983

Laverda 4x4
veicolo multiuso
Moto Laverda 1983

Laverda 4x4
multipurpose vehicle
Moto Laverda 1983

Macchina per caffè espresso per famiglia, comunità, uffici
Simac 1981

Espresso coffee automatic machine for families, communities, offices Simac 1981

Fausto Boscariol

ADI

Nato a Zoppola nel 1947, diplomato al College d'enseignement tecnique de la carosserie automobile di Parigi. Nel 1966 all'Ufficio Tecnico Peugeot, nel 1968 al Centro Stile Bertone, dal 1974 nel Pordenonese per Meson's, Altana, Fotomec/Gretag, Meta. 1966 secondo premio concorso europeo Griffo d'Oro Bertone, nel 1979 premio della Creativité a Bruxelles, nel 1983 Premio Design di Casaidea.

Born in Zoppola in 1947, qualified at the College d'enseignement tecnique de la carosserie automobile in Paris. In 1966 was at the Peugeot Technical Dept., in 1968 at Bertone Styling Centre, since 1974 in the Pordenone area working for Meson's, Altana, Fotomec/Gretag, Meta. 1966 second prize at the European Competition Griffo d'Oro Bertone, 1978 prize for Creativity in Bruxelles, 1983 Design prize of Casaidea.

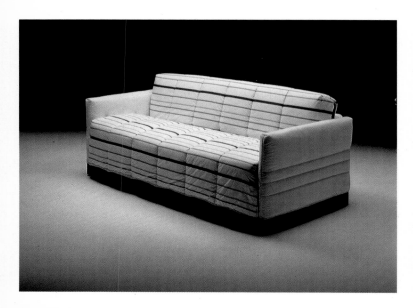

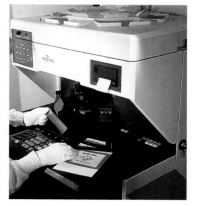

Synbios
divano letto
Meta 1982

*Synbios
sofa bed
Meta 1982*

Lamborghini Countach
Bertone 1971

*Lamborghini Countach
Bertone 1971*

Flexiprinter
macchina per stampare foto
Gretag San Marco 1981

*Flexiprinter
printing machine for photos
Gretag San Marco 1981*

Master
macchina per stampare foto
Gretag San Marco 1984

*Master
printing machine for photos
Gretag San Marco 1984*

Paolo Braggion

Nato a Padova, architetto, vive e lavora tra Padova e Milano. Dal 1974 al 1976 è Visiting Professor all'Istituto Superiore di Design di Friburgo. Ha tenuto mostre in Italia e all'Estero. Nel 1984 è stato incaricato dal Ministero della Cultura francese di tenere una serie di conferenze sul design. Al MOMA di New York è esposta una sua opera. All'attività professionale rivolta all'architettura e al design affianca un'attività didattica all'estero.

Born in Padua, degree in architecture, lives and works in Padua and Milan. 1974 to 1976 Visiting Professor at the Higher Institute of Design in Freiburg. Exhibitions in Italy and abroad. In 1984 the French Ministry of Education gave him the task of giving a series of lectures on design. A work exhibited at the MOMA in New York. Works as an architect and designer, and as a teacher abroad.

Carrello portabottiglie
Le Favero 1984

Bottle trolley
Le Favero 1984

Sedia Silea
Le Favero 1984

Silea, chair
Le Favero 1984

Collezione Giò
Le Favero 1984

Giò collection
Le Favero 1984

Tavolo Bianconero
Le Favero 1984

Bianconero, table
Le Favero 1984

Broggi e Burckhardt

Nati entrambi in Svizzera nel 1945. Laureati al Politecnico di Zurigo. Dal 1977 studio in comune per architettura e design. Segnalazione Premio SMAU 1978 e Premio SMAU 1980. Design award Interbuilt U.K. 1981. Product Design award dell'Institute of Business Designers di New York 1983. Diversi primi premi in concorsi d'architettura.

Both born in Switzerland in 1945. Graduated from Zurich Polytechnic. Working together in their office since 1977 (architecture and design). Special mention at SMAU Award 1978, and SMAU Award in 1980. Design award Interbuilt U.K. 1981. Product Design award at the Institute of Business Designers in New York 1983. Several first prizes in architecture competitions.

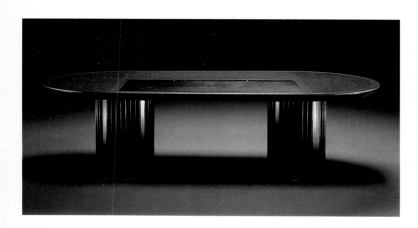

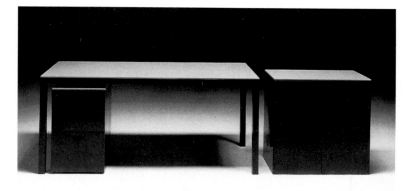

56

DS, uffici direzionali
Design Award IBD 1983
Fantoni Arredamenti 1983

DS, manager's office
Design Award IBD 1983
Fantoni Arredamenti 1983

Tommy, lampada da tavolo
Programmaluce 1985

Tommy, table lamp
Programmaluce 1985

ME, uffici operativi
Premio SMAU 1980
Fantoni Arredamenti 1980

ME, clerk's office
SMAU Award 1980
Fantoni Arredamenti 1980

OP, sedie uffici operativi
Fantoni Arredamenti 1980

OP, chairs for clerk's office
Fantoni Arredamenti 1980

BM, uffici operativi
segnalazione SMAU 1978
Fantoni Arredamenti 1978

BM, clerk's office
special mention SMAU 1978
Fantoni Arredamenti 1978

Brunati e Zerbaro

ADI

Bruno Brunati e Carlo Zerbaro sono nati tra il 1950 e il 1960. Ragazzi normali, nell'aspetto e nel comportamento, dopo le solite scuole e un po' di università, nel 1982 hanno aperto lo studio Mastrociliegia. Pian piano invecchiano, ma sono ancora abbastanza giovani per non avere meriti e onorificenze da elencare. Hanno come obiettivo far cose giuste e che costino poco; nonché quello di guadagnare molto, così da vivere felici.

Bruno Brunati and Carlo Zerbaro were born between 1950 and 1960. Normal boys in their look and behaviour, after attending the ordinary school and a bit of University, in 1982 opened the studio Mastrociliegia. They are slowly ageing but are still young enough not to have awards or special prizes to list. Their aim is making the right things at a low cost as well as making a lot of money to live happily.

PT1218, SE 1031
sedie e poltroncine
Zevi 1984

*PT1218, SE1031
chairs and easy chairs
Zevi 1984*

Asolo Junior
vetrinetta
Cidue 1982

*Asolo Junior
glass cabinet
Cidue 1982*

CA 516, carrello
Zevi 1984

*CA 516, trolley
Zevi 1984*

Letto matrimoniale
Malobbia International 1984

*Double bed
Malobbia International 1984*

Antonio Bullo

Nato a Chioggia (Venezia) nel 1952, diplomato al Magistero d'Arte Ceramica di Faenza e all'Accademia di Belle Arti di Venezia. Ha lavorato per Iris Ceramica, Cerdisa, Villeroy e Boch, Ceramiche Gabbianelli. Molti dei suoi lavori sono conservati al Museo d'Arte Ceramica di Faenza. Dal 1983 conduce per la Florence una particolare ricerca sugli smalti e vetri applicabili alla maiolica ed è consulente Ceramica Dolomite per l'immagine e i nuovi prodotti.

Born in Chioggia (Venezia) in 1952, graduated from the Magistero d'Arte Ceramica in Faenza and the Academy of Fine Arts in Venice. Worked for Iris Ceramica, Cerdisa, Villeroy & Boch, Ceramiche Gabbianelli. Many works at the Museo d'Arte Ceramica in Faenza. Since 1983 has been carrying out a special research for 'Florence' on enamels and glass that can be applied to majolica; a consultant for Ceramica Dolomite for new products and corporate identity.

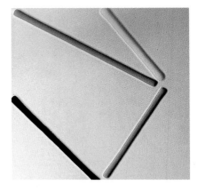

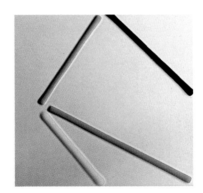

Piastrella in maiolica 40x40
Florence 1984

*Majolica tile, 40x40
Florence 1984*

Lavabo a semincasso
ceramica smaltata
Ceramica Dolomite 1984

*Semibuilt-in sink
enamelled ceramic
Ceramica Dolomite 1984*

Piastrelle 20x20
maiolica decorata con vetro
Florence 1984

*Tile, 20x20
glass decorated majolica
Florence 1984*

Lavabo a colonna
ceramica smaltata
Ceramica Dolomite 1984

*Column sink
enamelled ceramic
Ceramica Dolomite 1984*

Francesco Burcini

ADI AIAP TP

Nato ad Assisi nel 1943. È titolare ed art director dello studio A Design, da lui fondato nel 1963, dove ha creato numerosi oggetti (attualmente in commercio in Italia ed in Europa) e oltre 400 marchi d'impresa. È presente con i suoi lavori ed articoli su 15 volumi; una decina di riviste italiane e straniere si sono interessate alle sue creazioni ed alla sua filosofia. Ha vinto diversi concorsi grafici nazionali.

Born in Assisi in 1943, is the owner and art director of the studio A Design established in 1963. Has designed several objects (currently on the market all over Europe) and more than 400 trade-marks. His works and articles are in 15 books. Quite a few Italian and foreign reviews have taken an interest in his creations and philosophy. Won several Italian graphic competitions.

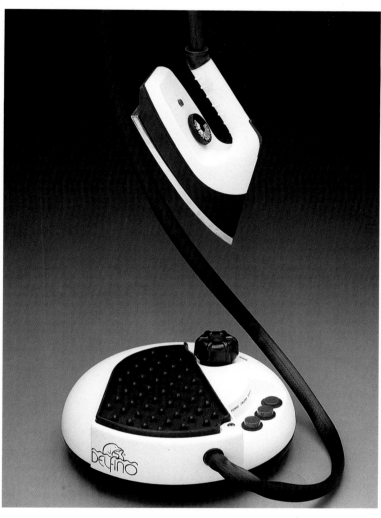

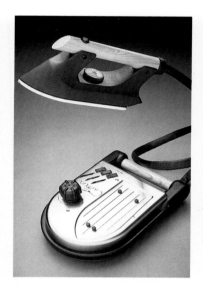

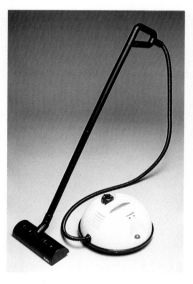

59

Delfino
sistema da stiro a vapore
Bart & Bart 1983

Delfino
professional ironing system
Bart & Bart 1983

Orologio al quarzo
Yamaha 1980

Quartz watch
Yamaha 1980

Gabbiano
complesso da stiro a vapore
Electrolux 1982

Gabbiano
steam ironing unit
Electrolux 1982

Botia, lavapavimenti a vapore
Electrolux 1984

Botia, steam floor-washer
Electrolux 1984

123, sistema da stiro
Unitecno 1984

123, professional ironing system
Unitecno 1984

Fire Ball
stufa catalitica
G.I.E. 1981

Fire Ball
catalytic stove
G.I.E. 1981

Gaspare Cairoli

ADI

Nato a Meda nel 1952, diplomato all'Istituto d'Arte di Cantù. Collabora con i centri ricerca di Cassina e B&B Italia. Nel 1983 con Elisabetta Donzelli fonda lo studio Cairoli Associati, che si occupa di product e graphic design. Attualmente lavora per I 4 Mariani, Seccose, Segno, Seven.

Born in Meda in 1952, qualified at the Art School in Cantù. Working for the research centres of Cassina and B&B Italia. In 1983 opened with Elisabetta Donzelli the studio Cairoli Associati that specialize in product and graphic design. At present works for I 4 Mariani, Seccose, Segno, Seven.

60

Mistermagic
I 4 Mariani 1984
con Elisabetta Donzelli

Mistermagic
I 4 Mariani 1984
with Elisabetta Donzelli

Terna
sedia pieghevole e sovrapponibile
Industrie Secco, Seccose 1985

Terna
stackable folding chair
Industrie Secco, Seccose 1985

Amerigo
sedute componibili
Seven 1984
con Elisabetta Donzelli

Amerigo
modular settees
Seven 1984
with Elisabetta Donzelli

Talea Altea
I 4 Mariani 1984
con Elisabetta Donzelli

Talea Altea
I 4 Mariani 1984
with Elisabetta Donzelli

Elio Carmi

ADI

Nato a Casale Monferrato nel 1952. Il primo lavoro, come Graphic Designer, è del 1972. Dal 1983 insegna cromatologia all'Istituto Europeo di Design in Milano. Oggi, lo Studio Carmi si occupa di progettazione grafica, di industrial design, di progettazione per stands, negozi, show room.

Born in Casale Monferrato in 1952. His first work as a graphic designer dates back to 1972. Has been teaching Chromatography at the Istituto Europeo di Design in Milan since 1983. Now the Studio Carmi specializes in graphic and industrial design as well as projects for stands, shops and showrooms.

61

Portatelevisore
G. B. Bernini 1979
con Antonio Rossin

TV set trolley
G. B. Bernini 1979
with Antonio Rossin

Ilaria, sedia
Bernini 1982
con Antonio Rossin

Ilaria, chair
Bernini 1982
with Antonio Rossin

Tight, divano
Alias, divisione Alfeo 1984

Tight, sofa
Alias, divisione Alfeo 1984

Bomboniera in rodoide
Mazzucchelli 1984

Bonbonnièrre
Mazzucchelli 1984

Anna Castelli Ferrieri

ADI

Laurea al Politecnico, presidente ADI 1969/71. Medaglia d'Oro VIII e IX Triennale, medaglia d'Argento Bauzentrum Vienna 1968, Bundespreis Gute Form 1973, Compasso d'Oro 1979, e dieci segnalazioni nel 1970/72/79/81/84. Product Design Award USA 1979 e 1981, medaglia d'Oro Bio 9 Lubiana, segnalazioni Bio 3 e Bio 5, ID Annual Design Award USA 1983, premio Schöner Wohnen 1984. Dal 1976 responsabile per il design Kartell.

Graduated from the Polythecnic. ADI president 1969/71. 8th and 9th Triennial, gold medal; Bauzentrum Vienna 1968, silver medal; Bundespreis Gute Form 1979; Compasso d'Oro winner 1979 and ten special mentions in 1970/72/79/81/84; Product Design Award USA 1979 and 1981; Bio 9 Lubiana, gold medal; Bio 3 and Bio 5, special mentions; ID Annual Design Award, USA 1983; Schöner Whonen Award 1984. Art director at Kartell since 1976.

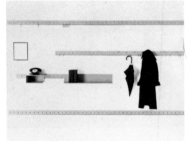

Tavolo 4310 con gamba centrale
Kartell 1983

*4310 table, with pedestal
Kartell 1983*

Serie di sgabelli
Kartell 1979

*Stools
Kartell 1979*

Serie di tre tavolini
Kartell 1985

*Occasional tables
Kartell 1985*

Sistema striscia componibile attrezzata
Kartell 1977

*Outline System
Modular strip for wall equipment
Kartell 1977*

Tavolo 4300 a quattro gambe
Kartell 1982

*4300 table, with four legs
Kartell 1982*

Sistema di elementi componibili quadrati
Kartell 1967

*Square stacking elements
Kartell 1967*

Achille Castiglioni

Nato a Milano nel 1918, laureato in architettura, tra i fondatori dell'ADI. Docente di Progettazione per l'Industria al Politecnico di Torino, di arredamento alla Facoltà di Architettura di Milano. Dal 1960 al 1980 otto opere esposte al MOMA di New York. Premio Compasso d'Oro nel 1955/60/62/64/67/79/84. Svolge intensa attività professionale e di ricerca nel campo dell'ID.

Born in Milan in 1918, degree in architecture, a charter member of ADI. Teacher of Industrial Design at the Turin Polytechnic, and interior design at the faculty of Architecture in Milan. From 1960 to 1984 eight works exhibited at the MOMA in New York. Compasso d'Oro winner in 1955/60/62/64/67/79/84. Works as an industrial designer and researcher.

Gibigiana
apparecchio illuminante da tavolo
a luce riflessa orientabile
struttura in alluminio con carrozzeria
esterna in metallo verniciato
Flos 1980

*Gibigiana
table light fixture with adjustable
reflected light
aluminium structure with outer frame
in painted metal
Flos 1980*

Giorgina Castiglioni

ADI

Laureata in architettura al Politecnico di Milano. Premi: Fiera di Trieste 1965; Primo premio Tisch '80 Table, Gruppe '21 (Amburgo); Secondo premio Ceramica Dolomite 1977. Attività professionale svolta dal 1968 con progettazioni architettoniche, allestimenti di spazi espositivi ed arredamenti. Ricerche e progettazione di oggetti e sistemi per la produzione industriale.

Graduated in architecture from the Milan Polytechnic. Awards: Trieste Fair 1965; 1st prize Tisch '80 Table, Groupe '21 (Hamburg); 2nd prize Ceramica Dolomite 1977. Working as a freelance since 1968 in the fields of interior design, stand and pavilion design and furnishing. Research and design of objects and systems for industrial production.

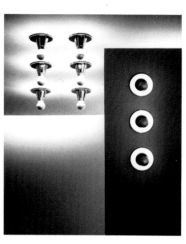

Serie Rio, apparecchi sanitari porcellana
Ceramica Dolomite 1980/1985

*Serie Rio, sanitary fittings vitreous china
Ceramica Dolomite 1980/1985*

Bisistema, Sirrah 1971
piattello di sezione tale da consentire concentrazione o diffusione di luce secondo l'applicazione al corpo di base tronco-conico

*Bisistema, Sirrah 1971
plate allowing to focus or shed the light according to its position in the cone-shaped structure*

Sedia sovrapponibile resina ABS
Kartell 1970

*Stackable chair ABS resin
Kartell 1970*

Tavolo Millefogli
legno di pioppo multistrati
Pedano 1974

*Millefogli, table multilayer poplar
Pedano 1974*

Piero Castiglioni

Nato a Lierna (Como) nel 1944, laureato in architettura, si occupa esclusivamente di problemi di illuminazione. Tra le più recenti realizzazioni la mostra antologica di Calder a Torino, a Parigi la nuova sistemazione del Centre G. Pompidou e la realizzazione del Museo d'Orsay, il padiglione CEE all'Expo Internazionale 85 a Tsukuba in Giappone. Consulente di Stilnovo e Fontana Arte, è docente di illuminotecnica al Politecnico di Milano.

Born in Lierna (Como) in 1944, degree in architecture, works only in the lighting sector. His latest works include: the anthological Calder exhibition in Turin, the new arrangement of the Pompidou Centre in Paris, the Orsay Museum in Paris and the CEE Pavilion at the International Expo 85 in Tsukuba, Japan. Consultant for Stilnovo and Fontana Arte, and teacher of lighting technique at the Milan Polytechnic.

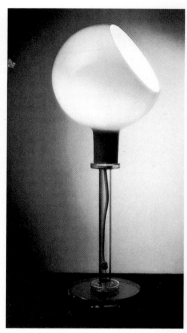

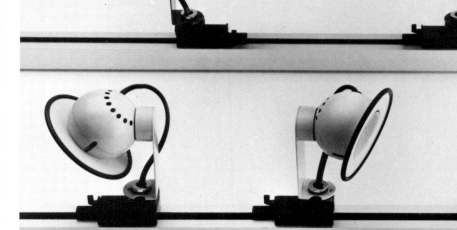

65

Scintilla, lampada da terra
vetro in lastra e Pirex
Fontana Arte 1983

*Scintilla, floor lamp
rolled glass and Pyrex
Fontana Arte 1983*

Minibox, in due versioni
ferro verniciato
Stilnovo 1981
con Gae Aulenti

*Minibox, in two versions
painted iron
Stilnovo 1981
with Gae Aulenti*

Scintilla, lampada da tavolo
pressofusione in alluminio
Fontana Arte 1983

*Scintilla, table lamp
die-cast aluminium
Fontana Arte 1983*

Parola, lampada da tavolo
vetro soffiato, Pirex, vetro in lastra
Fontana Arte 1980
con Gae Aulenti

*Parola, table lamp
blown glass, Pyrex, pressed glass
Fontana Arte 1980
with Gae Aulenti*

Ennio Ludovico Chiggio

Nato nel 1938, sotto il segno della vergine, alle ore 10.15 a Napoli. Ha frequentato tutti i luoghi del progetto meno il proprio. Dal 1980 è designer dello spazio perduto nel fluire del TATA. Ha brevettato uno stimolatore sensoriale ad alta frequenza di flusso aereo. Insegna 'cose impossibili' alla Accademia di Belle Arti di Venezia.

Born in Naples at 10.15 in 1938 under the sign of the Virgo. Followed all kinds of projects except his own. Since 1980 has been a designer in the lost spaces of the TATA flowing. Patented a sense stimulator with a high frequency of air flux. Teaches 'the humanly impossible' at the Academy of Fine Arts in Venice.

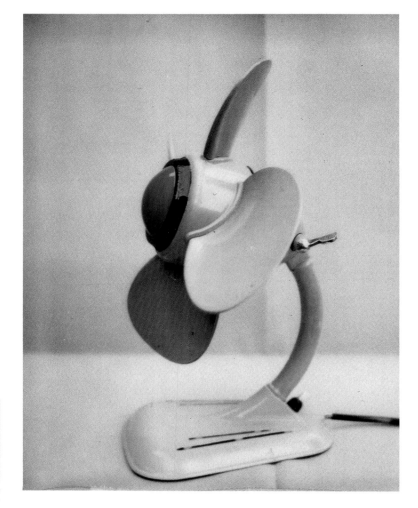

Occhi di bambola
metallo, legno e occhi
Tatoy 1980

Doll eyes
metal, wood and eyes
Tatoy 1980

Bicipede
metallo, gomma e fiato
Tatoy 1980

Bicipede
metal, rubber and breath
Tatoy 1980

Venti-latore De Look
gomma, metallo e aria
Tot 1983 (1938)
con S. Giorgio

Venti-latore De Look
rubber, metal and air
Tot 1983 (1938)
with S. Giorgio

Tommaso Cimini

ADI

Nato nel 1947, dopo studi tecnici si specializza nel campo dell'illuminazione. Collabora come tecnico per circa sette anni in Artemide con i più noti designers moderni. Nel 1978 decide di disegnare, progettare e produrre in proprio le sue lampade. Caratteristiche del suo design sono l'essenzialità e la costante ricerca della massima funzionalità.

Born in 1947, after his technical studies specialized in the lighting field. Worked as a technician for about seven years in Artemide with the most well-known modern designers. In 1978 decided to design and produce lamps on his own account. The design of essential lines and the steady pursuit of the greatest functionality characterize his lamps.

67

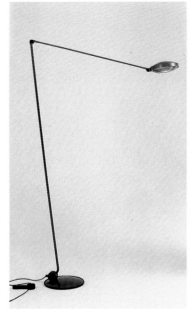

Imbuto
lampada alogena a luce diretta e indiretta
Lumina Italia 1980

Imbuto
halogen lamp with direct and indirect light
Lumina Italia 1980

Igloo
lampada da tavolo, parete, terra, soffitto
Lumina Italia 1981

Igloo
lamp for table, wall, floor, ceiling
Lumina Italia 1981

Daphne
lampada alogena da tavolo
Lumina Italia 1978

Daphne
halogen table lamp
Lumina Italia 1978

Elle 55
lampada da terra a luce diretta e indiretta
Lumina Italia 1985

Elle 55
floor lamp with direct and indirect light
Lumina Italia 1985

Antonio Citterio

ADI

Nato a Meda nel 1950, si occupa prevalentemente di arredamento ed allestimenti. Tra le sue creazioni, coronate da un notevole successo commerciale, figurano gli imbottiti 'Diesis' per la B&B Italia ed i due divani 'Phil' e 'Max' per la Flexform. Ha progettato le show-rooms per il calzaturificio Santini & Dominici nelle maggiori città europee ed americane.

Born in Meda in 1950. Works mainly in the furniture and shop design sectors. His commercially successful works include the upholstered suite 'Diesis' for B&B Italia and the two sofas 'Phil' and 'Max' for Flexform. Designed the show-rooms for the shoe manufacturer Santini & Dominici in the main European and American cities.

Divano Max
Flexform 1983

Max sofa
Flexform 1983

Bruno Citterio

ADI BEDA

Laureato in architettura al Politecnico di Milano, progettista ISES e GESCAL, è libero professionista dal 1965 con attività in tutti i campi attinenti alla residenza ed all'integrazione architettura, design, arte. Dal 1978 ha associato l'architetto Rossana Antonini e si occupa di edilizia residenziale ed industriale, architettura, design di interni, product design.

Graduated in architecture from the Milan Polytechnic, ISES and GESCAL designer; has been a freelance since 1965 working in all fields concerning the home and the integration between architecture, design and art. Since 1978 has associated Rossana Antonini, an architect, working in civil and industrial building, architecture, interior and product design.

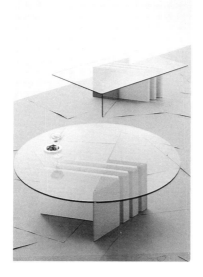

Tavolini serie 252
Longhi 1984
con R. Antonini

Low tables series 252
Longhi 1984
with R. Antonini

Proiettore Film Mate in ABS
Siav 1981

Film Mate, projector
Siav 1981

Divano Nara
Comfort 1983
con R. Antonini

Nara, sofa
Comfort 1983
with R. Antonini

Divano Kioku
Comfort 1984
con R. Antonini

Kioku, sofa
Comfort 1984
with R. Antonini

Frigodrink in ABS
Ugolini 1970/1985

Frigodrink in ABS
Ugolini 1970/1985

Fabbricatore di granita FB
ABS e acciaio inox
Bras International 1985

FB granita drink maker
ABS and stainless steel
Bras International 1985

Gino Colautti

Nato a Udine nel 1940, collabora e progetta nel campo navale alla realizzazione delle più grandi turbonavi e yachts. Progetta per primarie aziende e numerosi locali pubblici. Nel 1977 approda all'industrial design iniziando una lunga e laboriosa ricerca. Attualmente vive e lavora a Milano.

Born in Udine in 1949, lives and works in Milan. Worked in the shipbuilding sector as a member of the design staff of big turbiners and yachts. Designs for leading companies and several public boards. In 1977 started a long and laborious research as an industrial designer.

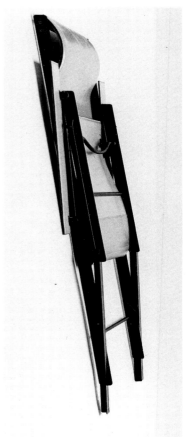

70

China
poltroncina chiudibile
struttura in acciaio, scocca in cuoio
MC 1985

China
folding easy chair
steel structure, leather seat
MC 1985

Linea Apeiros
compensato curvato con intarsio
nello schienale
Ankana 1985

Linea Apeiros
curved plywood
with inlaying in the back
Ankana 1985

Laslo Čonek

Nato a Srbobran (Jugoslavia) nel 1954, diplomato alla scuola di design di Novi Sad nel 1979. Dal 1980 vive e lavora in Italia collaborando con studi professionali e con varie aziende.

Born in Srbobran (Yugoslavia) in 1954, graduated from the School of Design in Novi Sad in 1979. Has been living in Italy since 1980 working for design offices and companies.

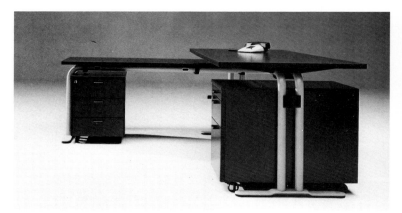

71

Mobili per ufficio
Archiutti 1985
con Vittorio Rossi

*Office furniture
Archiutti 1985
with Vittorio Rossi*

Enrico Contreas

ADI

Nato a Roma nel 1942, laureato al Politecnico di Milano. Dal mondo della progettazione automobilistica passa a quello della navigazione a vela. Dopo una collaborazione con Pirelli nel 1970, progetta e produce con la propria azienda *Mattia e Cecco*, in particolare trimarani e catamarani. I suoi poliscafi ottengono prestigiose prestazioni in regate internazionali e sono stati esposti a Osaka e Shangai.

Born in Rome in 1942, graduated from the Milan Polytechnic. Worked for the automobile sector, then the sailing sector. After working for Pirelli in 1970, he's been designing and manufacturing trimarans and catamarans in his own company Mattia e Cecco. His boats took part successfully in international sailing races and were exhibited in Osaka and Shangai.

Mattia esse
catamarano da regata
vetroresina, montaggio a incastro
Compasso d'Oro
Mattia e Cecco 1979

Mattia esse
catamaran for sailing-race
fiber glass reinforced plastic, joint assembly
Compasso d'Oro winner
Mattia e Cecco 1979

Mattia 39, catamarano
Mattia e Cecco 1975

Mattia 39, catamaran
Mattia e Cecco 1975

Mattia T11, trimarano
vetroresina
Mattia e Cecco 1981

Mattia T11, trimaran
fiber glass reinforced plastic
Mattia e Cecco 1981

Mattia 7.5
catamarano da camping nautico
vetroresina
Mattia e Cecco 1985

Mattia 7.5
catamaran for sailing camping
fiber glass reinforced plastic
Mattia e Cecco 1985

Giancarlo Coppola

Architetto e costruttore navale. Nato nel 1947 a Treviso dove vive e lavora. Dal 1976 comprende nella sua attività professionale la progettazione di barche da diporto e da lavoro, di naviglio minore in genere. Designer artigianale e storico dell'architettura navale, intende ogni lavoro, nei metodi e nella filosofia progettuale, come opera di architettura.

Architect and boat designer. Born in Treviso in 1947, lives and works there. Since 1976 his activity has included the design of professional and pleasure crafts as well as minor boats. An artisanal designer and historian of naval architecture, he conceives every work as an architectural one as far as the methodology and design philosophy are concerned.

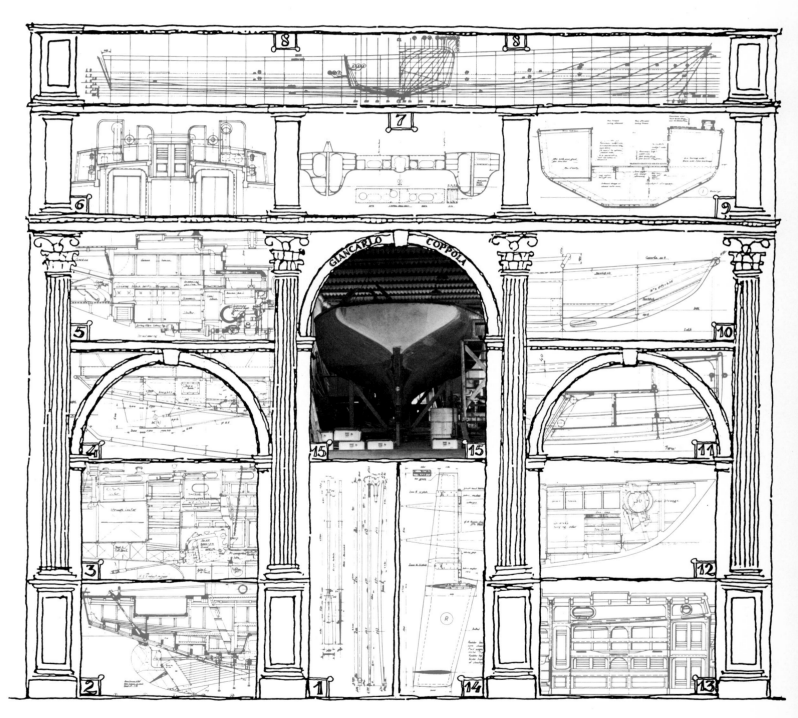

73

1. Remi e alberatura di un palischermo, 1985. 2. Sloop, 8,5 m, 1980. 3. Cutter 12,8 m 1981. 4. Battello fluviale 15,1 m, 1985. 5. Schooner 16 m, barca d'altura con sistemi di autosufficienza vincitore concorso internazionale *Wooden Boat* 1978. 6. Ketch 14 m, 1983. 7. Catamarano 16 m, 1982. 8. Motolancia 22,6 m. 9. Sloop 6,9 m autocostruibile 1978, vincitore concorso internazionale *Cruising World*. 10. Barca appoggio 8,6 m, 1985. 11. Dinghy 3,333 m. 12. Schooner autocostruibile 16 m, 1979. 13. Ketch postmodern 13,9 m, 1984. 14. Sloop 7 m, 1979. 15. Ketch 13,8 m, 1979

1. Oars and spars for a yawlboat, 1985. 2. Sloop 8.5 m, 1980. 3. Cutter 12.8 m, 1981. 4. Passenger river boat 15.1 m, 1985. 5. Schooner 16 m, designed for long range cruising and self-sufficient, Wooden Boat, international competition winner 1978. 6. Ketch 14 m, 1983. 7. Catamaran 16 m, 1982. 8. Passenger motor launch 22.6 m. 9. Sloop 6.9 m, for amateur boat builders 1978, winner of Cruising World international competition. 10. Supply boat 8.6 m, 1985. 11. Dinghy 3.333 m. 12. Schooner for amateur boat builders 16 m, 1979. 13. Post-modern ketch 13.9 m, 1984. 14. Sloop 7 m, 1979. 15. Ketch 13.8 m, 1985

Sergio Coppola

ADI

Intraprende l'attività professionale dopo 15 anni di collaborazioni a studi milanesi di architettura di rinomata fama. Malgrado le sue esperienze siano polivalenti, predilige l'industrial design, dove, con originali soluzioni, si afferma nella realizzazione di unità mobili per l'utilizzazione professionale ed il diporto. Da qualche anno segue lo sviluppo di progetti per l'industria dei computers.

After working for 15 years for well-known architects' offices, started his own activity. Though working in different fields, specializes in industrial design where he makes a name in the designing of mobile units for professional and recreational use. Lately has been working for the computer industry.

Pin Ball
bicicletta scomponibile
lega di alluminio
Loop Yacht 1980

Pin Ball
demountable bicycle
aluminium alloy
Loop Yacht 1980

Lem
motorhome
Iniziative Venete 1980

Lem
Motorhome
Iniziative Venete 1980

POS
computer terminal
Dating 1985
con Ufficio Tecnico Dating

POS
computer terminal
Dating 1985
with Dating Technical Dept.

SCPO1
computer terminale
in versione tavolo
Dating 1984
con Ufficio Tecnico Dating

SCPO1
computer terminal
table top version
Dating 1984
with Dating Technical Dept.

Silvio Coppola

ADI

Laureato a Milano, dove dal 1950 è attivo in architettura, design e graphic design. Dal 1964 è architetto della C.E.E. Consulente di grandi industrie italiane ed estere per il design e la comunicazione. Le maggiori riviste hanno dedicato saggi ai suoi lavori. Collezionisti e musei in tutto il mondo hanno sue opere, premiate in ogni settore della creatività. Dal 1975 è anche docente a livello specialistico universitario in Italia ed in Germania.

Graduated in Milan, has been working since 1950 in architecture, product and graphic design. Architect at the E.E.C. since 1964. Consultant for big Italian and foreign companies for design and communication. Essays concerning his works in leading reviews. Works exhibited in museums and collections all over the world; was awarded prizes in all creative sectors. A University teacher in Italy and Germany since 1975.

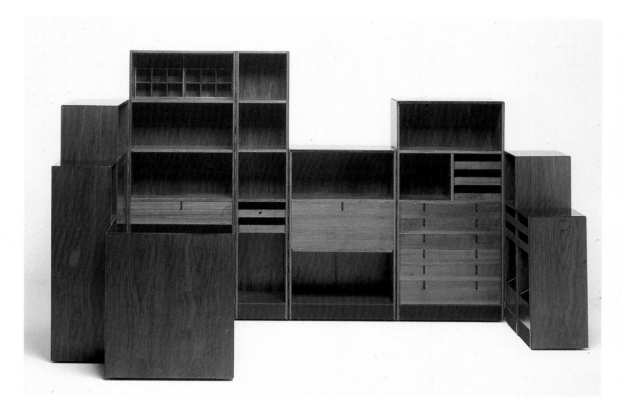

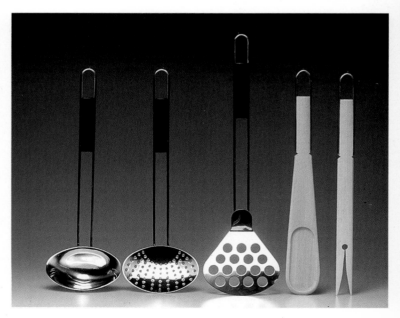

Sistema per mobili contenitori noce con piani in granito
Cassina 1981

Modular system walnut units with granite tops Cassina 1981

Valigetta in pelle
Valaguzza 1977

Leather case Valaguzza 1977

I mestoli
acciaio inox e faggio
I.C.M. 1979

Kitchen spoons stainless steel and beech I.C.M. 1979

Maniglie e pomoli
zama
Forges 1982

Handles and knobs zamak Forges 1982

Patrizio Corno

ADI

Nato nel 1952 vive e lavora a Milano. Dal 1983 collabora con Amalgama progetti da realizzare, un nuovo centro che si prefigge di affrontare il processo di design nella sua accezione più completa e di strutturare collegamenti operativi di comunicazione/informazione che favoriscano lo sviluppo, la realizzazione, la commercializzazione di nuovi prodotti.

Born in Milan in 1952, lives and works there. In 1983 began his collaboration with Amalgama a new centre with the purpose to develop the design process in its complete meaning and create a new valid connection between communication and information, in order to increase the development, realization and commercialization of new products.

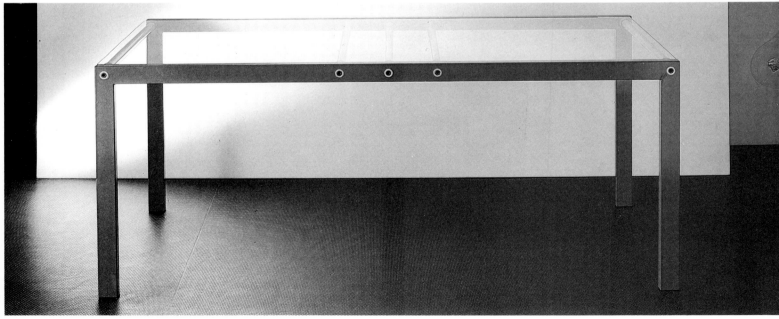

Alzo
tavolino regolabile in altezza
struttura in metallo, piano in schiuma
poliuretanica integrale
Amalgama 1984

Alzo
low table adjustable in height
metal structure, top in integral
polyurethane foam
Amalgama 1984

Rainbow, tavolo
struttura e tubi in metallo,
piano in cristallo
Amalgama 1981

Rainbow, table
metal structure and pipes
crystal glass top
Amalgama 1981

Il Nomade, carrello
struttura in metallo, piani in schiuma
poliuretanica integrale
Amalgama 1984

Il Nomade, trolley
metal structure, tops in integral
polyurethane foam
Amalgama 1984

Angelo Cortesi

ADI

Nato nel 1938, svolge dal 1966 la libera professione di designer. Nel 1968 costituisce lo Studio GPI del quale ne fanno parte Carlo Ronchi e Patrizia Pataccini. Dal 1981 specializza la ricerca sul progetto degli spazi pubblici e sulle loro attrezzature. Membro del Comitato scientifico al congresso ICSID 1983. Compasso d'Oro 1981, medaglia d'Oro BIO 9 di Lubiana 1981, Compasso d'Oro 1984. Presidente ADI dal 1985.

Born in 1938, a freelance designer since 1966. In 1968 opened the Studio GPI working with Carlo Ronchi and Patrizia Pataccini. Since 1981 has specialized in the research on public areas and their equipment. Member of the Scientific Committee at the ICSID Congress 1983. Winner of Compasso d'Oro 1981, gold medal Bio 9 in Lubiana 1981, Compasso d'Oro winner 1984. ADI President since 1985.

Work-stations di biglietteria. Il posto di lavoro è strutturato per accogliere un sistema tecnologico computerizzato di prenotazione ed emissione dei biglietti.

Booking-office work-stations. The work station has been designed to house a computerized system for ticket booking and selling.

Il sistema progettato in collaborazione con C. Ronchi, U. Orsoni, e G. Facchetti, è stato adottato nelle agenzie Alitalia nel mondo e premiato con il Compasso d'Oro 1984. Tecno 1984

The system, designed with C. Ronchi, U. Orsoni and G. Facchetti, is being used in Alitalia agencies all over the world, and was awarded the Compasso d'Oro 1984. Tecno 1984

Flora Crippa

ADI BEDA

Nata nel 1954. Diplomata al Liceo artistico nel 1972, da anni collabora allo Studio M.A.D. sia come progettista d'interni che come designer.
Computer-graphic, decorazione e ceramica la vedono impegnata in numerose richerche.

Born in 1954, received her diploma from Art School in 1972. Has worked for years with the Studio M.A.D. both as a designer and Interior decorator. She is at present working on several projects involving computer-graphics, decoration and pottery.

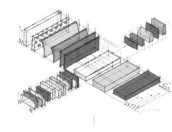

Re Carlo
modulo per seduta polifunzionale
polistirolo
Evoluzione 1976
con Giulio Manzoni

King Charles
multi-purpose seating unit
polystyrene
Evoluzione 1976
with Giulio Manzoni

Show-boat
ridefinizione estetica e funzionale
della 'regista'
Evoluzione 1979
con Giulio Manzoni

Show-boat
aesthetic and functional redefinition
of the 'deck-chair'
Evoluzione 1979
with Giulio Manzoni

Giano
cucina autoportante passante
MG2 1983
Giano
free standing kitchen unit and divider
MG2 1983

Reverso, tavolo a due altezze
S81 1983
Reverso, two-height table
S81 1983

Personal System
sistema 'prefabbricato' per divani
Full 1980
con Giulio Manzoni

Personal System
prefabricated system for sofas
Full 1980
with Giulio Manzoni

Marcello Cuneo

ADI

Nato a Cagliari nel 1933, laureato al Politecnico di Milano, ha collaborato per otto anni con Giò Ponti. Premio *A. Palladio* Vicenza 1967, Premio *Guteindustrieform* Hannover 1978, due segnalazioni Compasso d'Oro 1979. Ha esposto all'*Expo* Montreal, *Italy, new domestic landscape* New York 1972, *Introduction to design* Israel Museum 1973, *Kultural und Technologie im Italienischen Möbel* Colonia 1980, Bio 10 Lubiana 1984.

Born in Cagliari in 1933, graduated from the Milan Polytechnic; worked for eight years with Giò Ponti. Awarded: A. Palladio prize, Vicenza 1967; Guteindustrieform prize, Hannover 1978; two special mentions at the Compasso d'Oro 1979. Exhibited at the Expo Montreal; Italy new domestic landscape, New York 1972; Introduction to Design, Israel Museum 1973; Kultur and Technologie im Italienischen Möbel, Cologne 1980; Bio 10, Lubiana 1980.

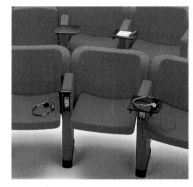

79

Toys, Lineas 1981

Luisa, sedia pieghevole
Zevi 1970

*Luisa, folding chair
Zevi 1970*

Altoparlante
Ghieri 1978

*Loudspeaker
Ghieri 1978*

Mac T
poltroncina da uditorio
Arflex 1983

*Mac T
armchair for conference room
Artflex 1983*

Longobarda, lampada
Ghieri 1966

*Longobarda, lamp
Ghieri 1966*

Coriandolo
divanetto componibile
acciaio e poliuretano espanso
Vefer 1984

*Coriandolo
modular sofa
steel and foam polyurethane
Vefer 1984*

Marcel
poltrona smontabile
acciaio e tela
Insa 1984

*Marcel
demountable armchair
steel and fabric
Insa 1984*

Il DA, Centro per il Disegno Ambientale, è una struttura per la progettazione fondata dagli architetti Riccardo Nava (Milano 1942), Giorgio Romani (Milano 1946-1980), Duccio Soffientini (Milano 1946) e Alessandro Ubertazzi (Bibbiena, Arezzo 1944). Dal 1968 si occupano di architettura, disegno industriale e grafica sistematica.

DA, Centre for the Environmental Design, is a studio established by architects Riccardo Nava (Milan 1942), Giorgio Romani (Milan 1946-1980), Duccio Soffientini (Milan 1946) and Alessandro Ubertazzi (Bibbiena, Arezzo 1944). Have specialized in architecture, industrial design and systematic graphics since 1968.

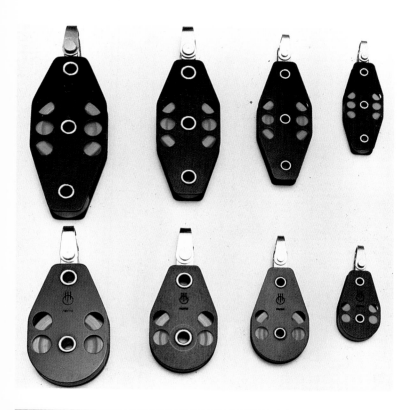

Sistema di bozzelli per barche a vela attacchi e perni in acciaio inox, pulegge in resina poliammidica, boccole in bronzo sinterizzato
Nemo 1975

System of blocks for sailboats stainless steel couplings, and pins, pulleys in polyamide resin, bushes in sintered bronze
Nemo 1975

Sistema di rivestimento per cabine ascensori
estruso in alluminio
Stigler Otis 1985
con Bombardelli e Dal Puppo

Coating system for elevator cars extruded aluminium
Stigler Otis 1985
with Bombardelli and Dal Puppo

ET 147
scrivente che emette etichette lamiera d'acciaio, finestre in policarbonato
Leptons Italia 1980
con Elisabetta Serri

ET 147
labelling machine sheet steel, PC slots
Leptons Italia 1980
with Elisabetta Serri

Identificazione e copertura delle aree di attesa dei mezzi pubblici
palina in lamiera, pensilina in poliestere
Covet 1985
con Bombardelli, Riboni, Serri

Identification and covering of public transports waiting areas plate rod, polyester roofing
Covet 1985
with Bombardelli, Riboni, Serri

Studio D.A.

Lo Studio svolge la sua attività a Milano dal 1965, titolari e progettisti Cesare M. Casati e C. Emanuele Ponzio. Ha realizzato progetti per la prefabbricazione, interior design di alberghi, banche, centri congressi, uffici ecc. Collabora nell'editoria specializzata e, per l'industrial design, è impegnato nella progettazione di beni di consumo, strumentali e durevoli. Con Piero Castiglioni e Aldo Castellano ha realizzato il padiglione CEE all'Expo 85 di Tsukuba.

The Studio has been operating in Milan since 1965; principals and designers Cesare M. Casati and C. Emanuele Ponzio. Made projects for prefabrication, interior design of hotels, banks, congress centres, offices, etc. Working for trade publishers; design of consumers', producer and durable consumers' goods. With Piero Castiglioni and Aldo Castellano designed the EEC Pavilion at the Expo 85 in Tsukuba.

81

Conference System
Phoebus 1984

*Conference System
Phoebus 1984*

Cupola
ø 25 m. in elementi di fiberglass
Ponteur 1971

*Dome
ø 25 m. in fiber glass elements
Ponteur 1971*

Soft body
televisore 16''
Autovox 1980

*Soft body
16'' TV set
Autovox 1980*

Adalberto Dal Lago

ADI

Nato nel 1937, svolge la sua attività professionale in Italia, Francia, Germania e USA. Responsabile della sezione Tecnologia/Design de *L'Architettura, Cronache e Storia* di Bruno Zevi, coordinatore di una nuova serie di manuali di architettura editi dalla Etas. Collaborazioni con aziende di prestigio in Italia e all'estero, quali Fiat Auto, Sommer, Pirelli, American Express Company.

Born in 1937, works in Italy, France, Germany and the USA. In charge of the Technology/Design section of L'Architettura, Cronache e Storia *by Bruno Zevi, editor of a new series of architecture manuals published by Etas. Works for leading companies in Italy and abroad including: Fiat Auto, Sommer, Pirelli, American Express Company.*

82

Tavolo e sedia Desco
Misura Emme 1984

*Table and chair Desco
Misura Emme 1984*

Lampada Torpedo
Fosnova 1976

*Torpedo, lamp
Fosnova 1976*

Sedute direzionali King e Bishop
Gruppo Industriale Busnelli 1983

*Manager's armchairs King and Bishop
Gruppo Industriale Busnelli 1983*

Sedia Chevrolet
Misura Emme 1985

*Chevrolet, chair
Misura Emme 1985*

Lampada Galea
Vetreria Vistosi 1972

*Galea, lamp
Vetreria Vistosi 1972*

Sistema Snoker
Fosnova 1981

*Snoker system
Fosnova 1981*

Enrico D'Alto

ADI

Nato a Milano nel 1947. Laureato in Architettura nel 1971 presso il Politecnico di Milano. Opera sia nel settore visual design che nel settore product design. Autore del marchio della rete televisiva 'Italia uno'. Medaglia d'oro alla Bio 9 di Lubiana 1981.

Born in Milan in 1947, graduated in architecture from the Milan Polytechnic; works in the sectors of visual and product design. Designed the symbol for the 'Italia uno' TV network. Gold medal at the BIO 9 contest in Lubiana 1981.

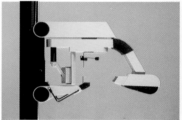

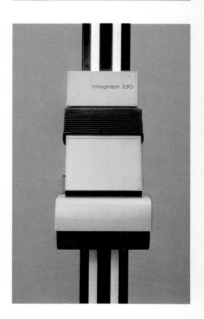

Samba
poltrona per odontoiatria
FAO 1982

*Samba
dentist's armchair
FAO 1982*

Fototimbro
Eurostrazza 1981

*Photo stamping machine
Eurostrazza 1981*

Pinguina
lampada da tavolino e parete
Stilnovo 1984

*Pinguina
floor and wall lamp
Stilnovo 1984*

Glass, lampada da terra
Stilnovo 1983

*Glass, floor lamp
Stilnovo 1983*

Rotograph 230 ortopantomografo
medaglia d'oro Bio 9 Lubiana
FIAD 1980

*Rotograph 230, orthopantograph
Bio 9 Lubiana, gold medal
FIAD 1980*

Roberto Danesi

Nato a Bolzano nel 1948, vive e lavora a Treviso. Inizia la libera professione di progettista nel 1980.

Born in Bolzano in 1948, lives and works in Treviso. Started to work as a freelance designer in 1980.

84

Poltroncine programma Eco
Frezza 1985

*Eco programme, armchairs
Frezza 1985*

Serie MUX per ufficio presidenziale o direzionale
Frezza 1985

*Series MUX for manager's office
Frezza 1985*

Integral, ufficio operativo
Frezza 1982

*Integral, clerk's office
Frezza 1982*

Giorgio Decursu

ADI

Nato a Milano nel 1927. Dal 1957 con Marcello Nizzoli e poi nel gruppo Nizzoli Associati per architettura, urbanistica, grafica e design. Dal 1967 al 1969 studio Decursu DePas D'Urbino Lomazzi. Dal 1970 attività in proprio per diversi settori: meccanica, arredamento, elettrodomestici, hi-fi, ecc. 1972 Primo premio concorso internazionale Dacron Fiberfill. 1979 Premio Compasso d'Oro e segnalazione.

Born in Milan in 1927. From 1957 with Marcello Nizzoli and then in the group Nizzoli Associati for architecture, town planning, graphics and design. From 1967 to 1969 Studio Decursu DePas D'Urbino Lomazzi. Since 1970 working on his own for different sectors: mechanical equipment, furniture, household appliances, hi-fi, etc. 1972 1st prize at the International Competition Dacron Fiberfill. 1979 awarded Compasso d'Oro and a special mention.

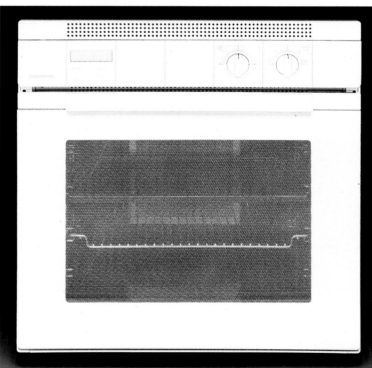

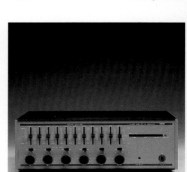

Taxi
poltrone e divani
BBB Bonacina 1982

Taxi
armchairs and sofas
BBB Bonacina 1982

Forno da incasso
La Germania 1985

Built-in oven
La Germania 1985

Eden, BBB Bonacina 1984

Testa per alesare e sfacciare
D'Andrea 1980

Reaming and facing head
D'Andrea 1980

Microfoni unidirezionali
Paso 1984

Unidirectional microphones
Paso 1984

Paletta
lampada da tavolo
Valenti 1984

Paletta
table lamp
Valenti 1984

Amplificatore equalizzatore
Paso 1984

Equalizing amplifier
Paso 1984

Lorenzo De Giudici

ADI

Nato a Tolmezzo (Udine) nel 1942, vive e lavora a Sacile (Pordenone). Dal 1967 progetta per primarie industrie italiane. Nel 1982 ha conseguito il premio 'Pordenone che lavora'.

Born in Tolmezzo (Udine) in 1942, lives and works in Sacile (Pordenone). Since 1967 has designed for leading Italian companies. In 1982 was awarded the prize 'Pordenone che lavora'.

Cucina componibile
laminato
Antares 1985

*Modular kitchen
laminated plastic
Antares 1985*

De Pas, D'Urbino, Lomazzi

ADI

Jonathan De Pas, Donato D'Urbino e Paolo Lomazzi sono nati neglli anni '30 a Milano. Svolgono attività professionale in architettura, design, progettazione di allestimenti e arredamenti, urbanistica. Compasso d'Oro 1979. Loro opere sono presenti nelle collezioni di design dei musei di New York, Londra, Parigi, Zurigo, Monaco, Gerusalemme. Realizzano per la Rai TV il film *Dal cucchiaio alla città. Il design italiano dal 1950 al 1980.*

Jonathan De Pas, Donato D'Urbino and Paolo Lomazzi were born in Milan in the 30s. Work in architecture, product design, furniture and pavilion design, town planning. Awarded the Compasso d'Oro 1979. Works exhibited in the Museums of New York, London, Paris, Zurich, Munich, Jerusalem. Made the film Dal cucchiaio alla città. Il design italiano dal 1950 al 1980.

Campo
Zanotta 1984

*Campo
Zanotta 1984*

Sidone
Artemide 1983

*Sidone
Artemide 1983*

Flou-flou
Roset 1982

*Flou-flou
Roset 1982*

Lillo
Gatti 1983

*Lillo
Gatti 1983*

Sari 1 e 2
sedie
Sormani 1983

*Sari 1 & 2
chairs
Sormani 1983*

Cloche
Sirrah 1982

*Cloche
Sirrah 1982*

Convito
sostegno in laminato e lamiera forata, piano in frassino o noce
Poltronova 1981

*Convito
support in laminate and punched plate, top in walnut and ash
Poltronova 1981*

Christian De Poorter

ADI

Nato in Francia nel 1946. Studia ingegneria meccanica e design a Parigi. Nel 1971 si trasferisce a Milano dove collabora con Rodolfo Bonetto. Nel 1974 apre il suo studio. Ha partecipato ai congressi ICSID di Kyoto, Mosca, Dublino, Città del Messico e Milano. Selezionato per il Compasso d'Oro ADI 1979. Lavora per la Terraillon: il pesapersona elettronico entra nel catalogo del Museum of Modern Art di New York e nella selezione *Design francese 83*.

Born in France in 1946. Studied mechanical engineering and design in Paris. In 1971 moved to Milan where he worked with Rodolfo Bonetto. In 1974 opened his own studio. Was present at the ICSID Congresses in Kioto, Moscow, Dublin, Mexico City and Milan. Selected for the Compasso d'Oro ADI 1979. Works for Terraillon: the electronic bathroom scales were included in the catalogue of the Museum of Modern Art in New York and in the selection French Design '83.

Orologio murale
Vedette 1973

Clock
Vedette 1973

Programma Fil
Selezione Compasso d'Oro 1979
Moebius 1978

Fil programme
Selection Compasso d'Oro 1979
Moebius 1978

Pesapersona elettronica digitale
catalogo MOMA New York
Selezione Design francese 1983
Terraillon 1983

Electronic digital scales
catalogue MOMA New York
Selection French Design 1983
Terraillon 1983

Prismos
Assioma 1974

Prismos
Assioma 1974

Electronic line
collezione bigiotteria per giovani
Tatoo 1985

Electronic line
collection of costume jewellery
Tatoo 1985

Contaminuti elettronico
con supporto murale e gancio
Terraillon 1984

Electronic timer
with wall support and hook
Terraillon 1984

Design Group Italia

ADI

Fondato e diretto da Marco Del Corno, il gruppo opera in Milano. Ha ottenuto, tra gli altri, i seguenti premi: Compasso d'Oro per Tratto Pen e Tratto Clip (Fila), segnalazione al Compasso d'Oro per Press. o. Matic (Vigorelli), Spako (Domopak), segnalazione al Premio SMAU per il Ricerca Persone (Tecnel). Vincitore del Concorso a inviti per il progetto del telefono unificato (Sip Italtel).

Founded and directed by Marco Del Corno, the group works in Milan. Was awarded several prizes including: the Compasso d'Oro for the Tratto Pen and Tratto Clip (Fila); special mention at the Compasso d'Oro for Press. o. Matic (Vigorelli); Spako (Domopak); special mention at the SMAU award for the Bleeper (Tecnel). Winner of the Invitation Competition for the phone exchange project (Sip Italtel).

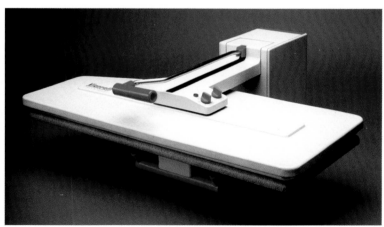

89

Pulsar
apparecchio telefonico unificato
Sip Italtel 1981
con Gianni Arduini

*Pulsar
telephone exchange
Sip Italtel 1981
with Gianni Arduini*

Press.o.Matic
pressa da stiro
Vigorelli 1980

*Press.o.Matic
ironing press
Vigorelli 1980*

Sistema Ricerca Persone
Tecnel 1981

*Bleeper
Tecnel 1981*

Tratto Pen, Fila 1979

Ships, forbici
Tullen, Nuova Zelanda 1977

*Ships, scissors
Tullen, New Zealand 1977*

TV Color 16''
Ultravox 1982

*16'' Colour TV
Ultravox 1982*

Spako
tagliaspago
Domopak 1979

*Spako
string cutter
Domopak 1979*

Derk Jan de Vries

Nato nel 1930 in Olanda. Vive e lavora in Italia dal 1959. Ha uno studio in Italia e in Olanda per de Randstad e Ruhr. Ha lavorato 15 anni presso la Ditta Olivetti e sette anni per La Rinascente. È docente alla Rietveld Accademia in Amsterdam e all'Aive in Eindhoven. Membro della KIO e della commissione per il congresso ICSID 1987.

Born in Holland in 1930. Working and living in Italy since 1959. Has a studio in Italy and another in Holland for de Randstad and Ruhr. Worked at Olivetti for fifteen years and at La Rinascente for seven years. Teachers at the Rietveld Academy in Amsterdam and the Aive in Eindhoven. Member of the KIO and the committee for the ICSID congress 1987.

Radioregistratore
Philips

Radio recorder
Philips

Tavolini
Maisa 1980

Low tables
Maisa 1980

Mobiletti
Stokking 1985

Cabinets
Stokking 1985

CMC, Olivetti

Lettera 35
Olivetti

Lettera 35
Olivetti

Lampada, 1980

Lamp, 1980

Sedia
Polyform 1979

Chair
Polyform 1979

Peppe Di Giuli

ADI

Nato a Piediluco (Terni) nel 1947, svolge la sua attività in Milano dal 1975. Membro del Comitato Direttivo ADI dal 1977 al 1979. Un Compasso d'Oro e una segnalazione al Compasso d'Oro nel 1979.

Born in Piediluco (Terni) in 1947, has been working in Milan since 1975. A member of ADI Steering Committee from 1977 to 1979. Compasso d'Oro winner and special mention at Compasso d'Oro in 1979.

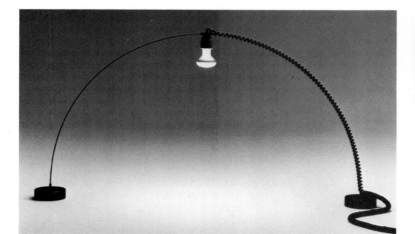

91

Tavolo in acciao satinato
Officine Soldo 1978

*Steel table, satin finish
Officine Soldo 1978*

Lampada Emi
Officine Soldo 1978

*Emi, lamp
Officine Soldo 1978*

Tavolo e mobile Ardea
Arflex 1985

*Ardea table and cabinet
Arflex 1985*

Sistema di arredo urbano
f.lli Monari 1983/84
con M. Romani

*Town decoration system
F.lli Monari 1983/84
with M. Romani*

Lampada Mercurio
Sirrah 1983

*Mercurio, lamp
Sirrah 1983*

Giunto, sistema di giunti
segnalato Compasso d'Oro 1979
Officine Soldo 1977

*Giunto, coupling system
special mention Compasso d'Oro 1979
Officine Soldo 1977*

Scrittoio Argot, Arflex 1984

Argot, writing desk, Arflex 1984

Elementi per il gioco
il cavallo a dondolo ha vinto
il Compasso d'Oro 1979
Studio Giochi 1977/1978

*Plaything
srocking horse
Compasso d'Oro winner 1979
Studio Giochi 1977/1978*

Rodolfo Di Martino

ADI

Nato nel 1949, vive e lavora a Torino. Passa dalla progettazione elettromeccanica al centro stile di una azienda di arredamento in materie plastiche per poi occuparsi di marketing e comunicazione. Dopo cinque anni di art-direction in agenzie pubblicitarie, ritorna al design col preciso intento di occuparsi di sistemi complessivi di immagine aziendale, dal prodotto alla sua comunicazione.

Born in Turin in 1949, lives and works there. Worked as an electromechanical designer, then in the design dept. of a company producing plastic material furniture and in the field of marketing and communication. After being an art director for five years in advertising agencies, he went back to design to deal with the complete corporate identity, from the product to its communication.

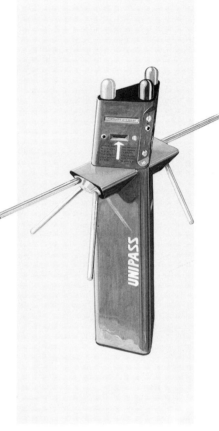

92

Lavastoviglie unodue
Indesit Elettrodomestici 1984
con Gruppo G Comunicazione

*Unodue, dishwasher
Indesit Elettrodomestici 1984
with Gruppo G Comunicazione*

Unimacchina
terminale controllo tessere
per impianti sciistici
Italcontrolli 1985

*Unimacchina
ski-pass control terminal
Italcontrolli 1985*

Lavatrice Limpia
Indesit Eletrodomestici 1984
con Gruppo G Comunicazione

*Limpia, washing-machine
Indesit Elettrodomestici 1984
with Gruppo G Comunicazione*

Rudi Dordoni

Nato a Milano nel 1954, dove si laurea in architettura nel 1979 al Politecnico. Dopo esperienze presso studi di architettura, si dedica all'industrial design e alla individuazione di una strategia dell'immagine dal prodotto alla comunicazione. Collabora con diverse aziende in veste di consulente e progettista. Contemporaneamente realizza progetti di allestimenti di mostre, manifestazioni e locali pubblici.

Born in Milan in 1954, graduated in architecture from the Polytechnic 1979. After some experiences in architects' offices, started to work in the industrial design in the effort to define an image strategy, from product to communication. Works for several companies as a consultant and designer. Active also in the field of pavilion, shop and stand design.

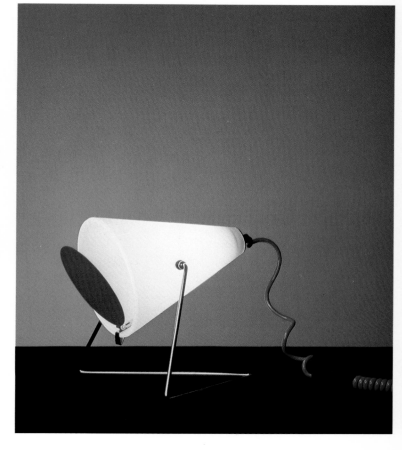

Libreria Aliante
Cappellini International 1980

*Aliante, bookcase
Cappellini International 1980*

Lipsia, sedia e poltroncina
metallo verniciato
Cappellini International 1984

*Lipsia, chair and armchair
painted metal
Cappellini International 1984*

Lampada Clips
diffusore in vetro stampato bianco, sabbiato girevole di 360°, disco in metallo orientabile
Vetrerie Vistosi 1984

*Clips, lamp
diffuser in white moulded and frosted glass, revolving at 360°, adjustable metal disk
Vetrerie Vistosi 1984*

Allestimento modulare e immagine
Magazzini Morassutti 1983

*Modular shelving and shop image
Magazzini Morassutti 1983*

Arduino Dottori

ADI

Nato a Cupra Montana (Ancona) nel 1946, vive ed opera a Milano dal 1970. Socio fondatore dello Studio ERA con R. Ingegnere, si occupa di industrial design e corporate identity. Segnalazioni: 1983 selezione Premio SMAU industrial design per il contenitore portatile per appunti Delsopad.

Born in Cupra Montana (Ancona) in 1946, has been living and working in Milan since 1971. Foundation member of the Studio ERA with R. Ingegnere, he specializes in industrial design and corporate identity. Selection SMAU award 1983 for the portable container for note taking Delsopad.

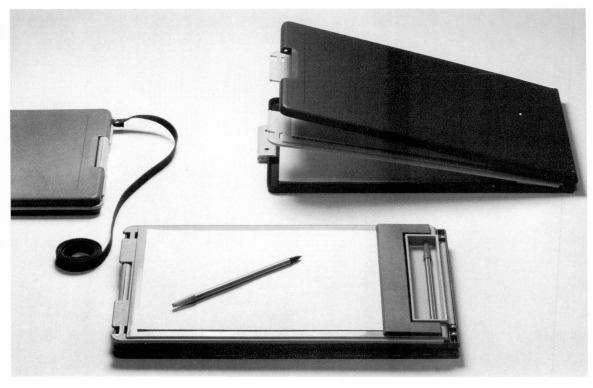

94

Delsopad
contenitore portatile per appunti
polistirolo e ABS
Delso 1983
con Roberto Ingegnere

Delsopad
portable container for note taking
polystyrene and ABS
with Roberto Ingegnere

FF-122 rotopressa per balle di fieno cilindriche
carter in lamiera piegata
Feraboli 1982
con Roberto Ingegnere

FF-122 pressing machine for cylindrical bales of hay
folded sheet body
Feraboli 1982
with Roberto Ingegnere

Studio Drugman

Fredi Drugman (Feurs, Francia 1927), Margherita De Carli (Milano 1942) e Fulvia Premoli (Milano 1954), architetti. La loro collaborazione nasce dalla suggestione che accomuna tre esperienze diverse sul tema della cultura del corpo e stimola una serie di ricerche sulle forme materiali di questa cultura. Di qui una linea che unisca la cura idrotermale a un diverso modo di intendere il bagno.

Fredi Drugman (Feurs, France 1927), Margherita De Carli (Milan 1942) and Fulvia Premoli (Milan 1954), architects. Their co-operation originates in the common interest that can be found in three different experiences of the body culture stimulating a series of researches on the material forms of this culture. Hence a line joining the hydrothermal treatment and a different conception of the bath.

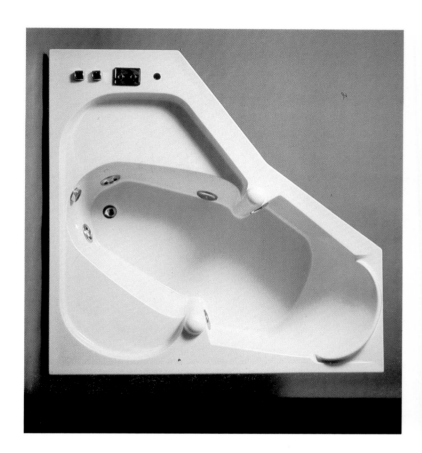

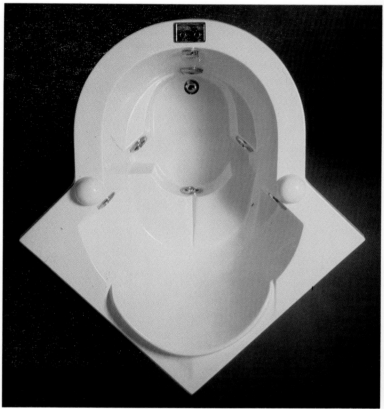

95

Vasca idromassaggio
metacrilato 150x150
Jacuzzi Europe 1984

*Hydromassage tub
metacrylate 150x150
Jacuzzi Europe 1984*

Vasca idromassaggio
metacrilato 170x70
Jacuzzi Europe 1984

*Hydromassage tub
metacrylate 170x70
Jacuzzi Europe 1984*

Vasca idromassaggio
metacrilato 100x100
Jacuzzi Europe 1984

*Hydromassage tub
metacrylate 100x100
Jacuzzi Europe 1984*

Gianfranco Facchetti

ADI

Nato a Milano nel 1939.
Architetto dal 1965, nella G14
Progettazione dalla sua
fondazione avvenuta nel 1974.
Dal 1981 specializza la ricerca
sul progetto degli spazi pubblici e
sulle loro attrezzature. Questa
attività, che è stata premiata con
il Compasso d'Oro 1984, si è
svolta in collaborazione con
Angelo Cortesi, Carlo Ronchi e
con Umberto Orsoni.

Born in Milan in 1939. An architect
since 1965, in G14 Progettazione
since its foundation in 1974. Since
1981 has specialized in the
research on public areas and their
equipment. This activity, that was
awarded the Compasso d'Oro
1984, was carried out with Angelo
Cortesi, Carlo Ronchi and Umberto
Orsoni.

96

Sistema di transenne realizzato con
tubi di normale produzione, collegati
da giunti orientabili e fissati ad
espansione. I basamenti, a cinque vie,
possono essere fissi o mobili.

*Barrier system made with standard
tubes connected with swivel joints,
expansion fitting. The five-way joints
can be fixed or mobile.*

Questo sistema progettato in
collaborazione con U. Orsoni,
A. Cortesi e C. Ronchi, è stato
adottato dalle Aerostazioni
milanesi di Linate e Malpensa.
Castelli 1984

*This system, designed with U. Orsoni,
A. Cortesi and C. Ronchi, has been
applied in the airports of Linate and
Malpensa (Milan).
Castelli 1984*

Paolo Favaretto

ADI

Nato a Padova nel 1950, laureato in architettura a Venezia, esercita la professione di designer già dal 1973. Collabora con diverse aziende in Italia ed all'estero, dove ha ricevuto importanti riconoscimenti: Premio *Institute Business Designer* negli USA e segnalazioni dal *National Design Council* in Canada.

Born in Padua in 1950, graduated in architecture in Venice.
A designer since 1973. Works for several companies in Italy and abroad where was awarded important prizes: the prize of the Institute Business Designer *in the USA and special mentions at the* National Design Council *in Canada.*

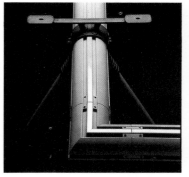

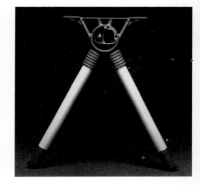

97

CS America
Selection Design Canada Awards
Press 1983

CS America
Selection Design Canada Awards
Press 1983

Spine
Alfa Cabel 1978

Plugs
Alfa Cabel 1978

Dallas
sedia impilabile
Kinetics, Canada 1984

Dallas
stackable chair
Kinetics, Canada 1984

Powerbeam
sistema di scrivanie su barra
Premio Institute Business Designer
Selezione Design Canada Awards
Kinetics, Canada 1983
con Jim Hayward

Powerbeam
set of desks
Institute Business Designer prize
Selection Design Canada Awards
Kinetics, Canada 1983
with Jim Hayward

Zona pranzo
rattan e frassino
Paset 1982

Dining area
rattan and ash
Paset 1982

Alberto Ferrari

ADI

Laureato in architettura, svolge attività di progettazione nei settori dell'edilizia, arredamento, illuminotecnica, imbottiti. Collabora con Bonacina, Essebi, S81.

Graduated in architecture, works as a designer in the following sectors: building, furniture, lighting and upholstered units. Works for Bonacina, Essebi, S81.

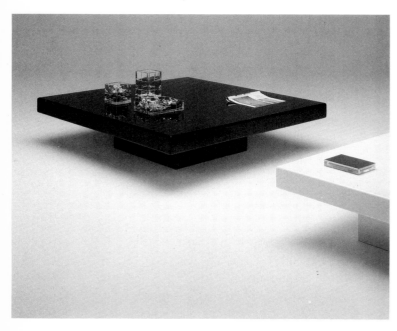

Mirò
Clipping 1983
Mirò
Clipping 1983

Dado
S81, 1981
Dado
S81, 1981

Sedia 2212
Bonacina 1981
Chair 2212
Bonacina 1981

Tavolo 2203
Bonacina 1981
Table 2203
Bonacina 1981

Giulio Ferretti

Nato a Pordenone, in Friuli, nel 1943, dove vive e lavora. Primo Premio Print 1970 con R. Maturi e P. Usicco. Premio speciale Print 1971. È stato uno dei fondatori del Quadragono. Ha collaborato con varie industrie del Triveneto nel settore dell'arredamento: Icar, Tatabi, Nusiam, Di Ronco, S. Andrea, Met-ar-Plastic e Magis.

Born in Pordenone in 1943, lives and works there. 1st prize Print 1970 with R. Maturi and P. Usicco. Special prize Print 1971. Was one of the founders of Quadragono. Has worked for several furniture manufacturers: Icar, Tatabi, Nusiam, Di Ronco, Met-ar-Plastic, S. Andrea and Magis.

Near
sedia smontabile
Icar 1971

*Near
demountable chair
Icar 1971*

Tatabi
programma componibile
Bortoluzzi 1973

*Tatabi
modular programme
Bortoluzzi 1973*

Near
soggiorno
Icar 1971

*Near
livingroom
Icar 1971*

Tatabi
programma componibile
Bortoluzzi 1973

*Tatabi
modular programme
Bortoluzzi 1973*

Maria Grazia Fiocco

ADI BEDA

Nata a Verona nel 1956, diplomata presso la Scuola Politecnica di Design di Milano. Nel 1978 costituisce con altri colleghi il BCF Studio. Nel 1981 apre in Verona il proprio studio. Ha collaborato con Valextra, Proteo, Adam, Vidal, Guy Laroche, Molyneux, Rochas, Yves Saint Laurent, Pozzi-Ginori, I.C.M., Marazzi e altre.

Born in Verona in 1956, graduated at the Design Polytechnical School of Milan in 1978. In 1978 she founded the BCF Studio together with a few colleagues. In 1981 she opened her Studio in Verona. Has worked for Valextra, Proteo, Adam, Vidal, Guy Laroche, Molyneux, Rochas, Yves Saint Laurent, Pozzi-Ginori, I.C.M., Marazzi and others.

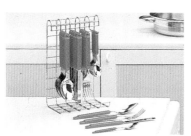

100

Aura, linea sanitari
Pozzi-Ginori 1984

*Aura, line of sanitary fixtures
Pozzi-Ginori 1984*

Strip
linea coordinata posate/appendini
I.C.M. Industrie Casalinghi Mori 1983

*Strip
matching sets of cutlery and hangers
I.C.M. Industrie Casalinghi Mori 1983*

Flaconi vaporizzatori ricaricabili
Proteo 1981

*Refillable spray bottles
Proteo 1981*

Rive Gauche, vaporizzatore
Proteo 1983

*Rive Gauche, sprayer
Proteo 1983*

Tulip
linea apparecchi sanitari
ceramica
Ideal Standard 1982
con Brugnoli e Cutino

*Tulip
line of sanitary fixtures
ceramic
Ideal Standard 1982
with Brugnoli and Cutino*

Mito
linea apparecchi sanitari
ceramica
Pozzi-Ginori 1983

*Mito
line of sanitary fixtures
ceramic
Pozzi-Ginori 1983*

Foltran e Vedova

Mario Foltran e Bepi Vedova, nati il 20 maggio rispettivamente nel 1936 e nel 1938, operano come architetti e dedicano uno spazio relativo alla progettazione industriale. Forse per questo, o forse perché relegati alla periferia dell'Impero, esibiscono un palmarés totalmente privo di riconoscimenti prestigiosi.

Mario Foltran and Bepi Vedova were born on May 20 in 1936 and 1938 respectively. Work as architects and to a smaller extent in the product design sector. Because of this, or maybe because they're exiled in the outskirts of the Empire, their palmarés has not prestigious awards.

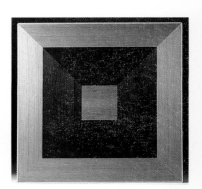

101

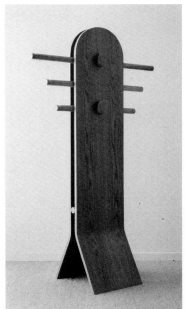

Top
sistema componibile
Bimar 1981

*Top
modular system
Bimar 1981*

Sharp
elemento per soggiorno
Bimar 1984

*Sharp
livingroom unit
Bimar 1984*

Gianfranco Frattini

ADI

Nato nel 1926, laureato nel 1953, è tra i fondatori dell'ADI. Espone al Museum of Modern Art di New York. Riceve l'Oscar Plast, il Premio Macef, Diamond International Awards, Diploma di Medaglia d'oro, d'argento e di Gran Premio alla Triennale, segnalazioni d'onore al Premio la Rinascente Compasso d'Oro e menzione d'onore alla BIO Lubiana. Dall'83 è Consigliere d'Amministrazione alla Triennale.

Born in 1926, graduated in 1953; one of the founders of ADI. Exhibiting at the Museum of Modern Art in New York. Was awarded the Oscar Plast, the Macef Award, Diamond International Awards, the Diplomas of Gold Medal, Silver Medal and Grand Prix at the Triennial, honour mentions at the prize La Rinascente Compasso d'Oro and at the BIO Lubiana. Member of the Board of Directors of the Triennial since 1983.

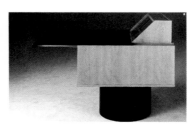

102

Bottiglie mod. 64
vetro soffiato colorato
Progetti 1983

*Bottles mod. 64
coloured blown glass
Progetti 1983*

Poltrona per ufficio
Fantoni Arredamenti 1980

*Office armchair
Fantoni Arredamenti 1980*

Abele, lampada
trafilato di alluminio verniciato
Luci 1980

*Abele, lamp
painted drawn aluminium
Luci 1980*

Cerry, tavolo
Cassina 1984

*Cerry, table
Cassina 1984*

Megaron
lampada da terra e da parete
Artemide 1979/1980

*Megaron
floor and wall lamp
Artemide 1979/1980*

Portaghiaccio
Progetti 1977

*Ice-bucket
Progetti 1947*

Kioto, tavolino
Pier Luigi Gianda, 1974

*Kioto, low table
Pier Luigi Gianda, 1974*

Sesamo, scrittoio
legno di pero e pelle
Bernini 1983

*Sesamo, writing desk
pear wood and leather
Bernini 1983*

Giulio Gabbianelli

ADI ASSICERAMICA

Vive a Milano, dove è nato nel 1937. Opera da trent'anni nel settore ceramico. Ha svolto la sua attività presso primarie aziende in Italia ed all'estero, nella ricerca e sviluppo dei nuovi prodotti, sia sotto l'aspetto estetico che tecnico. Rilevante il suo contributo, negli anni '60, per l'affermarsi dell'oggettistica in ceramica nell'arredo.

Lives in Milan, where was born in 1937. Has been working for 30 years in the pottery sector. Has worked for leading Italian and foreign companies in the research and development of new products both from the aesthetic and technical point of view. In the 60s gave an important contribution to the successful introduction of ceramic objects in furnishing.

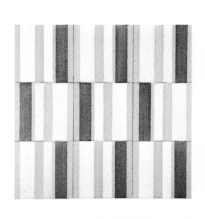

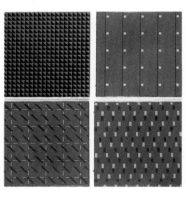

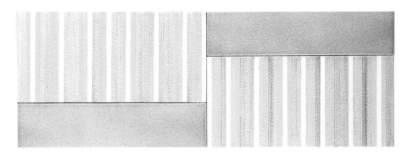

103

Piastrelle in ceramica 20x20/13x26
Ceramica Gabbianelli 1985

Ceramic tiles 20x20/13x26
Ceramica Gabbianelli 1985

Superfici
piastrelle in ceramica 20x20
Ceramica della Laga 1982

Superfici
ceramic tiles 20x20
Ceramica della Laga 1982

Nashville-Princeton
piastrelle in ceramica 20x20
Villeroy & Boch 1981

Nashville-Princeton
ceramic tiles 20x20
Villeroy & Boch 1981

Gavotta
piastrelle in ceramica 20x20
Villeroy & Boch 1980

Gavotta
ceramic tiles 20x20
Villeroy & Boch 1980

Luigi Gabbrielli

ADI

Nato a Pisa nel 1926, laureato in ingegneria, vive a Milano dove esercita dal 1977 la professione di consulente per il design, l'ergonomia e l'engineering di prodotti ad alta complessità tecnologica. Fino al 1966 capo dei progetti Salmoiraghi, dal 1966 al 1967 direttore del Servizio Tecnico Disegno Industriale Olivetti. Compasso d'Oro 1962 con i collaboratori, segnalazione premio SMAU 1982 e 1983.

Born in Pisa in 1926, degree in engineering; lives in Milan where has been working since 1977 as a design, ergonomics and engineering consultant for high technology products. Till 1966 project manager at Salmoiraghi, 1966 to 1967 manager of the Industrial Design Dept. at Olivetti. Compasso d'Oro winner 1962 with his collaborators, special mention at SMAU Award 1982 and 1983.

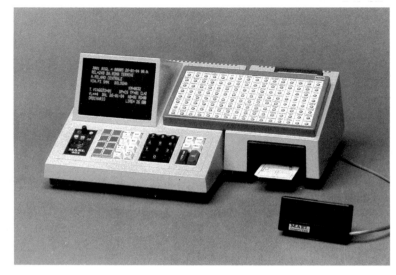

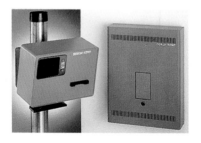

104

WPV wiring pattern verifier
Olivetti-Tecnost 1983

*WPV 58 wiring pattern verifier
Olivetti-Tecnost 1983*

MR 300
terminale per il controllo presenze
Ages Italia 1982

*MR 300
presence verifier terminal
Ages Italia 1982*

WR 301
terminale per il controllo degli accessi
a badge magnetico
Ages Italia 1982

*WR 301
terminal to control access to magnetic
badge
Ages Italia 1982*

401 terminale per l'emissione
di biglietti FF.SS.
Mael Computers 1983
con Roberto Guidotti

*401 terminal for issuing train tickets
Mael Computers 1983
with Roberto Guidotti*

NL 400 Ages Italia 1984

NL 400 Ages Italia 1984

MIT 4, board test system
apparecchiatura per il controllo
delle piastre elettroniche
Olivetti-Tecnost 1983

*MIT 4, board test system
electronic plates tester
Olivetti-Tecnost 1983*

Bruno Gastaldo

ADI BEDA

Nato nel 1933, vive e lavora a Selva del Montello (Treviso). Diplomato al Corso Superiore Disegno Industriale di Venezia. Medaglia d'oro Ministero Industria e Commercio 1959. Ha partecipato alla XII Triennale. Collaborazioni principali: Industrie Zanussi, settore elettrodomestici; Mareno Industriale, settore grandi impianti; Novello, divisione arredamento bagno e casa.

Born in 1933, lives and works in Selva del Montello (Treviso); Higher Course of Industrial Design in Venice. Awarded gold medal by the Ministry of Industry and Commerce in 1959. Exhibited at the 12th Triennial. Worked for: Industrie Zanussi, household appliances; Mareno Industriale, catering equipment; Novello, bathroom and home furniture division.

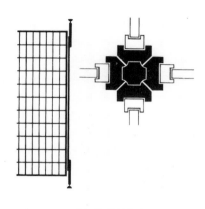

Giunto per elementi divisori
Callegari, 1981

Joint for partitions
Callegari 1981

Girandola
portascarpe
Novello 1985

Girandola
shoe rack
Novello 1985

Forno a termoconvezione
Mareno 1984

Convection oven
Mareno 1984

Bruno Gecchelin

ADI

Nato a Milano nel 1939, laureato in architettura al Politecnico di Milano. Ha progettato per Indesit, Busnelli, Olivetti, Bazzani, O-luce, Arteluce, Guzzini, Riello, Fiat, Skipper, Frau, Antonangeli, Venini. Si occupa anche di arredamento d'interni e architettura industriale.

Born in Milan in 1939, graduated in architecture from the Milan Polytechnic. Designed for Indesit, Busnelli, Olivetti, Bazzani, O-luce, Arteluce, Guzzini, Riello, Fiat, Skipper, Frau, Antonangeli, Venini. Works also in the fields of interior decoration and industrial architecture.

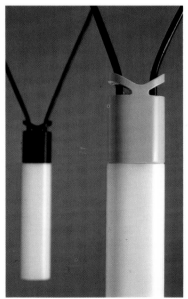

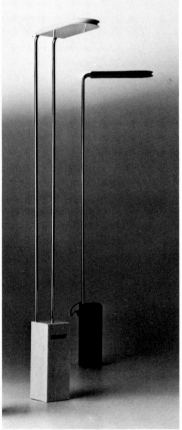

106

Servizio di coltelli da tavola acciaio inox 18/10, manicatura in metacrilato
Rede Guzzini 1985

*Set of table knives 18/10 stainless steel, metacrylate handle
Rede Guzzini 1985*

Sedia Hota
trafilato di acciaio con rivestimento in pelle
Poltrona Frau 1983

*Hota, chair
drawn steel with leather covering
Poltrona Frau 1983*

Lampada a sospensione Stilla
I Guzzini 1982

*Stilla, hanging lamp
I Guzzini 1982*

Lampada da binario Virgola
I Guzzini 1981

*Virgola, rail lamp
I Guzzini 1981*

Lampada da tavolo Ring
Arteluce 1979

*Ring, table lamp
Arteluce 1979*

Lampada da terra Gesto
Skipper 1971

*Gesto, floor lamp
Skipper 1971*

Bruno Giardino

ADI

Nato a Torino nel 1941. Nel 1963 collabora con la rivista *Torino Motori*. Lavora come designer al Centro Studi Pininfarina dal 1965 al 1970, anno in cui entra al Ford design center dove rimane fino al 1973. Nel 1974, dopo aver collaborato con Giorgetto Giugiaro, apre il suo studio in Torino. Opera con importanti industrie italiane ed estere. Segnalato al Compasso d'Oro 1979.

Born in Turin in 1941. In 1963 contributed to the magazine Torino Motori. Worked as a designer at the Centro Studi Pininfarina form 1965 to 1970, then joined the Ford Design Centre where he worked till 1973. In 1974 after collaborating with Giorgetto Giugiaro, opened his studio in Turin. Works for leading companies in Italy and abroad. Special mention at the Compasso d'Oro 1979.

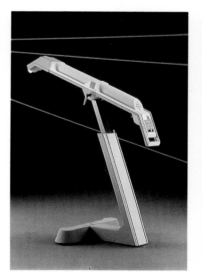

Battipista LH420
Leitner 1985

LH 420, snow cat, Leitner 1985

Tappi per serbatoio auto
Fiat 1984

Fillercaps, Fiat 1984

Durometro, Off. Galileo 1984

Hardometer, Off. Galileo 1984

Proiettore Bauer
con Kans Slany

*Bauer headlight
with Kans Slany*

Scarpone da sci
Dolomite 1978

*Ski-boot
Dolomite 1978*

Battipista LH 360
Leitner 1984

*LH 360, snow cat
Leitner 1984*

Orologio digitale
TGS 1977

*Digital clock
TGS 1977*

Battipista LH 400
segnalato Compasso d'Oro 1979
Leitner 1979

*LH 400, snow cat
special mention Compasso d'Oro 1979
Leitner 1979*

Apparecchi medicali
Space Laser 1985

*Medical instruments
Space Laser 1985*

Giovanni Giavotto

Nato a Genova nel 1934. Inizia l'attività di designer e architetto. Dopo una fase di progettazione *neo liberty*, con F. Patrini e S. Bellino, esposta a Biella nel 1961, si dedica per alcuni anni alla ricerca. Nel 1984 costituisce, con R. Cervini e A. Quattrini, la *Arti e Mestieri*, con la finalità del ricupero della tradizione artigianale, nonché degli aspetti spontanei della produzione proto-industriale dell'Ottocento. La sua produzione è affidata all'artigianato locale.

Born in Genoa in 1934, started working as a designer and architect. After a period of neo-Art Nouveau design, with F. Patrini and S. Bellino, exhibited in Biella in 1961, devoted to research for some years. In 1984 founded, with R. Cervini and A. Quattrini, the Arti e Mestieri laboratory with the aim to restore the Italian handcraft tradition and the spontaneous aspects of 19th century protoindustrial production. The articles are produced by local craftsman.

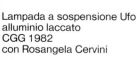

Lampada a sospensione Ufo
alluminio laccato
CGG 1982
con Rosangela Cervini

*Ufo, hanging lamp
lacquered aluminium
CGG 1982
with Rosangela Cervini*

Gottardo
applique per esterni e interni
ferro e alluminio laccato
CGG 1983
con Rosangela Cervini

*Gottardo
wall lamp, indoor or outdoor
enamelled iron and aluminium
CGG 1983
with Rosangela Cervini*

Poltroncina De Stijl
metallo, legno, paglia di Vienna
CGG 1983
con Rosangela Cervini

*De Stijl armchair
metal, wood, braided straw
CGG 1983
with Rosangela Cervini*

Lampada da tavolo Archimede
girevole e allungabile
CGG 1984
con Rosangela Cervini

*Archimede, table lamp
extension and revolving lamp
CGG 1984
with Rosangela Cervini*

Gian Nicola Gigante

ADI

Dello studio Boccato Gigante Zambusi. Nato a Spresiano (Treviso) nel 1934, laureato in architettura a Venezia. Attivo nei settori architettura, restauro, arredamento e design, collabora da sempre con Boccato e Zambusi. Pezzi esposti al'*Italy, the new domestic landscape* di New York, Biennale di Venezia 1970 (sezione arti decorative), Museo d'arte contemporanea di Chicago 1982. Premio *Andrea Palladio* Vicenza 1969, Premio *Macef 1966.*

Boccato Gigante Zambusi Studio's. Born in Spresiano (Treviso) in 1934, graduated in architecture in Venice. Works in the sectors of architecture, restoration, furnishing and design and has always worked with Boccato and Zambusi. Works exhibited at Italy, the new domestic landscape *in New York, the Biennial of Venice 1970 and the Museum of Contemporary Art in Chicago 1982. Prize* Andrea Palladio *Vicenza 1969,* Macef award 1966.

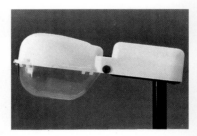

109

Contenitori Tripode
ceramica
Sicart 1983

*Tripode units
ceramic
Sicart 1983*

Poltroncina Sanzeno
BBB Bonacina 1983

*Sanzeno, easy chair
BBB Bonacina 1983*

Sgabello Big Ben
Industrie Secco, Seccose 1985

*Big Ben, stool
Industrie Secco, Seccose 1985*

Pigreco, ufficio manageriale
Crivellari 1983

*Pigreco, manager's office
Crivellari 1983*

Libreria Vertica
acciaio verniciato,
materiale plastico nero
Industrie Secco, Seccose 1983

*Vertica, bookcase
painted steel, black plastic material
Industrie Secco, Seccose 1983*

Lampada stradale
alluminio pressofuso e policarbonato
Zerbetto 1980

*Streetlamp
die-cast aluminium and polycarbonate
Zerbetto 1980*

Piatto Double Face
Sicart 1980

*Double Face, plate
Sicart 1980*

Ernesto Gismondi

ADI

Nato a Sanremo nel 1931,
laureato al Politecnico di Milano e
alla Scuola Superiore di Roma in
ingegneria missilistica. Docente
di Motori per missili al Politecnico
di Milano, rappresentante del
Ministero alla Nato per
missilistica. Consulente, tra le
altre, della Breda Meccanica e
della Oto Melara. Nel 1959 con
Sergio Mazza ha fondato
Artemide, nella quale ha
trasferito la sua esperienza
tecnologica spaziale.

*Born in Sanremo in 1931,
graduated from the Milan
Polytechnic and the Scuola
Superiore di Ingegneria in Rome
specializing in missilery. A teacher
of missile engines at the Milan
Polytechnic, Italy representative to
NATO as an expert in missilery.
Was also a consultant for Breda
Meccanica and Oto Melara. In
1955 founded, with Sergio Mazza,
Artemide where he transferred his
space technology experience.*

110

Sintesi, professionale 1978
Sintesi, professional lamp 1978

Camera, lampada da terra 1976
Camera, floor lamp 1976

Teseo 1984
Teseo 1984

Teseo da parete, 1984
Teseo, wall lamp 1984

Sintesi
da terra con snodo
*Sintesi
floor lamp with articulation*

Camera, braccio 1000
Camera, arm 1000

Aton Barra
sistema di illuminazione
*Aton Barra
lighting system*

Pilade, binario PAR 1985
Pilade, rail PAR 1985

Aton, braccio 1981
Aton, arm 1981

Tholos Studio 1984
Tholos studio 1984

Aton, terra 1980
Aton, floor lamp 1980

Alistro 1983
Artemide (come tutti)
*Alistro 1983
Artemide (like the others)*

Giorgetto Giugiaro

ADI

È del 1938. A 17 anni entra al Centro Stile Fiat. Nel 1959 passa al Centro Stile Bertone e nel 1965 alla Ghia. Nel 1968 fonda l'Ital Design, centro di ricerca e sviluppo che lavora per le più note case automobilistiche del mondo. Ha disegnato 43 auto di serie: ne circolano oltre 15 milioni. Dal 1970 si occupa di disegno industriale per i più diversi settori produttivi.

Born in 1938. In the Fiat Styling Centre when he was 17. In 1959 employed at the Bertone Styling Centre and in 1965 at Ghia. In 1968 established Ital Design, a research and development centre working for the most famous automobile manufacturers in the world. Has designed 43 production-model cars, 15 millions of which are currently on the road. Since 1970 has been working in the most varied fields of industrial design.

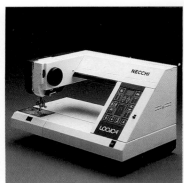

111

Uno
Fiat 1980

*Uno
Fiat 1980*

Marille
nuova forma di pasta
Voiello 1983

*Marille
a new shape of pasta
Voiello 1983*

Nikon F3, EM, AF
Nikon 1980/1984

*Nikon F3, EM, AF
Nikon 1980/1984*

Necchi logica
Necchi 1982

*Necchi logica
Necchi 1982*

Sport Tech
Seiko 1982

*Sport Tech
Seiko 1982*

Ezio Grassi

ADI

Architetto, vive e lavora a Milano dove è nato nel 1942. Svolge attività di libero professionista dal 1975 nell'ambito dell'architettura, dell'interior e del product design. Dal 1970 al 1975 training presso il Centro Studi e Ricerche Cassina dove progetta prodotti per la Cassina e la C&B Italia. Fa parte della Commissione Scuola ADI. Socio fondatore nell'80 dell'Istituto Superiore di Architettura e Design di Milano e Venezia.

An architect, lives and works in Milan where he was born in 1942. A freelance in architecture, interior and product design since 1975. 1970 to 1975 training at the Centro Studi e Ricerca Cassina where he designs products for Cassina and C&B Italia. A member of the ADI School Committee, in 1980 was a foundation member of the Higher School of Architecture and Design in Milan and Venice.

112

Splash, divano componibile e sfoderabile
Esse 1978

*Splash, modular sofa with loose cover
Esse 1978*

Sedia SE17
legno tornito
Sorgente dei Mobili 1984

*SE17, chair
shaped wood
Sorgente dei Mobili 1984*

Sedie SE21, SE15
Sorgente dei Mobili 1984

*SE21, Se15, chairs
Sorgente dei Mobili 1984*

Sistema di tavoli Domino con piani modulari in marmo
Martex 1976

*Domino, table system with marble modular tops
Martex 1976*

Sedia SE11
Sorgente dei Mobili 1981

*SE11, chair
Sorgente dei Mobili 1981*

Double Face, vasi e centrotavola vetro soffiato
Mann & Rossi 1980

*Double Face, vases and bowls blown glass
Mann & Rossi 1980*

Maria Pace Gritti Morlacchi

Nata a Brembate (Bergamo) nel 1944, si è diplomata in Architettura d'Interni nel 1967 all'Athenaeum di Losanna. Vive e lavora a Milano, ma ha curato allestimenti privati e pubblici in varie città in Italia e all'estero. Collabora con Gabbianelli e Interior e ultimamente con Pieve, di cui ha disegnato l'intera collezione. Ha progettato numerosi tessuti d'arredamento, oggetti e lampade per interni e partecipato a concorsi di pittura, ottenendo vari riconoscimenti.

Born in Brembate (Bergamo) in 1944, graduated in Interior Decoration in 1967 from the Athenaeum in Lausanne. Lives and works in Milan but has designed public and private premises in Italy and abroad. Works for Gabbianelli and Interior; lately has designed the whole collection of Pieve. Several patterns for furnishing fabric, lamps and objects. Awards in painting competitions.

113

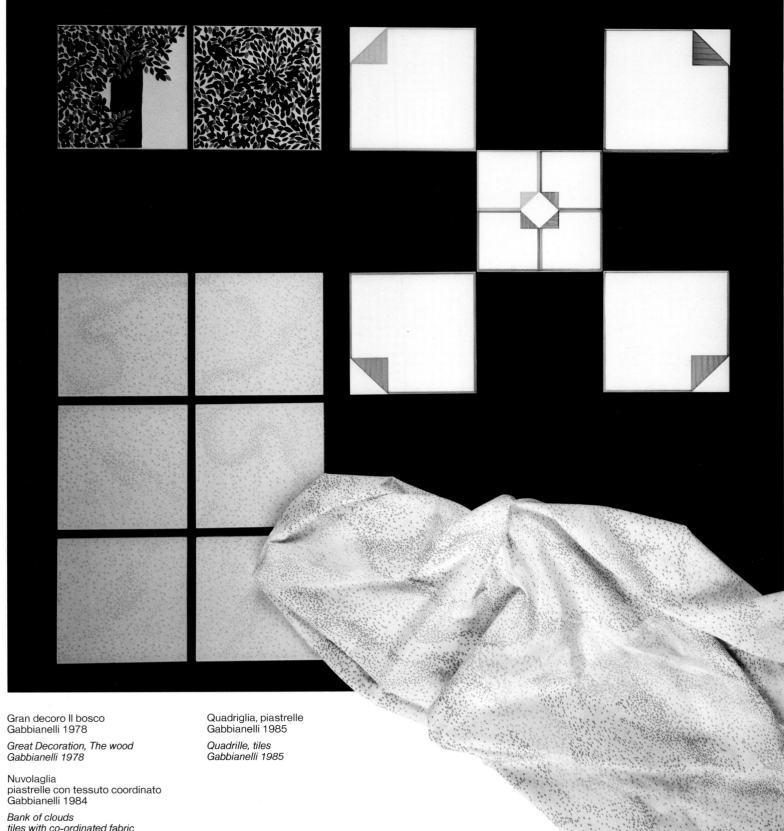

Gran decoro Il bosco
Gabbianelli 1978

*Great Decoration, The wood
Gabbianelli 1978*

Nuvolaglia
piastrelle con tessuto coordinato
Gabbianelli 1984

*Bank of clouds
tiles with co-ordinated fabric
Gabbianelli 1984*

Quadriglia, piastrelle
Gabbianelli 1985

*Quadrille, tiles
Gabbianelli 1985*

Laura Griziotti

ADI

Laureata al Politecnico di Milano, svolge attività di progettista e industrial designer per aziende italiane e straniere.
Ha partecipato a numerose giurie tra le quali nel 1984 quella della Bienal del Mueble de Bilbao.
Ha ottenuto il premio Compasso d'Oro in qualità di collaboratrice per la serie Strips e la medaglia d'oro BIO 10 di Lubjana per la porta Rever progettata con Cini Boeri e Guido Nardi.

Graduated from the Milan Polytechnic, works as an architect and as an industrial designer for Italian and foreign firms. Member of many juries, including the one of the Bienal del Mueble de Bilbao. She was awarded the Compasso d'Oro as a collaborator for the series Strips and the Lubiana gold medal BIO 10 for the Rever door designed with Cini Boeri and Guido Nardi.

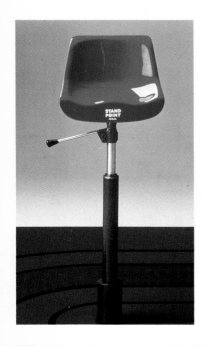

114

Stand Point
sedile per operatore
alle macchine utensili
Misal 1975
con Pietro Salmoiraghi

Stand Point
seat for machine tool operator
Misal 1975
with Pietro Salmoiraghi

Uvi, Arflex 1981

RB 2200
divano lungo e medio
con schienale su guide
Rolf Benz Wohncollection 1983

RB 2200
long and medium sofa
with backs sliding on rails
Rolf Benz Wohncollection 1983

Gru
poltroncina imbottita
BBB Bonacina 1984

Gru
upholstered armchair
BBB Bonacina 1984

Steeps
contenitori in legno laccato
Estel 1982
con Cini Boeri

Steeps
containers in lacquered wood
Estel 1982
with Cini Boeri

Leila Guerra

Nata a Padova nel 1951, studia architettura a Venezia e al Polytechnic of Oxford. Libera professionista nella progettazione architettonica, si occupa dal 1979 anche di industrial design per conto di primarie aziende, di cui frequentemente cura l'immagine complessiva. Sue opere sono presenti in collezione permanente al Department of Furniture and Woodwork dell'Albert and Victoria Museum di Londra, e al Museum of Contemporary Art di Chicago.

Born in Padua in 1951, studied at the Faculty of Architecture in Venice and the Polytechnic of Oxford. Works as a freelance architect. Since 1979 has specialized in industrial design creating the corporate identity of leading firms. Permanent exhibition of her works at the Department of Furniture and Woodwork of the Albert and Victoria Museum of London, and at the Museum of Contemporary Art in Chicago.

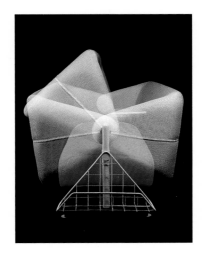

Eclisse
tavolino con rotazione eccentrica
Cidue 1984

*Eclisse
low table with eccentric rotation
Cidue 1984*

Preludio, letto imbottito
IPE 1983

*Preludio, padded bed
IPE 1983*

Pascal, divano a due fronti
con schienale girevole
acciaio e poliuretano espanso
Altana 1983

*Pascal, two-side sofa
with revolving back
steel and foam polyurethane
Altana 1983*

Erica, poltroncina
tubolare d'acciaio e cuoio
Ycami collection 1984

*Erica, easy chair
steel and leather
Ycami collection 1984*

Ada, divano letto
Altana 1983

*Ada, sofa bed
Altana 1983*

Serie Green, lampada con piani
girevoli apribili a ventaglio
Altana 1984

*Series Green, lamp with rotating tops
opening like a fan
Altana 1984*

Tessuti d'arredamento
Tessitura Te-ver 1983

*Furnishing fabric
Tessitura Te-ver 1983*

Makio Hasuike

ADI

Nato a Tokio nel 1938, vive e lavora a Milano. Dal 1968 è titolare dello studio omonimo che svolge attività di consulenza e progettazione per alcune delle maggiori aziende italiane e straniere in molti settori di attività. Tra i numerosi premi e riconoscimenti: Medaglia d'Oro alla XV Triennale di Milano, Collezione del Museum of Modern Art di New York, Compasso d'Oro.

Born in Tokyo in 1938, lives and works in Milan. Since 1968 the principal of the studio Makio Hasuike specializing in design and advisory services. Working for leading Italian and foreign companies in many different sectors. Several prizes and awards including: gold medal at 15th Triennial of Milan. Collection of the Museum of Modern Art in New York, Compasso d'Oro winner.

116

Valigetta 24 ore
Selezione Compasso d'Oro 1981
Poltrona Frau 1981

Overnight case
Selection Compasso d'Oro 1981
Frau armchair 1981

Macchina per caffè espresso
Gaggia 1977

Espresso coffee maker
Gaggia 1977

Unibloc 2000
Merloni casa 1984

Unibloc 2000
Merloni casa 1984

Progetto OSA
Compasso d'Oro 1979
Ariston-Merloni 1976/77

Project OSA
Compasso d'Oro winner 1979
Ariston-Merloni 1976/77

Borse e cartelline Piuma
Selezione premio SMAU 1982
MH Way 1982

Bags and brief-cases Piuma
Selection SMAU Award 1982
MH Way 1982

Canados 65
Cantieri Canados 1981

Canados 65
Cantieri Canados 1981

Dispensatore di sapone liquido
Gedy 1984

Liquid soap dispenser
Gedy 1984

Cucciolo
Selezione Compasso d'Oro 1979
Gedy 1974

Cucciolo
Selection Compasso d'Oro 1979
Gedy 1974

Isao Hosoe

ADI

Nato a Tokyo nel 1942, ingegnere meccanico ed aerospaziale e master of Science presso la Nihon University di Tokyo. 1969 Compasso d'Oro per l'autobus Meteor; 1973 Medaglia d'Oro per il Padiglione Giapponese alla XV Triennale di Milano e Medaglia d'Oro per la lampada Hebi alla BIO di Lubiana; 1976 Premio SMAU; 1979 Compasso d'Oro per l'autobus Spazio; 1981 Premio SMAU per i sistemi Saceasof e Saceasit; 1984 segnalato al Premio SMAU.

Born in Tokyo in 1942, graduated in mechanical and space engineering and master of Science from the Nihon University of Tokyo. In 1969 Compasso d'Oro winner for the bus Meteor; in 1973 gold medal for the Japanese Pavilion at the 15th Triennial of Milan and gold medal at the Biennial of Lubiana; in 1976 SMAU Award for the chair Saceasit; in 1979 Compasso d'Oro winner for the project of the bus Spazio; in 1981 SMAU award for Saceasof and Saceasit modular systems. In 1984 special mention at SMAU.

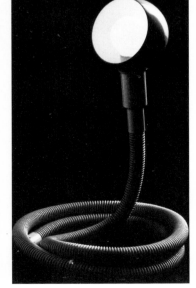

Saceasit
sistema sedie per ufficio
Sacea 1976

*Saceasit
office chairs
Saced 1976*

Picchio, lampada da tavolo
Luxo 1984

*Picchio, table lamp
Luxo 1984*

Hebi, Valenti 1969

Hebi, Valenti 1969

Snake / Saceasoft junior
parete articolata / uffici
Sacea 1984/1981
con A. Marinelli e D. Greco

*Snake / Saceasoft junior
articulated panel / offices
Sacea 1984/1981
with A. Marinelli and D. Greco*

Buic 1500, microfilmatore
poliuretano espanso, policarbonato
Buic 1984
con M. Goruppi e M. Baldessari

*Buic 1500, microfilmer
foam polyurethane, polycarbonate
Buic 1984
with M. Goruppi and M. Baldessari*

Spazio, Iveco Orlandi 1977
con A. Barrese, A. Locatelli,
R. Salmoiraghi, A. Torricelli

*Spazio, Iveco Orlandi 1977
with A. Barrese, A. Locatelli,
R. Salmoiraghi, A. Torricelli*

Televisori Seleco/Zanussi
con D. Greco e A. Barrese

*TV sets Seleco/Zanussi
with D. Greco, A. Barrese*

Studio Kairos

Bonetti M. (Torino 1949), laureato in ingegneria, svolge dal 1976 attività accademica. Manente G. (Mestre 1945) laureato in architettura, dal 1973 esercita la libera professione. Mion A. (Mirano, Venezia) frequenta la facoltà di architettura e dal '74 si occupa di interni. Nel 1980 fondano lo studio Kairos e si occupano di industrial design, development, edilizia e arredamento. Compasso d'Oro 1984.

Bonetti M. (Turin 1949) degree in engineering, a teacher since 1976. Manente G. (Mestre 1945), degree in architecture, freelance since 1973. Mion A. (Mirano, Venice) attended the Faculty of Architecture, has specialized in interior design since 1974. In 1980 they founded the studio Kairos specializing in industrial design and development, building and furnishing. Compasso d'Oro winners in 1984.

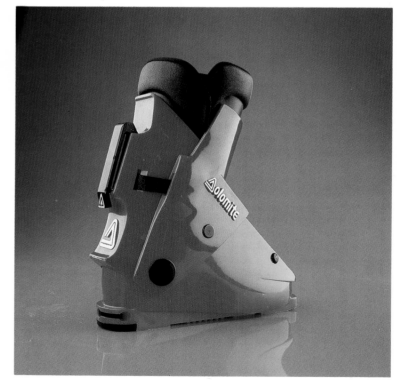

118

Sisamo, armadio
Compasso d'Oro 1984
B&B Italia 1983

Sisamo, wardrobe
Compasso d'Oro winner 1984
B&B Italia 1983

Servese
elemento plurifunzionale
B&B Italia 1984

Servese
multi-functional unit
B&B Italia 1984

Ario
letto a testiera scivolante
B&B Italia 1983

Ario
bed with sliding headboard
B&B Italia 1983

Scarpa da sci con unico elemento di chiusura, piede e gambetto
Dolomite 1985

Ski-boot with a single buckle, foot and ankle
Dolomite 1985

King Miranda Associati

ADI

Perry A. King vive a Milano dal 1964 e Santiago Miranda dal 1971. Lavorano assieme da dieci anni nel campo dell'Industrial Design e dell'architettura d'interni. Il loro lavoro è stato segnalato e premiato in importanti manifestazioni sia in Italia che all'estero.

Perry A. King and Santiago Miranda have been living and working in Milan since 1964 and 1971 respectively. Have been working together for ten years in industrial design and interior decoration. Their work has been awarded special mentions and prizes in important exhibitions in Italy and abroad.

Aurora, lampada alogena
Arteluce 1983

*Aurora, halogen lamp
Arteluce 1983*

M10 (portable computer) + PL10 (microplotter) + MC10 (acoustic coupler)
Ing. C. Olivetti & C. 1983

Expanded line, sistema integrato per l'illuminazione
Arteluce 1984

*Expanded line, integrated lighting system
Arteluce 1984*

Air Mail, sedute per ufficio
Marcatrè 1984

*Air Mail, office easy chairs
Marcatrè 1984*

Consoles sensitive
per macchine Olivetti componenti elettronici,
Lexan imbottito e serigrafato
Ing. C. Olivetti & C 1983

*Soft feel consoles for Olivetti machines
electronic components,
padded and silkscreened Lexan
Ing. C. Olivetti & C. 1983*

Air Mail, Marcatrè 1981

Motosega professionale
alluminio, nylon
McCulloch 1981

*Professional chain saw
aluminium, nylon
McCulloch 1981*

Cable, mobili per ufficio
Marcatrè 1981

*Cable, office furniture
Marcatrè 1981*

Giancarlo Iliprandi

ADI

Nato a Milano nel 1925. Gran Premio Internazionale della XIII Triennale di Milano, due Compassi d'Oro nel 1979. Consulente della RB Rossana dal 1960 per il prodotto e l'immagine aziendale. Consulente della Fonderia Nebiolo dal 1967 al 1976, si occupa attualmente di ricerca e progettazione di Font per stampanti seriali per la Honeywell ISI. Vice Presidente ADI dal 1985, lo rappresenta presso il BEDA ed è responsabile dei rapporti internazionali con l'ICSID e l'ICOGRADA

Born in Milan in 1925. International Grand Prix at 13th Triennial of Milan, awarded two prizes Compasso d'Oro in 1979. Consultant for RB Rossana since 1960 for the product and corporate identity. Consultant for Fonderia Nebiolo from 1967 to 1976; now working for Honeywell ISI in the field of Font research and design. ADI Vice-President since 1985, he is its representative at BEDA as well as responsible for the international relations with ICSID and ICOGRADA.

120

Isola
RB Rossana 1969

*Island
RB Rossana 1969*

Penisola
RB Rossana 1970

*Peninsula
RB Rossana 1970*

Lampada Night
RB Rossana 1971

*Night lamp
RB Rossana 1971*

AD Table, Teknomeli 1976

Marisol, RB Rossana 1972
con Salvati e Tresoldi

*Marisol, RB Rossana 1972
with Salvati & Tresoldi*

Rossana Night, particolare
RB Rossana 1971

*Rossana Night, detail
RB Rossana, 1971*

Arcipelago
RB Rossana 1971

*Archipelago
RB Rossana 1971*

Roberto Ingegnere

ADI

Nato ad Ancona nel 1945, vive ed opera a Milano dal 1969. Socio fondatore dello Studio ERA con A. Dottori, si occupa di industrial design e corporate identity. Segnalazioni: 1979 selezione Compasso d'Oro, 1983 selezione Premio SMAU industrial design.

Born in Ancona in 1945, has been living and working in Milan since 1969. Foundation member of the Studio ERA with A. Dottori, he specializes in industrial design and corporate identity. Special mentions Compasso d'Oro 1979 and SMAU Award 1983.

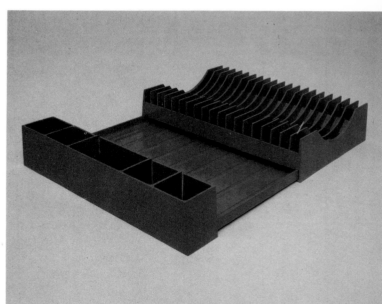

Valigetta per utensili auto
polipropilene
Facom, Parigi 1985
con Arduino Dottori

*Bag for car tools
polypropylene
Facom, Paris 1985
with Arduino Dottori*

Portarifiuti domestico
propilene e polistirolo
Prima 1982
con Arduino Dottori

*Domestic rubbish bin
propylene and polystyrene
Prima 1982
with Arduino Dottori*

Minimax scolastoviglie
propilene
Prima 1981
con Arduino Dottori

*Minimax dish drainer
propylene
Prima 1981
with Arduino Dottori*

Tonino Lamborghini

ADI

Laureato in Scienze Politiche e HC in Ingegneria meccanica, conduce l'azienda fondata dal padre nel 1946, che produce trattori, automobili (tra cui la famosissima Miura), bruciatori, pannelli solari, condizionatori, generatori d'aria, componenti oleodinamici. Nel 1981 aggiunge una griffe di alta moda, contrassegnata dal famoso toro alla carica, indirizzata in tutto il mondo ad un pubblico raffinato ed esclusivo.

Graduated in Political Science, HC degree in Mechanical Engineering; runs the company, established by his father in 1946, producing tractors, motocars (including the famous Miura), burners, solar panels, air conditioners, air generators, oleodynamic components. In 1981 added a high fashion griffe, characterized by the famous charging bull, meant for a refined and exclusive clientele all over the world.

Borsa brevettata per apparecchiature fotografiche in tessuto e gomma, occhiali da sole le cui aste riproducono particolari meccanici delle automobili
Tonino Lamborghini 1983

*Patented bag for photographic equipment in fabric and rubber, sunglasses with temples reproducing automobile components
Tonino Lamborghini 1983*

Gioielli meccanici
(chiave inglese, cuscinetto a sfera, bielle)
argento e oro
Tonino Lamborghini 1982

*Mechanical jewels
(wrench, ball bearing, rods)
silver and gold
Tonino Lamborghini 1982*

Omaggio a Berlino
tavolo e poltrona
bianco Carrara e zoccolo
in grigio carnico
Tonino Lamborghini 1981

*Homage to Berlin
table and armchair
white Carrara marble with grey plinth
(Carnia marble)
Tonino Lamborghini 1980*

Carlo Lamperti

ADI

Nato a Milano nel 1952, laureato in architettura. Ha collaborato con la C.P.A. Portesi e la PAG. Collabora dal 1973 con l'Arch. Gianfranco Frattini e dal 1983 con G. B. Bernini. Nel 1984 ha ricevuto un premio di segnalazione al Concorso Internazionle di Udine della Promosedia: *Una sedia per gli USA*.

Born in Milan in 1952, degree in architecture. Worked for C.P.A. Portesi and PAG. Has been working since 1973 with Gianfranco Frattini, an architect, and since 1983 for G. B. Bernini. In 1984 was awarded a special mention at the International Competition in Udine Promosedia: A chair for the USA.

Golomè, mobili per soggiorno orizzontale
legno laccato o essenza di noce, fianchi e top laccati nero opaco
G. B. Bernini 1983
con A. Villa

Golomè, furniture for horizontal living-room
lacquered wood or walnut veneer, black lacquered sides and top dull finish
G. B. Bernini 1983
with A. Villa

Golomè, mobili per soggiorno verticale legno laccato o essenza di noce, fianchi e top laccati nero opaco
G. B. Bernini 1984
con A. Villa

Golomè, furniture for upright living-room.
lacquered wood or walnut veneer, black lacquered sides and top dull finish.
G. B. Bernini 1984
with A. Villa

Gianluigi Landoni

Nato a Busto Arsizio nel 1958, laureato in architettura al Politecnico di Milano. Dopo esperienze presso studi professionali, e lavora per Ranger Italiana, Virteco Italia. Mostre *Arredamento contemporaneo. Coesistenze* Pavia 1983, *La casa oggi* Cesena 1983, *Mostra Designer Europei Light* Milano 1983. Premi e segnalazioni: *La lampada nella casa d'oggi* MIA Monza 1982, Poltronova/Modo 1984.

Born in Busto Arsizio in 1958, graduated in architecture from the Milan Polytechnic. After working in offices specialized in architecture and industrial design became a freelance designer. Now works for Ranger Italiana, Virteco Italia. Exhibited at Arredamento contemporaneo. Coesistenze *Pavia 1983.* Mostra Designers Europei Light *Milan 1983. Was awarded prizes and special mentions at:* La lampada nella casa d'oggi *MIA Monza 1982, Poltronova/Modo 1984.*

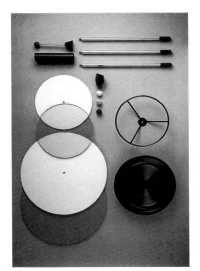

Mostro, tavolino multiuso con lampada
ferro verniciato a polveri, gomma, vetro, laminato
Ravarini Castoldi & C. 1984

Mostro, multi-purpose table with lamp
powder painted iron, rubber, glass, laminate
Ravarini Castoldi & C 1984

Inalto, cassettiera settimanale
Capuzzi Arredamenti 1983

Inalto, chest of drawers
Capuzzi Arredamenti 1983

Divano Planare
ferro verniciato, tessuto
Amalgama 1983

Planare, sofa
painted iron, fabric
Amalgama 1983

Serie Callisto
ferro verniciato a polveri, gomma, vetro, laminato
Ravarini Castoldi & C. 1984

Series Callisto
powder painted iron, rubber, glass, laminate
Ravarini Castoldi & C. 1984

Ugo La Pietra

ADI

Nato nel 1938, vive e lavora a Milano. Dal 1964 insegna progettazione e architettura in varie università, dal 1965 progetta per primarie aziende. Ha diretto le riviste *In, Progettare, Inpiù, Brera Flash, Fascicolo,* dal 1979 è redattore di *Domus.* Ha realizzato numerosi film d'architettura (primo premio a Nancy nel 1975). Membro fondatore della Global Tools, Compasso d'Oro 1979.

Born in 1938, lives and works in Milan. He has taught planning and architecture in various universities since 1964 and from 1965 on has been designing for important industries. He has been the editor of magazines like In, Progettare, Inpiù, Brera Flash, Fascicolo, *and since 1979 has contributed to* Domus. *He has made various films on architecture (first prize at Nancy in 1975). He is a founder member of Global Tools; Compasso d'Oro winner in 1979.*

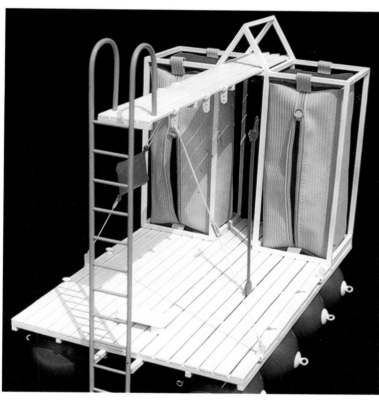

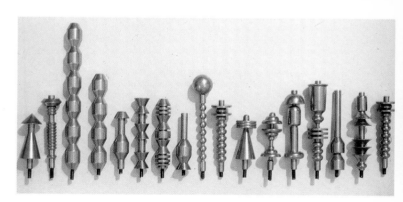

Cabina galleggiante design balneare 1982 con G. B. Luraschi

Floating cabin Seaside design 1982 with G. B. Luraschi

Trespoli attrezzature per strumenti telematici 1984

Trestles equipment for telematic instruments 1984

Flessuosa, poltrona Edizioni Busnelli, 1984

Flessuosa, armchair Edizioni Busnelli, 1984

Agevole, poltrona Edizioni Busnelli 1984

Agevole, armchair Edizioni Busnelli 1984

Carrello porta-TV 1983

Trolley, TV table 1983

Maniglie (per mobile infinito) 1980

Handles (for modular units of infinite combinations) 1980

Giulio Lazzotti

Nato a Pietrasanta 1943 (Lucca). Laurea in architettura a Firenze con Di Pasquale. Ha disegnato per Artipresent, Bernini, Camp, Casigliani, Gaiac, Magēia, Up & Up. Oscar per il migliore oggetto al Moving di Parigi 1978. Primo Premio di design al Moving 1982. Sue opere sono presenti al MOMA di New York e di Chicago. Vive e lavora a Pietrasanta.

Born in Pietrasanta (Lucca) in 1943, lives and works there. Graduated in architecture in Florence with Di Pasquale. Designed for: Artipresent, Bernini, Camp, Casigliani, Gaiac, Magēia, Up & Up. Oscar winner for the best object at the Moving in Paris 1978. 1st Prize for Design at the Moving in Paris 1982. Works exhibited at the MOMA in New York and Chicago.

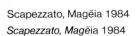

Scapezzato, Magēia 1984

Scapezzato, Magēia 1984

Tristot e Pick Up
Up & Up 1984

*Tristot and Pick Up
Up & Up 1984*

Coprimacchia
Magēia 1984

Storia dell'uovo sodo
Camp 1978

*The hard boiled egg saga
Camp 1978*

Gregge
bianco Uliano
Bernini 1983

*Flock
white Uliano marble
Bernini 1983*

Peanuts
Casigliani 1981

*Peanuts
Casigliani 1981*

Equibillo
Casigliani 1981

*Equibillo
Casigliani 1981*

Siena, Bernini 1983

Unipede, Bernini 1983

Unipede, Bernini 1983

Grata
Up & Up 1980

*Grata
Up & Up 1980*

La Strada
Bernini 1982

Fabio Lenci

ADI

Nato a Roma nel 1935, dopo una esperienza commerciale e produttiva si dedica al product design, vincendo un concorso a Trieste nel 1968 ed esponendo al MOMA di New York. Associato a Talocci e Urbinati, lavora per aziende prestigiose. Si occupa anche di grafica, architettura d'interni e progettazione nautica. Insegna all'Istituto Europeo di Design di Roma.

Born in Rome in 1935, started in the production and trade sectors, then became a product designer. Winner of a Competition in Trieste in 1968, exhibited at the MOMA in New York. An associate of Talocci and Urbinati, works for leading companies., Active also in the fields of graphic and nautical design, and interior decoration. Teaches at the Istituto Europeo di Design in Rome.

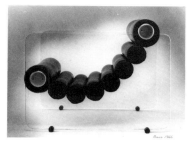

Acquarius, doccia rotonda con pannello attrezzato e scaldasciugamani schermato metacrilato antiurto e vetroresina Teuco 1972

Acquarius, round shower with equipped panel and screened towel heater shockproof metacrylate and fiber glass reinforced plastic Teuco 1972

Poltrona regolabile schiuma poliuretanica e cristallo Comfortline 1966

Adjustable armchair polyurethane foam and crystal glass Comfortline 1966

Lampada Focus I Guzzini 1967

Focus, lamp I Guzzini 1967

Vasca doccia con pareti attrezzate, idromassaggi e sauna Teuco 1984 con G. Talocci

Shower-tub unit with equipped panels, hydromassage and sauna Teuco 1984 with G. Talocci

Contenitori spogliatoio per camera da letto Selezione Compasso d'Oro 1981 Bernini 1979

Clothes units for bedroom Selection Compasso d'Oro 1981 Bernini 1979

Roberto Lucci

ADI

Nato a Milano nel 1942. Lavora in collaborazione con Paolo Orlandini con la sigla L/O Design. Docente all'Istituto Europeo di Design, dove dirige il dipartimento di Industrial Design. Sue opere sono presenti al MOMA di New York, al Museum of Contemporary Art di Chicago e al Centre National d'Art Contemporain di Parigi. Ha tenuto corsi e lezioni di design in varie università in Europa, America e Australia.

Born in Milan in 1942, works with Paolo Orlandini under the name of L/O Design. Teaches at the Istituto Europeo di Design. Works exhibited at the MOMA in New York, the Museum of Contemporary Art in Chicago and the Centre National d'Art Contemporain in Paris. Has given lectures on design in several universities in Europe, America and Australia.

Pluralis, sistema di sedie
Premio Smau 1979
Artemide/Alfeo 1977

*Pluralis, chair system
Smau award 1979
Artemide/Alfeo 1977*

Modulamm, sistema di sedie
Lamm 1979

*Modulamm, chair system
Lamm 1979*

Bilancia Pulsar BE40
Zenith 1984

*Pulsar BE 40, scales
Zenith 1984*

Televisore Mito
mostra 100 Designers ICSID 1983
Brion Vega 1983

*Mito, TV set
exhibition 100 Designers ICSID 1983
Brion Vega 1983*

Concerto, organo elettronico
Sim Design 82, Compasso d'Oro 81
Antonelli 1979

*Concerto, electronic organ
Sim Design 82, Compasso d'Oro 81
Antonelli 1979*

Trio, Magis 1979
Compasso d'Oro 1981

*Trio, Magis 1979
Compasso d'Oro winner 1981*

Scaleo, scala pieghevole
collezione MOMA New York
Velca 1977

*Scaleo, folding ladder
collection MOMA New York
Velca 1974*

Led, Segno 1984
con P. Orlandini (come tutti)

*Led, Segno 1984
with P. Orlandini (like the others)*

Ennio Lucini

ADI ADCM

Attivo come art director, ad supervisor, graphic e product designer, ha creato la corporate identity di numerose aziende internazionali. Nel 1968 insegnante di Progettazione Grafica all'Umanitaria di Milano, nel 1979 ha vinto il Compasso d'Oro. Ha curato il design di molte riviste tra le quali *Domus, Forme, La mia Casa.* Numerose mostre nazionali ed internazionali dal 1971 ad oggi.

Works as an art director, ad supervisor, graphic and product designer. Created the corporate identity of several international companies. In 1968 taught graphic design at the Umanitaria in Milan, Compasso d'Oro winner in 1979. Was responsible for the design of many magazines including Domus, Forme, La mia casa. Several exhibitions in Italy and abroad starting in 1971.

Vapopress
pentola a pressione
acciaio inox 18/10
premio Compasso d'Oro 1979
Barazzoni 1979

*Vapopress
pressure-cooker
18/10 stainless steel
Compasso d'Oro winner 1979
Barazzoni 1979*

Serie Tummy, pentole
acciaio inox 18/10
premio Macef 1970
Barazzoni 1970

*Serie Tummy, pans
18/10 stainless steel
Macef award 1970
Barazzoni 1970*

Selvaggia
casseruola ovale
acciaio inox 18/10
premio Macef 1972
Barazzoni 1972

*Selvaggia
oval pan
18/10 stainless steel
Macef award 1972
Barazzoni 1972*

Vico Magistretti

CIAM

Nato a Milano, laureato nel 1950, si occupa di architettura urbanistica, di segno industriale arredamento. Medaglia d'oro IX Triennale, Gran Premio X Triennale, Premio Vis 1950, Compasso d'Oro 1967/69/79. Quindici pezzi nella collezione MOMA di New York. Collaborazione con aziende internazionali tra le più prestigiose.

Born in Milan, graduated in 1950, works in the fields of town planning, industrial design and furniture. Awards: 9th Triennial, gold medal; Vis award 1950; Compasso d'Oro winner 1967/69/79. Fifteen works in the MOMA collection in New York. Works for leading international companies.

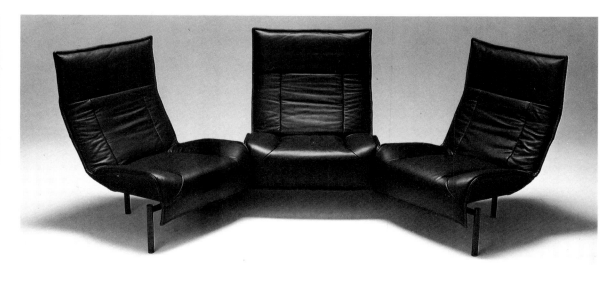

Golem, sedia
Poggi 1975

Golem, chairs
Poggi 1975

Lampada Nemea
Artemide 1977

Nemea, lamp
Artemide 1977

Atollo 233, lampada da tavolo
Compasso d'Oro 1979
MOMA, New York
O-luce 1978

Atollo 233, table lamp
Compasso d'Oro winner 1979
MOMA, New York
O-luce 1978

Gaudy e Vicario, Artemide 1969

Gaudy and Vicario, Artemide 1969

Veranda 3
Cassina 1983

Veranda 3
Cassina 1983

Veranda
Cassina 1981

Veranda
Cassina 1981

Angelo Mangiarotti

Nato a Milano nel 1921, negli anni 1953/1954 è Visiting professor all'Illinois Institute of Technology. Rientrato a Milano nel 1955, abbina l'attività di architetto e designer a quella didattica, soprattutto all'estero. Negli anni '82, '83 e '84 è professore a contratto presso le facoltà di architettura di Palermo e Firenze.

Born in Milan in 1921, in the years 1953-54 was visiting professor at the Illinois Institute of Technology. Back in Milan in 1955 worked as an architect, designer and teacher, especially abroad. In 1982, 83 and 84 taught at the Faculty of Architecture in Palermo and Florence.

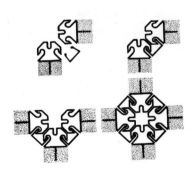

131

Tavolo Eros
particolare del marmo
Skipper 1971

*Eros, table
marble detail
Skipper 1971*

Tavolo in marmo Eros
Skipper 1971

*Eros, marble table
Skipper 1971*

Parete attrezzata Cub 8
particolare del giunto
Intersistemi 1967

*Cub 8, equipped panel
coupling detail
Intersistemi 1967*

Lampada Egina
vetro stampato
Artemide 1979

*Egina lamp
pressed glass
Artemide 1979*

Giulio Manzoni

ADI BEDA

Nato nel 1952, vive e lavora a Cremeno (Como). Laureato in architettura nel 1976, collabora con numerose aziende sia come designer che come progettista di interni. L'urbanistica e la progettazione lo vedono impegnato su numerosi fronti anche con l'ausilio delle moderne tecniche informatiche e di computer-graphic.

Born in 1952, lives and works in Cremeno (Como). Graduated in architecture in 1976. Works for various companies both as a product designer and interior designer. Works in several design and town planning projects using also the modern technologies of informatics and computer graphics.

CANDIDO

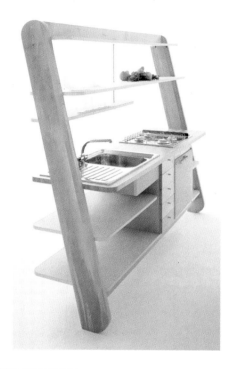

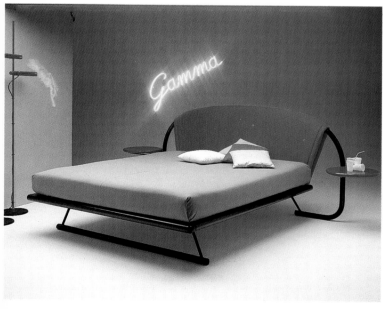

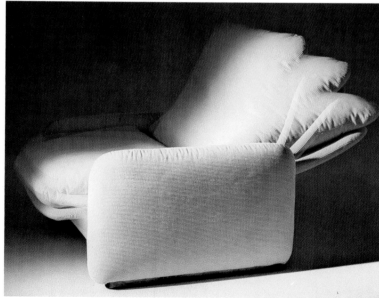

132

Candido, divano letto, Full 1982
con Flora Crippa

*Candido, sofa bed, Full 1982
with Flora Crippa*

Gamma, letto con pianalini rotanti
Res 1984
con Flora Crippa

*Gamma, bed with revolving table-like
surfaces
Res 1984, with Flora Crippa*

Chewing-gum, struttura multiuso
con chiusure scorrevoli
M.A.D. 1984
con Flora Crippa

*Chewing-gum, multi-purpose unit
with sliding doors
M.A.D. 1984
with Flora Crippa*

Gea, poltrone e divani reclinabili
Full 1979
con Flora Crippa

*Gea, reclining armchairs and sofas
Full 1979
with Flora Crippa*

Week-end, struttura autoportante
per cucina-servizi
MG2 1983
con Flora Crippa

*Week-end, free-standing unit
for kitchen-services
MG2 1983
with Flora Crippa*

Mario Marenco

ADI

Nato nel 1933, laureato in architettura nel 1957. Borse di ricerca in Germania, Svezia, Australia e all'Istituto di Tecnologia dell'Illinois di Chicago fino al 1961. Studio professionale a Roma fino al 1967 (concorsi ed edifici industriali). Dal 1967 studio di design a Milano e progettazione per Arflex, Artemide, Molteni, Sofart, B&B, Comfortline, Living, Miù, Frau, Valenti, Fiat, Flou.

Born in 1933, architectural degree 1957. Fellowships in Germany, Sweden, Australia and Chicago at the Illinois Institute of Technology until 1961. Architectural office in Rome until 1967. Competitions and industrial buildings. Design office in Milano since 1967; designs for Arflex, Artemide, Molteni, B&B, Comfortline, Living, Miù, Frau, Valenti, Sofart, Fiat, Flou.

133

Divano Meryl
Miù 1982
con Natalini, Onali, Radicchio

Meryl, sofa
Miù 1982
with Natalini, Onali, Radicchio

Poltroncina pieghevole
Poltrona Frau 1984

Folding easy chair
Poltrona Frau 1984

Scacchiera in legno
Tigamma 1966
con Giuliano Maroder

Wooden chessboard
Tigamma 1966
with Giuliano Maroder

Poltrona Marenco
Arflex 1970

Marenco, armchair
Arflex 1970

Divano Marlon
De Sede Italia 1972

Marlon, sofa
De Sede Italia 1972

Lampada Mera
Artemide 1984

Mera, lamp
Artemide 1984

Poltrona Marlene
Comfortline 1967

Marlene, armchair
Comfortline 1967

Ann R. Marinelli

ADI ISDA

Nata a Southbridge (USA) nel 1950, laureata in architettura d'interni presso la Rhode Island School of Design (USA). Dal 1972 vive e lavora a Milano. Collabora nello studio dell'arch. Alberto Rosselli fino al 1974. Corrispondente dall'Italia per la rivista Americana *ID Industrial Design*.

Born in Southbridge (USA) in 1950, B.F.A. in Interior Architecture from the Rhode Island School of Design (USA). She has been living and working in Milan since 1972. Collaborator in the studio of arch. Alberto Rosselli till 1974. She is the contributing editor from Italy for the American magazine ID Industrial Design.

134

Snake, parete articolata
Sacea 1984
con Isao Hosoe

*Snake, articulated partition
Sacea 1984
with Isao Hosoe*

Meridiana, lampada da tavolo
Luxo 1983
con Isao Hosoe

*Meridiana, table lamp
Luxo 1983
with Isao Hosoe*

Alba, cucina
Tosimobili 1984
con Isao Hosoe e Donato Greco

*Alba, kitchen
Tosimobili 1984
with Isao Hosoe and Donato Greco*

Negozi Bruno Magli, 1982
con Isao Hosoe, Antonio Barrese
e Donato Greco

*Bruno Magli shoe shop 1982
with Isao Hosoe, A. Barrese
and D. Greco*

Jesse Marsh

ADI

Nato a Washington, D.C., nel
1953, si trasferisce a Milano nel
1976 dove lavora con Marco
Zanuso fino al 1982 e dal 1981
al 1983 in società con Trabucco
e Vecchi nel campo del design
industriale. Attualmente lavora
come libero professionista.
Consulente per la rivista *Habitat
Ufficio*. Dal 1984 fa parte della
Commissione Mostre e Attività
Culturali dell'ADI.

*Born in Washington, D.C., in 1953;
in 1976 moved to Milan where he
worked with arch. Marco Zanuso
till 1982 and from 1981 to 1983 in
partnership with Trabucco and
Vecchi, architects, in the field of
industrial design. Now works as a
freelance designer. Consultant for
the magazine* Habitat Ufficio.
*A member of the ADI Committee
for Exhibitions and Culture since
1984.*

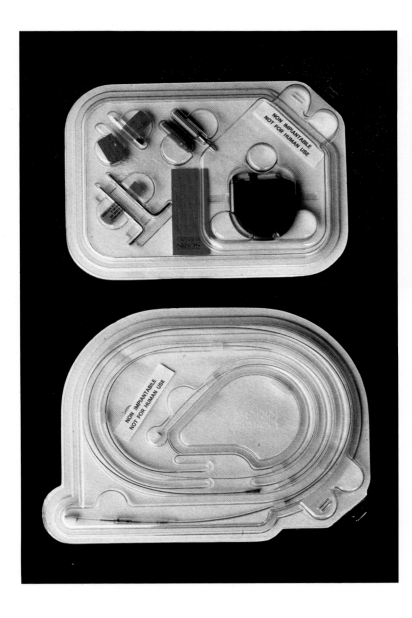

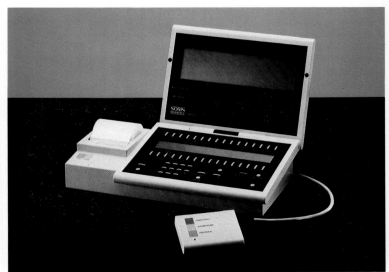

135

Blisters per la sterilizzazione e
l'imballo di pacemakers e elettrodi.
Doppio contenitore in PVC
termoformato saldato a caldo con
carta a porosità selezionata Tyvek.
Sorin Biomedica 1984

*Blisters for sterilization and packing of
pacemakers and electrodes.
Double PVC container, thermoformed
and hot welded with selected porosity
paper Tyvek.
Sorin Biomedica 1984*

Programmatore per pacemakers PMP
poliuretano semiespanso
Sorin Biomedica 1985

*PMP 1000, pacemaker programmer
foam polyurethane
Sorin Biomedica 1985*

Sistema per l'archiviazione di tabulati
Intermedia 1985

*Filing system
Intermedia 1985*

Programma Sanbabila, poltrone
e divani con o senza letto.
Elam 1984

*Programma Sanbabila, armchairs
and sofas with or without bed
Elam 1984*

Stefano Marzano

ADI

Nato nel 1950. Svolge la sua attività dal 1972. Dal 1978 lavora in Olanda come responsabile del Design della Divisione Data Systems della Philips. Dal 1982 è responsabile, in Italia, del Design della divisione Elettrodomestici della Philips-IRE. È membro della Design Policy Committee del Concern Industrial Design Centre della Philips.

Born in 1950, working since 1972. In 1978 was the design manager of Philips' Data Systems Division in Holland. Since 1982 has been the design manager of Philips-IRE Household Appliances Division in Italy. A member of the Design Policy Committee of Philips Concern Industrial Design Centre.

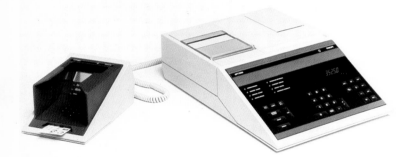

136

Forno a microonde
Philips 1978

*Microwave oven
Philips 1978*

Office micro system word processing station
Philips Data Systems 1980

*Office micro system word processing station
Philips Data Systems 1980*

P.O.S. Payment system
Philips Data Systems 1981

*P.O.S. Payment system
Philips Data Systems 1981*

Display a 2 linee
per applicazioni bancarie
Philips Data Systems 1981

*Display
bank automation
Philips Data Systems 1981*

Forno a microonde Compact
Philips 1984

*Compact, microwave oven
Philips 1984*

Work station controller
Philips Data Systems 1980

*Work station controller
Philips Data Systems 1980*

Display 6'' data processing
Philips Data Systems 1981

*Display 6'' data processing
Philips Data Systems 1981*

Frigorifero doppia porta 330 lt
Philips-IRE 1985
con Centro Design IRE

*Two-door fridge 330 l.
Philips-IRe 1985
with Design Centre IRE*

Luigi Massoni

ADI

Nato a Milano nel 1930, per circa 30 anni ha lavorato anche come designer, pubblicista, editore (Design Italia, Forme). In qualità di art director e coordinatore di produzione ha avvalorato l'immagine di molte aziende italiane. Nel 1973 Gran Premio della XV Triennale. I suoi lavori hanno ricevuto numerosi premi e riconoscimenti.

Born in Milan in 1930, degree in architecture, has worked also as a designer, freelance journalist and publisher (Design Italia, Forme) for some 30 years. As an art director and production manager has enhanced the image of many Italian companies. 15th Triennial Grand Prix in 1973. Several prizes and awards for his works.

Cucina componibile
Boffi Cucine 1979

*Modular kitchen
Boffi Cucine 1969*

Le forme del bere
bicchieri in cristallo
Cristallo di Censo (Saivo) 1981

*Le forme del bere
crystal glasses
Cristallo di Censo (Saivo) 1981*

Linea 5, set bar
in acciaio inossidabile
F.lli Alessi 1956

*Linea 5, cocktail set
in stainless steel
F.lli Alessi 1956*

Vassoio letto e contenitori
F.lli Guzzini 1962/63

*Bed tray and units
F.lli Guzzini 1962/63*

Dilly Dally, mobile toilette
in pelle
Poltrona Frau 1968

*Dilly Dally, dressing table
leather covered
Poltrona Frau 1968*

Servizio ceramica da fuoco
Mancioli 1967

*Ceramic ware, fire-resistant
Mancioli 1967*

Borse in pelle
Nazareno Gabrielli 1970

*Leather bags
Nazareno Gabrielli 1970*

Mazza e Gramigna

ADI

Nati a Milano rispettivamente nel 1931 e nel 1929, collaborano dal 1961. Operano nel campo dell'arredamento, in progetti di costruzioni collettive e private, nell'editoria e nel disegno industriale soprattutto riferito al furniture design. Conferiti premi e segnalazioni in Italia e all'estero. Presenze nelle collezioni del MOMA di New York. Dal 1966, anno della sua fondazione, Sergio Mazza dirige la rivista *Ottagono,* Compasso d'Oro 1979.

Born in Milan in 1931 and 1929 respectively, have been working together since 1961. They specialize in the fields of furnishing, building projects, publishing and industrial design with a preference for furniture design. Were awarded prizes and special mentions in Italy and abroad. Some works exhibited at the MOMA in New York. Sergio Mazza has been the editor of the review Ottagono *since 1966 when it was founded, Compasso d'Oro winner in 1979.*

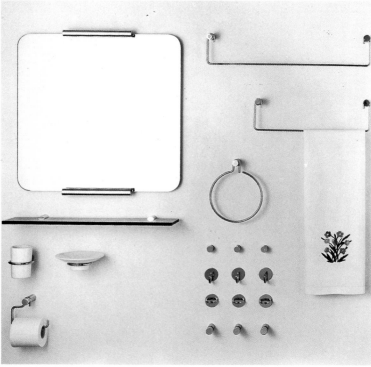

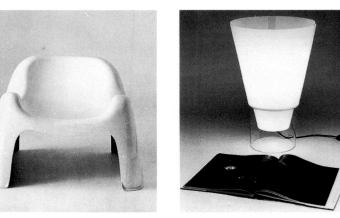

138

Poltroncina Poker
ABS e poliuretano espanso
Cinova 1970

Poker, armchair
ABS and foam polyurethane
Cinova 1970

Serie bagno
ottone cromato
Quattrifolio 1978

Bathroom set
chromium plated brass
Quattrifolio 1978

Poltrona sovrapponibile Toga
Artemide 1969

Toga, stackable armchair
Artemide 1969

Mobile bar Bacco
Artemide 1967

Bacco, cocktail cabinet
Artemide 1967

Tavolo 912, Cinova 1969
acciaio e cristallo

Table 912, Cinova 1969
steel and crystal glass

Lampada Crepuscolo
cristallo e vetro soffiato
Quattrifolio 1982

Crepuscolo, lamp
crystal glass and blown glass
Quattrifolio 1982

Mario Mazzer

ADI BEDA SIE

Nato nel 1955, frequenta a Milano la scuola Politecnica di Design e nel 1977 consegue la laurea in architettura presso il Politecnico. Collabora con diversi studi. Avvia uno studio di Industrial design ed applied ergonomics che nell'81 trasferisce nella campagna veneta. Sviluppa la sua attività nei più disparati settori della produzione industriale. Suoi prodotti risultano esposti in diversi musei.

Born in 1955, attended the Design School in Milan and in 1977 graduated in architecture from the Polythecnic. Worked for several studios. Opened his own studio of industrial design and applied ergonomics that in 1981 moved to the Veneto countryside. Has worked for the most varied sectors of industrial production. Works exhibited in various museums.

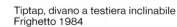

Clino, tavolo a muro polifunzionale struttura in tubolare laccato piano in Werzalit
Magis 1984

*Clino, multi-purpose wall table lacquered tubular structure Werzalit top
Magis 1984*

Tiptap, divano a testiera inclinabile
Frighetto 1984

*Tiptap, sofa with reclining head-board
Frighetto 1984*

Amos, tavolo
Zanette 1984

*Amos, table
Zanette 1984*

Paolo Mazzilli

Nato a Milano nel 1947, si laurea nel 1971. Dopo varie collaborazioni apre lo Studio MS nel 1974 da cui si separa nel 1984. Molti i progetti realizzati in Italia e all'estero: ospedali, centri civici, ville, arredamenti. Per gli oggetti prodotti realizza preferibilmente i prototipi in prima persona per il controllo diretto della produzione e della gestione.

Born in Milan in 1947, graduated in 1971. In 1974 opened the Studio MS that he left in 1984. Has made many projects in Italy and abroad: hospitals, public buildings, villas, furnishing. He generally makes the prototypes himself to be able to control production directly.

Lampada a parete, 1985
legno

Wall lamp, 1985
wood

Scatola portapipe da tavola
radica e metacrilato
Ascorti F.A.P. di Roberto e C. 1985

Table pipe-holder
brier and metacrylate
Ascorti F.A.P. di Roberto & C. 1985

Serie pipe con bocchino a squadra
radica e metacrilato
Ascorti F.A.P. di Roberto & C. 1984

Set of pipes with right angle
mouthpiece
brier and metacrylate
Ascorti F.A.P. di Roberto & C. 1984

Curapipe
radica, metacrilato e argento
Ascorti F.A.P. di Roberto & C. 1985

Pipe-cleaner
brier, metacrylate and silver
Ascorti F.A.P. di Roberto & C. 1985

Roberto Menghi

ADI

Nato a Milano nel 1920, architetto. Insegnamenti: architettura interni e composizione, a Venezia e Milano; design, a Bath (G. B.) e Milano. Due volte Compasso d'Oro ADI, due volte Gran Premio Triennale. Ha fatto parte del Gruppo 5 dell'ICSID per lo studio dei soccorsi in caso di disastri dal 1975 al 1981. Sue opere fanno parte delle collezioni del MOMA di New York.

Born in Milan in 1920, an architect. Teaching: interior decoration and arrangement in Venice and Milan; design in Bath (U. K.) and Milan. Awarded the Compasso d'Oro ADI (twice) and the Triennial Grand Prix (twice). A member of ICSID Gruppo 5 studying the rescue organization in case of disasters, 1975 to 1981. Works exhibited in the collections of the MOMA in New York.

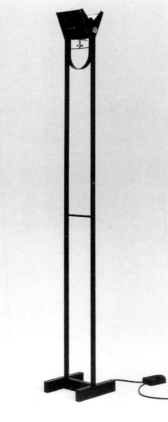

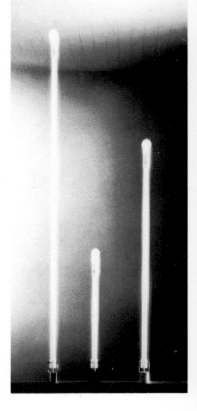

Puccini, bicchieri sovrapponibili
vetro sonoro soffiato
Bormioli 1977

Puccini, stackable glasses
blown crystal glass
Bormioli 1977

Sangria, brocca vetro stampato
Bormioli 1978

Sangria, jug in pressed glass
Bormioli 1978

Secchio con manico
Compasso d'Oro
Smalterie Meridionali 1956

Bucket with handle
Compasso d'Oro winner
Smalterie Meridionali 1956

Canistri benzina e innaffiatoi
Pirelli 1959, 1960

Petrol and watering cans
Pirelli 1959, 1960

Guscio, unità abitativa prefabbricata
Compasso d'Oro
ICS e Zanotta 1967

Guscio, prefabricated unit
Compasso d'Oro winner
ICS and Zanotta 1967

Lamina, Plana 1982
con Piero Castiglioni

Lamina, Plana 1982
with Piero Castiglioni

Canna, lampade alogene
vetro Pirex
Fontana Arte 1981
con Piero Castiglioni

Canna, halogen lamps
pyrex glass
Fontana Arte 1981
with Piero Castiglioni

Franco Menna

ADI

Nato a Chieti nel 1943, studia scenografia e architettura d'interni alla Scuola Svizzera Hotech. Dal 1963 al 1974 a La Rinascente per progettazione e immagine, dal 1974 consulente Croff Centro Casa.
Ha partecipato con progetti abitativi all'Eurodomus 1972 e alla Triennale 1973, con pezzi di design alla Triennale 1985.
Dal 1973 collabora con una rivista di arredamento.

Born in Chieti in 1943, studied stage designing and interior decoration at the Hotech School in Switzerland. 1963 to 1974 at La Rinascente for design and image, since 1974, a consultant for Croff Centro Casa. Was present with interior designs at the Eurodomus 1972 and Triennial 1973 and with product designs at the Triennial 1985. Has been working for a furnishing magazine since 1973.

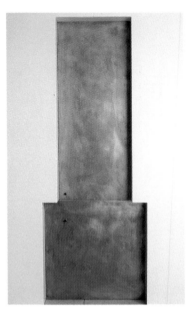

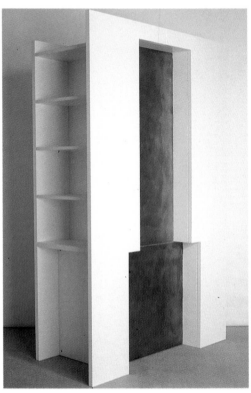

Le porte segrete
mobili contenitori
struttura in legno laccato,
ante in ferro, rame e foglia d'oro
Porro 1984

*Le porte segrete
columns
lacquered wood structure, doors in iron, copper and gold leaf
Porro 1984*

Davide Mercatali

ADI

Milanese, formazione classica, dal 1970 lavora in proprio come grafico e illustratore. Si laurea in architettura nel 1974 e dopo varie esperienze di product design apre, con Paolo Pedrizzetti, uno studio associato di disegno industriale, che collabora con diverse aziende, con una progettualità che predilige i prodotti dotati di forte carica innovativa e autopromozionale.

Born in Milan, classical studies, since 1970 has worked on his own as an illustrator and graphic designer. Degree in architecture in 1973, after working as a product designer, opened a studio for industrial design with Paolo Pedrizzetti. Specializing in highly innovative and self-promotional products.

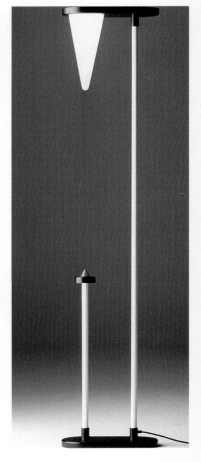

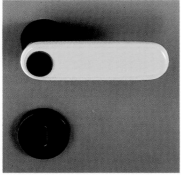

Quovadis, caminetto
Edilkamin 1985
con Paolo Pedrizzetti

*Quovadis, fireplace
Edilkamin 1985
with Paolo Pedrizzetti*

Sfinge, Olivari 1982
con Paolo Pedrizzetti

*Sfinge, Olivari 1982
with Paolo Pedrizzetti*

Bikini
maniglia in nylon
Domus 1983
con Paolo Pedrizzetti

*Bikini
nylon handle
Domus 1983
with Paolo Pedrizzetti*

I balocchi
rubinetti e accessori coordinati
Rubinetterie F.lli Fantini 1978

*I balocchi
coordinated taps and accessories
Rubinetterie F.lli Fantini 1978*

Calibro, miscelatore monocomando
Rubinetterie F.lli Fantini 1980

*Calibro, mixer tap
Rubinetterie F.lli Fantini 1980*

Nomade, sistema di imbottiti
Formart 1975
con Maurizio Dallasta

*Nomade, upholstered units
Formart 1975
with Maurizio Dallasta*

Jazz, Eleusi 1983
con Paolo Pedrizzetti

*Jazz, Eleusi 1983
with Paolo Pedrizzetti*

Franco Mirenzi

ADI

Dopo l'Istituto Superiore di ID di Venezia, lavora con Mangiarotti e, dal 1967, fa parte dell'Unimark International. Selezionato al Compasso d'Oro 1970 e 1979, premio SMAU 1971, nel 1979 partecipa alla Mostra Design & Design con una parete attrezzata della Citterio. Nel 1983 alla Mostra *Le Case della Triennale* nelle edizioni milanese e parigina. Alcuni suoi lavori sono raccolti allo Staatliches Museum di Monaco.

After the Higher Course of ID in Venice, works with Mangiarotti and, since 1967, has been a member of Unimark International. In 1970 and 1979 is selected at the Compasso d'Oro; SMAU Award winner in 1971, in 1979 is present at the Design & Design exhibition with an equipped panel for Citterio. In 1983 exhibits at Le Case della Triennale in Milan and Paris. Some works at the Staatliches Museum in Munich.

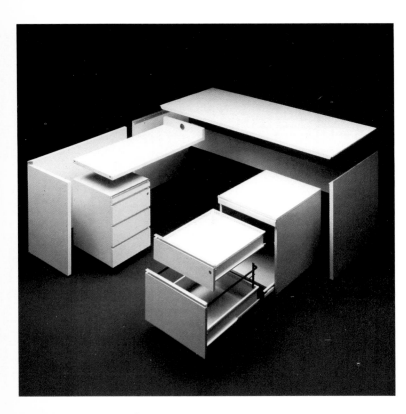

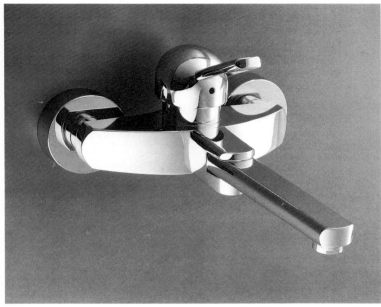

144

Modulo 3, sistema componibile di scrivanie e mobili per ufficio selezione Compasso d'Oro 1970. Premio SMAU 1971
Unifor 1970

Modulo 3, modular system of desks and office furniture selection Compasso d'Oro 1970 SMAU Award 1971 Unifor 1970

Genius
rubinetterie monocomando
Sottini

*Genius
single lever taps
Sottini*

Unimark
erogatore elettronico
Agipetroli, Nuovo Pignone

*Unimark
electronic pump
Agipetroli, Nuovo Pignone*

Pier Luigi Molinari

ADI

Nato a Milano nel 1938.
Dal 1961 collaborazioni e
consulenze per primarie aziende
italiane ed estere, pubblicazioni e
collaborazioni con le più
importanti riviste di settore
italiane ed estere. Medaglia
d'oro, MIA Monza 1973,
segnalazione Compasso d'Oro
1979, Triennale di Milano 1979,
2 segnalazioni Compasso d'Oro
1981, medaglia d'oro BIO
Lubiana 1981, 2 segnalazioni
Premio SMAU 1981,
2 segnalazioni BIO Lubiana
1984.

*Born in Milan in 1938. Since 1961
he has collaborated with important
international companies. He has
been published by a number of
magazines and collaborates with
the most important specialized
publications in Italy and abroad.
Gold medal MIA Monza 1973,
mentioned Compasso d'Oro 1979,
the Triennial of Milan 1979, two
mentions Compasso d'Oro 1981,
gold medal BIO Lubiana 1981,
two mentions SMAU Award 1981,
two mentions BIO Lubiana 1984.*

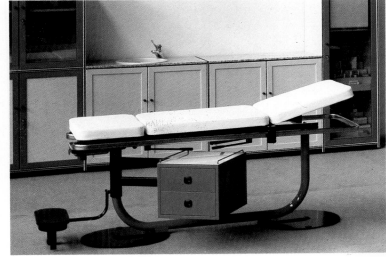

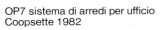

OP7 sistema di arredi per ufficio
Coopsette 1982

*OP7 modular system for offices
Coopsette 1982*

Sistema di arredo urbano
Polis 1983

*Town decoration system
Polis 1983*

Netto, chiosco toilette automatica
Coopsette 1984

*Netto, automatic public toilet
Coopsette 1984*

Sistema giunto rapid
Ponteggi Dalmine 1983

*Rapid coupling system
Ponteggi Dalmine 1983*

Sistema arredi scolastici
Vallio 1980

*Modular system for schools
Vallio 1980*

Dress, poltrona per ufficio
Vallio 1982

*Dress, office armchair
Vallio 1982*

Ippocrate, lettino visita ambulatoriale
A&F Farina 1984

*Ippocrate, examination couch
A&F Farina 1984*

Autoclave sterilizzatrice
Fedegari 1982

*Sterilizer
Fedegari 1982*

Luigi Molinis

Nato a Udine nel 1940, si laurea
in architettura a Venezia.
Per circa dieci anni è alla Zanussi
come responsabile del disegno
industriale del settore elettronico.
Vive a Pordenone, dove esercita
la libera professione di architetto,
designer ed illustratore.

*Born in Udine in 1940, degree in
architecture from Venice
University. Industrial design
manager at Zanussi Electronic
Division for some 10 years. Lives
in Pordenone where he works as a
freelance architect, designer and
illustrator.*

146

Plancia per automobile
Zanussi componenti plastica, 1984

*Car dashboard
Zanussi Componenti Plastica 1984*

Televisore da 14''
Seleco 1981

*14'' TV set
Seleco 1981*

Videocitofono
Seleco 1981
con Giorgio Revoldini

*House videophone
Seleco 1981
with Giorgio Revoldini*

Scaldacqua elettrico
Rheem Italia, 1985

*Electric water heater
Rheem Italia, 1985*

Monti G.P.A.

Gianemilio Monti (Milano 1920), Pietro Monti (Corenno Plinio, Como 1922) e Anna Bertarini Monti (Milano 1923), laureati al Politecnico di Milano, lavorano insieme dal 1948. Tra i membri fondatori dell'ADI, hanno partecipato a varie Triennali, allestito la Mostra Compasso d'Oro 1960 e partecipato a varie mostre di design.

Gianemilio Monti (Milan 1920), Pietro Monti (Corenno Plinio, Como 1922) and Anna Bertarini Monti (Milan 1923), graduated from the Milan Polythecnic, have been working toghether since 1948. ADI charter members, were present in several Triennials, designed the exhibition Compasso d'Oro 1960 and exhibited in various design shows.

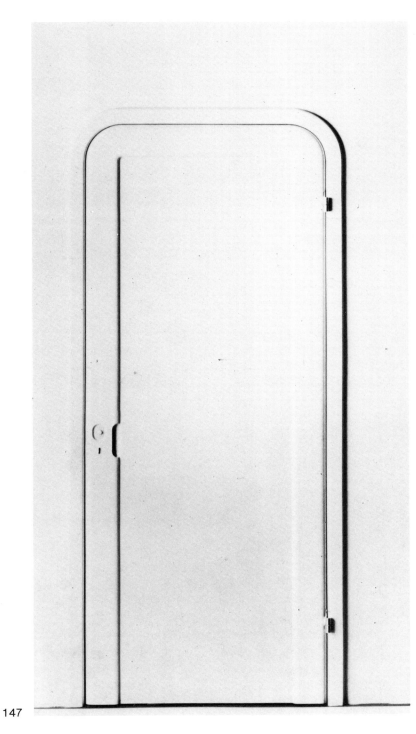

147

Porta in ABS termoformato e poliuretano espanso, completa di telaio e controtelaio Itres 1977

Thermoformed door in ABS and foam polyurethane, complete with frame and sash Itres 1977

Genova, lampada per esterno supporto cilindrico in grés, vetro soffiato protetto da una gabbia metallica Fontana Arte 1975

Genova, outdoor lamp grés cylindrical support, blown glass protected by a metal cage Fontana Arte 1975

Maniglia Boma con gambo posizionato per porta e per finestra Duretan Bayer Olivari 1972

Boma handle with stem positioned for door and window Duretan Bayer Olivari 1972

Marcello Morandini

ADI

Nato a Mantova nel 1940, vive a Varese dal 1947. Nel 1963 inizia una ricerca legata alla conoscenza e al movimento di forme geometriche che lo portano a realizzare le prime strutture tridimensionali, esposte in una Mostra personale a Genova nel 1965. Da allora è attivo con interessi e contributi inerenti all'arte, all'architettura, al product design.

Born in Mantua in 1940, has been living in Varese since 1947. In 1963 started a research on the geometric shapes and their movement that led to the creation of the first three-dimensional structures that were exhibited in a one-man show in Genoa in 1965. Since then has been working in the fields of art, architecture and product design.

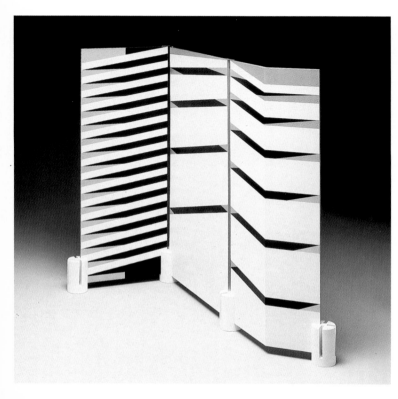

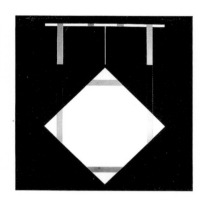

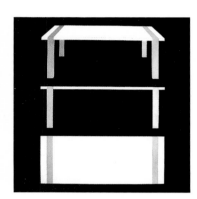

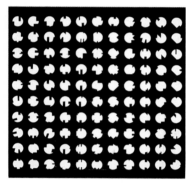

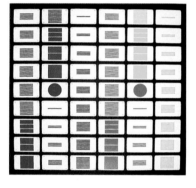

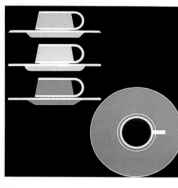

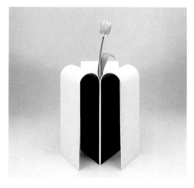

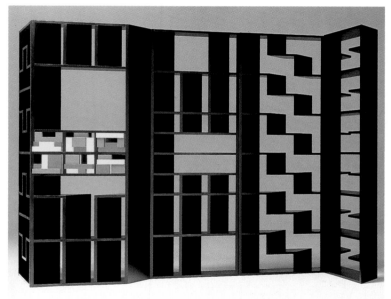

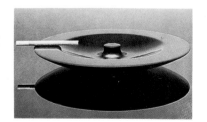

148

Paravento
Rosenthal 1983
con Dieter Rams

Screen
Rosenthal 1983
with Dieter Rams

Tazza da caffè, tè
Unac, Tokyo 1984

Coffee, tea cup
Unac, Tokyo 1984

Vaso Urbino
Disegna 1982

Urbino, vase
Disegna 1982

Posacenere Spoleto
marmo nero o alluminio anodizzato
Disegna 1982

Spoleto, ashtray
black marble or anodized aluminium
Disegna 1982

Due tavoli
Forma & Funzione 1977

Two tables
Forma & Funzione 1977

OK 13, gioco didattico
Kartell 1970

OK 13, educational game
Kartell 1970

Gioco di carte
Plastic cards 1973

Game of cards
Plastic cards 1973

Mobile modulare Corner
Rosenthal 1984

Corner, modular unit
Rosenthal 1984

Serena Moretti Arrivabene

ADI

Nata a Brescia nel 1938, opera nel campo dell'arredamento di abitazioni e negozi, per questi ultimi curando anche il graphic design. Nel 1980 ha progettato il sistema Bin-più, esposto a Chicago al Design Italia / Italian Design 1978/1982 e alla Italian Re Evolution del MOMA di S. Francisco, ora nella collezione del Museum of Contemporary Art di Chicago.

Born in Brescia in 1938, works as an interior decorator of houses and shops, and also as a shop graphic designer. In 1980 designed the system Bin-più exhibited in Chicago at the Design Italia/Italian design 1978/1982 and at the Italian Re Evolution at the MOMA in San Francisco, now in the collection of the Museum of Contemporary Art in Chicago.

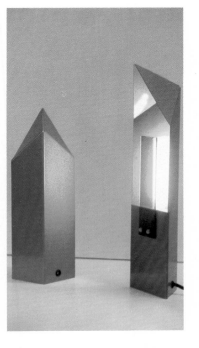

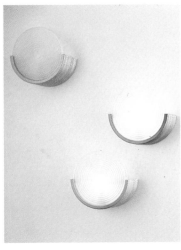

149

Sistema Bin-più
Sicme illuminazione 1980
con Daniela Moretti Cavellini

System Bin-più
Sicme illuminazione 1980
with Daniela Moretti Cavellini

Luna, Sicme illuminazione 1984
con Daniela Moretti Cavellini

Luna, Sicme Illuminazione 1984
with Daniela Moretti Cavellini

Lente, lampada da tavolo
ghisa e vetro
Sicme Illuminazione 1983
con Daniela Moretti Cavellini

Lente, table lamp
cast iron and glass
Sicme Illuminazione 1983
with Daniela Moretti Cavellini

Gotica, lampada da tavolo
lamiera piegata e perspex
Sicme Illuminazione 1983
con Daniela Moretti Cavellini

Gotica, table lamp
curved sheet and perspex
Sicme Illuminazione 1983
with Daniela Moretti Cavellini

Zelda
lampada alogena da terra
ferro, vetro e marmo
Sicme Illuminazione 1984
con Daniela Moretti Cavellini

Zelda, halogen floor lamp
iron, glass and marble
Sicme Illuminazione 1984
with Daniela Moretti Cavellini

Maurizio Morgantini

ADI

Architetto e designer nato a Venezia, ha studio a Milano e a Chicago dove è ordinario di cattedra all'University of Illinois e svolge programmi di ricerca sulla condizione iperartificiale dell'uomo in rapporto alle nuove tecnologie. Tra i suoi progetti il global design per la Sala Controllo Centrale della Rai con ricostruzione biodinamica dell'ambiente.

Architect and designer, born in Venice, offices in Milan and Chicago where he is a professor at the University of Illinois and researches on the hyperartifical condition of men with reference to the new technologies. His projects include the global design for RAI Main Control Room with the biodynamic reconstruction of the environment.

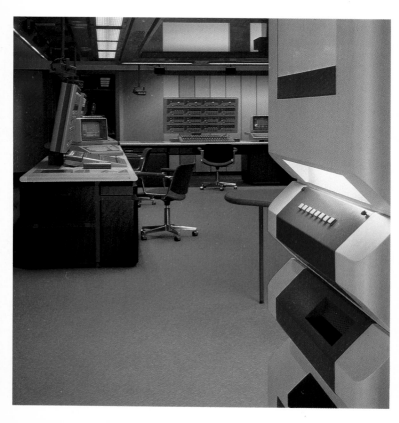

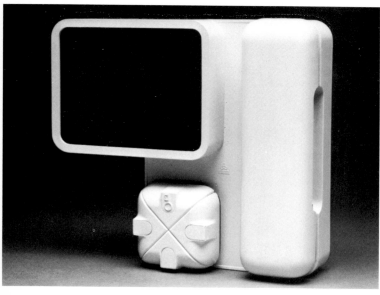

150

Global design del Centro controllo Rai
1981/1985

*Global design of RAI Control Centre
1981/1985*

Videocitofono
Italtel 1978

*Videophone
Italtel 1978*

Consolle di supervisione
Rai 1983

*Console
Rai 1983*

Giulia Moselli

ADI

Nata a Torino nel 1946. Nel 1969 è responsabile dell'Ufficio Stile alla De Tomaso-Ghia-Vignale. Nel 1977 apre la G.M. Design, avviando un'attività diversificata nel settore del design industriale, collaborando con aziende italiane ed estere, soprattutto nel campo delle macchine utensili, movimentazione industriale, cicli e motocicli, elettrodomestici e strumentazione medicale.

Born in Turin in 1946. In 1969 was head of the Styling Dept. of De Tomaso-Ghia-Vignale. In 1977 founded G.M. Design starting a diversified work in the sphere of industrial design (working with Italian and foreign companies) especially in the field of machine tools, industrial production handling, cycles and motor-cycles, household appliances and medical instruments.

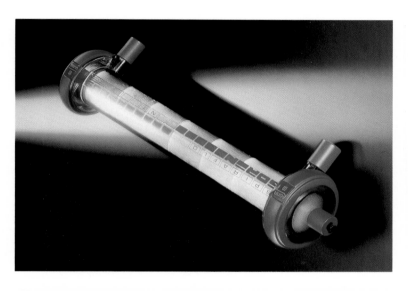

151

Filtro per emodialisi
Sorin Biomedica 1985

*Filter for haemodialysis
Sorin Biomedica 1985*

Portabagagli tipo americano
con barre trasversali di carico
Fapa 1984

*American type roof-rack
with transverse loading bars
Fapa 1984*

Ciclomotore Master
Rizzato Cesare & C. 1985

*Master moped
Rizzato Cesare & C. 1985*

Carrello elevatore
Cesab Carrelli Elevatori 1981

*Fork lift truck
Cesab Carrelli Elevatori 1981*

Muratori e Zanon

Nati nel 1950, si laureano a Venezia in architettura, dal 1980 fondano assieme uno studio di progettazione urbanistica ed architettonica. Da allora progettano ed eseguono numerose opere sia private che pubbliche. Dal 1981 si occupano di disegno industriale iniziando ad approfondire una particolare ricerca sull'uso dei materiali lapidei nell'arredamento.

Born in 1950, graduated in architecture from Venice University. In 1980 founded an office for town and architectural planning. Since then they have carried out many works in the public and private sectors. Have specialized in industrial design since 1981 starting an accurate research into the use of marble in furnishing.

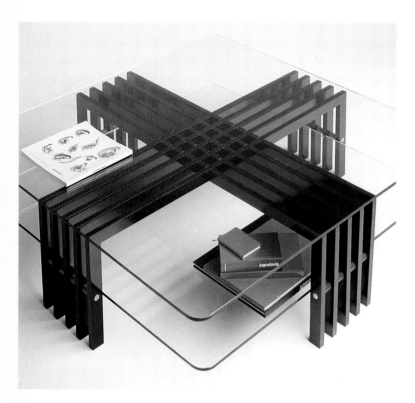

152

Correr, tavolino da soggiorno
legno laccato e cristallo
Lineatre 1981

*Correr, living-room low table
lacquered wood and crystal glass
Lineatre 1981*

Miura, tavolo da pranzo
marmo
Cidue 1982

*Miura, dining table
marble
Cidue 1982*

Menhir, libreria
marmo e cristallo
M&P 1983

*Menhir, bookcase
marble and crystal glass
M&P 1983*

Niña, portacarte
ardesia
Artesia 1984

*Niña, paper-rack
slate
Artesia 1984*

Cesare Augusto Nava

ADI

Nato nel 1934, vive e lavora a Desio. Da oltre 20 anni si occupa della sua azienda, progettando mobili e complementi d'arredo che realizza seguendoli personalmente. Ha progettato anche per alcune industrie locali. I suoi modelli sono stati selezionati in varie Mostre d'arredamento.

Born in 1934, lives and works in Desio. Has been designing furniture and furnishings for his own company for over 20 years, personally supervising also their production. Has designed also for some local companies.
His models were selected in several furniture exhibtions.

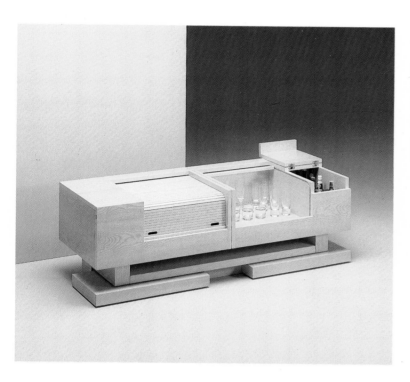

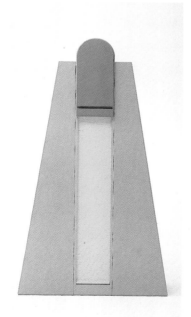

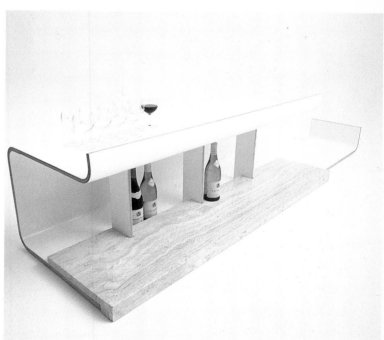

53

Pleasant, mobile musica
frassino naturale o laccato all'anilina
Nava 1977

Pleasant, hi-fi rack
natural or aniline lacquered ash
Nava 1977

Sonetto uno
legno laccato
Nava 1984

Sonetto uno
lacquered wood
Nava 1984

Trim tavolino
legno laccato lucido
Nava 1972

Trim, low table
lacquered wood, glossy finish
Nava 1972

Kin tavolino
legno laccato e travertino
Nava 1974

Kin, low table
lacquered wood and travertine
Nava 1974

Vito Noto

ADI

Nato a Ragusa nel 1955.
Ha accumulato esperienze di
lavoro a Zurigo, Amburgo e
Parigi. Dal 1982 vive e lavora in
Ticino a Cadro. Osservatore delle
tendenze dei mercati europei,
opera come designer nella
progettazione di beni
d'investimento e di consumo,
come pure nel campo della
comunicazione visiva.

*Born in Ragusa in 1955. Worked in
Zurich, Hamburg and Paris. Has
been working and living in Cadro
(Ticino) since 1982. An observer
of European market trends, works
as a designer in the field of
investment and consumer goods
as well as in visual communication.*

154

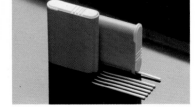

Tic-tac, orologio al quarzo
Perditempo 1984

*Tic-tac, quarz watch
Perditempo 1984*

Contenitore di spazzolini
professionali per dentisti
Hawe Neos Dental 1985

*Holder of professional
toothbrushes for dentists
Hawe Neos Dental 1985*

Vital Climate, rigeneratore d'aria
Marah 1984

*Vital Climate, air exchanger
Marah 1984*

Distributore tascabile per
stuzzicadenti
Hawe Neos Dental 1985

*Toothpick pocket dispenser
Hawe Neos Dental 1985*

Albe RM 16, macchina automatica
a tavola rotante
Premio IF '85. Fiera di Hannover
Albe SA 1984

*Albe-RM 16, rotary table
automatic machine
Prize IF' 85, Hannover Fair
Albe SA 1984*

Cono, vassoio
Württembergische Metallwarenfabrik
AG 1985

*Cono, tray
Württembergische Metallwarenfabrik
AG 1985*

Giovanni Offredi

ADI

Nato nel 1927, vive e lavora a Milano, si occupa di design, collabora e progetta per varie aziende. Ha vinto concorsi alla Mia Print, Fiera di Trieste, Biennale di Mariano. Sue opere sono state esposte al MOMA di New York e al Victoria and Albert Museum di Londra. Due volte selezionato al Compasso d'Oro e due al Premio SMAU.

Born in 1927, lives in Milan where he works as a product designer for several companies. Winner of competitions at the Mia Print, Trieste Fair and the Biennial of Mariano. Works exhibited at the MOMA in New York and the Victoria and Albert Museum in London. Selected twice for the Compasso d'Oro and SMAU Award.

155

Silos
Saporiti Italia 1983

Silos
Saporiti Italia 1983

Seledinghi
telefono con selettore a 64 memorie
ITT Gnecchi / Face Standard 1983

Seledinghi
phone with 64 memory selector
ITT Gnecchi / Face Standard 1983

Krios, soggiorno tinello
Abaco, Gruppo Snaidero 1984

Krios, dining room
Abaco, Snaidero Group 1984

Krios, composizione chiusa
Abaco, Gruppo Snaidero 1984

Krios, modular kitchen
Abaco, Snaidero Group 1984

Paolo Orlandini

ADI

Nato a Grosseto nel 1941, vive a Sedriano (Milano). Lavora in collaborazione con Roberto Lucci con la sigla di L/O Design. Docente all'Istituto Europeo Design, dove dirige il Dipartimento di Industrial Design. Sue opere sono presenti al MOMA di New York, al Museum of Contemporary Art di Chicago e al Centre National d'Art Contemporain di Parigi. Ha partecipato a varie Triennali.

Born in Grosseto in 1941, lives in Sedriano (Milan). Works with Roberto Lucci under the name of L/O Design. Teaches at the Istituto Europeo di Design where he is the director of the Industrial Design Department. Works exhibited at the MOMA in New York, the Museum of Contemporary Art in Chicago and the Centre National d'Art Contemporain in Paris. Present in several Triennials.

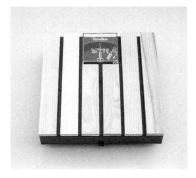

156

Coro, selezione Compasso d'Oro premio Sim Design 1983 Brionvega, 1982

Coro, selection Compasso d'Oro Sim Design award 1983 Brionvega 1982

City, menzione d'onore Institute Business Designers, Lamm 1982

City, honour mention-Institute Business Designers, Lamm 1982

T1340, pesapersone Terraillon 1979

T1340, scales Terraillon 1979

Kubo, fornellino da campeggio Uniflame 1983

Kubo, camping stove Uniflame 1983

Soprano, panarmonica Antonelli 1982

Soprano, panarmonic Antonelli 1982

Vip, appendiabiti e portaombrelli Velca 1970

Vip, clothes and umbrella stand Velca 1970

Brooklyn, cucina, Aiko 1984

Brooklyn, kitchen, Aiko 1984

Piroga a vela Proa 42 Conaver 1974 con Roberto Lucci (come tutti)

Proa 42, sail pirogue Conaver 1974 with Roberto Lucci (like the others)

Umberto Orsoni

ADI

Nato a Milano nel 1940. Architetto dal 1965, nella G14 Progettazione dalla sua fondazione avvenuta nel 1974. Dal 1981 specializza la ricerca sul progetto degli spazi pubblici e sulle loro attrezzature. Questa attività, che è stata premiata con il Compasso d'Oro 1984, si è svolta in collaborazione con Angelo Cortesi, Carlo Ronchi e Gianfranco Facchetti.

Born in Milan in 1940. An architect since 1965 and a member of G14 Progettazione since its opening in 1974. Since 1981 has specialized in the research on public areas and their equipment. This activity, that was awarded the Compasso d'Oro 1984, has been carried out with A. Cortesi, Carlo Ronchi and Gianfranco Facchetti.

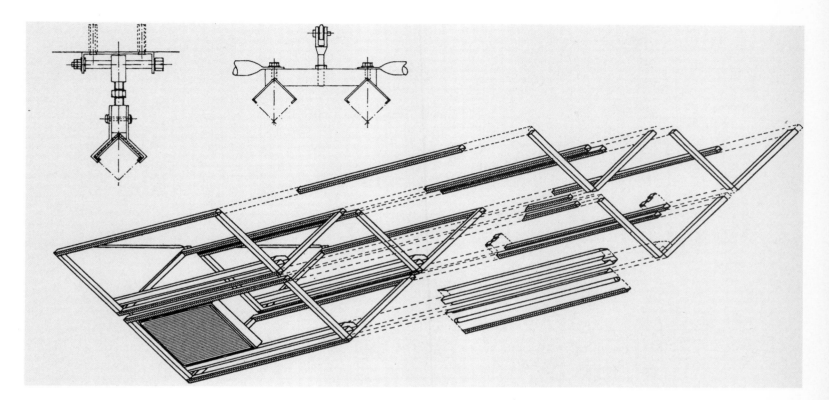

Sistema di illuminazione componibile in linea e per aggregazioni, per coordinare diverse funzioni quali pubblicità, rilevatori di fumo, altoparlanti, luci di emergenza.

Modular lighting system allowing to co-ordinate different functions such as advertising, smoke detectors, loudspeakers, emergency lights.

Questo sistema progettato in collaborazione con G. Facchetti, A. Cortesi e C. Ronchi, è stato applicato nel 1981 nell'Aerostazione Internazionale della Malpensa, terminal arrivi.
Luceplan 1984

This system, designed with G. Facchetti, A. Cortesi and C. Ronchi, was installed in 1981 in the International Airport of Malpensa (Milan), Arrivals terminal.
Luceplan 1984

Roberto Ostinet

Nato a Vittorio Veneto nel 1954. Frequenta l'Istituto Statale d'Arte di Venezia e in seguito si iscrive all'Accademia di Belle Arti nella sezione di scenografia. Lavora in vari campi della comunicazione visiva e del design fino al 1976. Per cinque anni si dedica esclusivamente alla progettazione di manufatti in materia plastica come collaboratore interno di una grande azienda. Dal 1982 è libero professionista.

Born in Vittorio Veneto in 1954. Attended the Art School in Venice and then the Academy of Fine Arts, stage design section. Worked in different fields of visual and product design till 1976. For 5 years designed only plastic material components as an employee of a big company. A freelance designer since 1982.

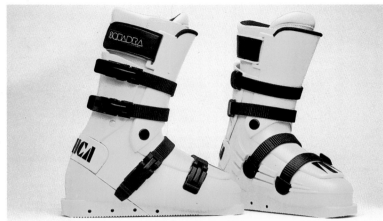

158

Viking, scarpone da sci
Tecnica 1981

*Viking, ski boat
Tecnica 1981*

Balestra, tavolo
Mercury 1984
con Mario Da Re

*Balestra, table
Mercury 1984
with Mario Da Re*

Occhiale vista da donna
propionato
Sover 1984

*Women's optical frames
propionate
Sover 1984*

Squadra, scarpone da sci
Resine ionomeriche
Tecnica 1980

*Squadra, ski boat
ionomeric resins
Tecnica 1980*

Occhiale sole da donna
acetato
Sover 1984

*Women's sunglasses
acetate
Sover 1984*

Occhiale sole da uomo
Sover 1984

*Men's sunglasses
Sover 1984*

Carlo Paganelli

ADI

Nato nel 1948, vive e lavora a Milano. Ha svolto attività di consulente al Centro Kappa, progettando numerosi prodotti di tipo tecnico e di arredo per la Kartell ed altre industrie. Attualmente collabora con INSA, Thalia, Reguitti, Gedy, Castellini, Braghenti, Perry Electric.

Born in 1948, lives and works in Milan. Was a consultant at Centro Kappa where he designed several technical and furnishing products for Kartell and other companies. Working for INSA, Thalia, Reguitti, Gedy, Castellini-Braghenti, Perry Electric.

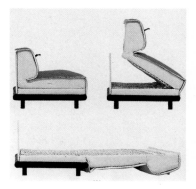

159

Divano letto
INSA 1984

Sofa bed
INSA 1984

Guscio, contenitore
ABS
Gedy 1983

Guscio, cabinet
ABS
Gedy 1983

Sistema appendiabiti, posacenere, gettacarta, portaombrelli, gettarifiuti
ABS, acciaio
Kartell 1980

System including clothes-stand, ashtray, paper bin, umbrella stand, rubbish bin
ABS, steel
Kartell 1980

Radiocitofono
ABS
Perry Electric 1982

Radiophone
ABS
Perry Electric 1982

Max Pajetta

ADI

Nato nel 1943, vive e lavora a Milano. Studia economia e dal 1966 frequenta la facoltà di architettura del Politecnico di Milano. Dal 1968 collabora con importanti studi professionali. Dal 1971 opera nel Gruppo CP & PR associati. 1976 premio Product Design Award, New York. 1979 selezione Compasso d'Oro. Collabora con Artemide, Cedit, Coopsette, Ideal Standard, Laverda, Salvarani.

Born in 1943, lives and works in Milan. Studied Economics and from 1966 attended the faculty of architecture at the Milan Polytechnic. Since 1968 has been working with important design offices and since 1971 in the group CP & PR Associati. 1976 Product Design Award, New York; 1979 selection Compasso d'Oro. Works for Artemide, Cedit, Coopsette, Ideal Standard, Laverda, Salvarani.

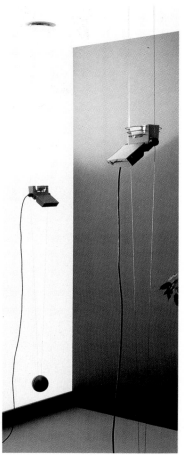

Adone, lampada alogena
Artemide 1984
con CP & PR Associati (come tutti)

Adone, halogen lamp
Artemide 1984
with CP & PR Associati (like the others)

Chiaroscuro, cucina
Salvarani 1984

Chiaroscuro, kitchen
Salvarani 1984

Plico, carrello tenda
selezione Compasso d'Oro ADI 1979
Laverda 1979

Plico, tent trailer
selection Compasso d'Oro 1979
Laverda 1979

Velara, sanitari per bagno
Ideal Standard 1983

Velara, bathroom fixtures
Ideal Standard 1983

Laguna, rivestimenti ceramici
Cedit 1981

Laguna, ceramic tiling
Cedit 1981

Symbol, mobili per ufficio direzionali
Coopsette 1980

Symbol, furniture for manager's office
Coopsette 1980

Abolla, lampada alogena
Artemide 1981

Abolla, halogen lamp
Artemide 1981

Paolo Pallucco

Nato a Roma nel 1950, vive e lavora a Roma. Abbandona gli studi di Economia e Commercio per iscriversi alla facoltà di Architettura, attraverso l'esperienza di proprietario e art director di due negozi: il primo di illuminazione, il secondi di arredamento. Nel 1975 nasce per sua iniziativa l'omonima azienda Pallucco che nel 1980 trova il giusto posizionamento nella produzione di complementi d'arredo.

Born in Rome in 1950, lives and works there. Left the faculty of Economics to attend the faculty of Architecture due to his experience as an owner and art director of two shops in the lighting and furniture sectors. In 1975 established the company Pallucco that in 1980 started specializing in furnishings.

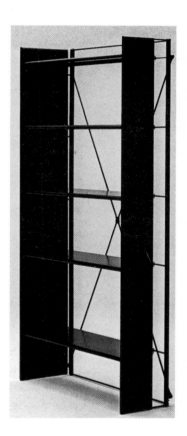

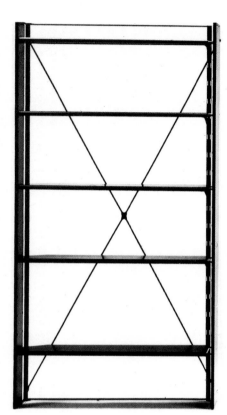

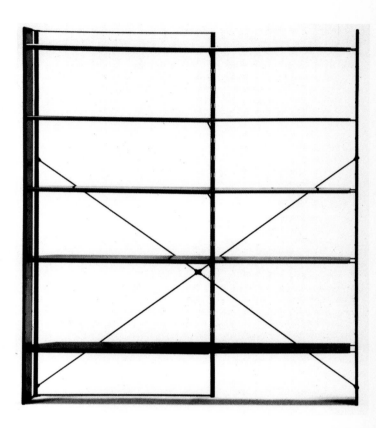

Fra' Dolcino, libreria estensibile alluminio anodizzato verniciato PLC con polveri poliuretaniche.
Pallucco 1982

Fra' Dolcino, extension bookcase anodized aluminium, PLC painted with polyurethane powders
Pallucco 1982

Acquariano, letto
struttura perimetrale in massello di faggio evaporato, frassino naturale o laccato
Pallucco 1982

Acquariano, bed
frame in evaporated beech, natural oak or lacquered ash
Pallucco 1982

Roberto Pamio

ADI

Laureato in architettura a Venezia nel 1968. Dal 1961 si occupa di architettura civile e industriale, arredamento e industrial design collaborando con le aziende Zanussi-Rex, Peguri, Leucos, Stilwood, Arflex, Arc Linea, Cidue, F.A.I. (macchine movimento terra). Alcune sue realizzazioni sono state scelte da vari musei, tra cui il Louvre, il MOMA di New York, il Centro Pompidou.

Graduated in architecture from Venice University in 1968. Since 1961 has been working in the field of industrial and civil architecture, furnishing and industrial design for companies including Zanussi-Rex, Peguri, Leucos, Stilwood, Arflex, Arc Linea, Cidue, F.A.I. (earth moving machinery). Works selected by several museums including the Louvre, the MOMA in New York, the Pompidou Centre.

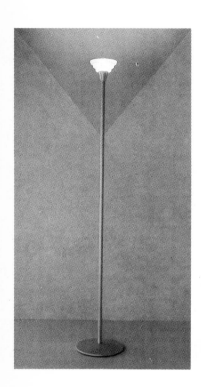

162

Nelly, lampada alogena
Leucos 1984

Nelly, halogen lamp
Leucos 1984

Accademia, unità autonoma d'arredo
Arc Linea 1984

Accademia, furnishing unit
Arc Linea 1984

Gres, cucina
Arc Linea 1984

Gres, kitchen
Arc Linea 1984

Bargello, tavolino in marmo
Cidue 1985

Bargello, marble low table
Cidue 1985

Mixer, collezione mobili per ufficio
e poltroncina
Arflex 1983

Mixer, collection of office furniture
and armchair
Arflex 1983

Alambra, lampada da tavolo
Leucos 1984

Alambra, table lamp
Leucos 1984

Gianni Pareschi

ADI

Vive a Milano dove è nato nel
1940. Laureato nel 1965 al
Politecnico di Milano. Partecipa
alla fondazione della G14, una
società di progettazione che
opera nell'area dell'Industrial
Design, dell'Interior Design e
dell'Architettura. Ne dirige dal
1974 il Centro di Industrial
Design. È stato docente di
progettazione presso l'Istituto
Europeo di Design, ha fatto parte
del Comitato Direttivo ADI.

*Born in Milan in 1940, lives and
works there. A foundation member
of G14, a firm working in the field
of industrial design, interior design
and architecture; in charge of the
Industrial Design Centre since
1974. Was a design teacher at the
Istituto Europeo di Design and a
member of ADI Steering
Committee.*

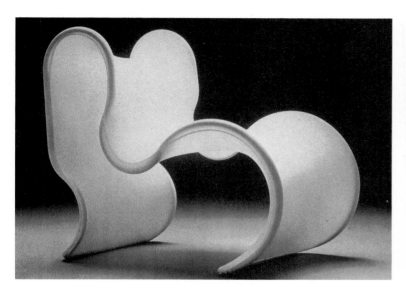

Fiocco, poltrona
Gruppo Industriale Busnelli 1972

*Fiocco, armchair
Gruppo Industriale Busnelli 1972*

Casakit, immagine coordinata 1983

Casakit, corporate identity 1983

Follow me, carrello
struttura in acciaio, parti in legno
Oggi Italia 1984

*Follow me, trolley
steel structure, wood components
Oggi Italia 1984*

Wind system, poltrone per ufficio
Modern Design 1981

*Wind system, office armchairs
Modern Design 1981*

Programma Interiors,
Estel 1982

*Programma Interiors, bookcase detail
Estel 1982*

Martina, sedia
Oggi Italia 1984

*Martina, chair
Oggi Italia 1984*

Basic Hood, Sarila 1982

Paolo Parigi

ADI

Nato a Borgo S. Lorenzo (Firenze) nel 1936. Segnalazione premio SMAU 1979, Primo premio SMAU 1975, Resources Council Product Design Awards New York 1978, Compasso d'Oro 1979, selezione Compasso d'Oro 1981, segnalazione Premio SMAU 1982.

Born in Borgo S. Lorenzo (Florence) in 1936. Special mention SMAU 1979, 1st Prize SMAU 1975, Resources Council Product Design Awards, New York 1978; Compasso d'Oro winner 1981; selection Compasso d'Oro 1981; special mention SMAU 1982.

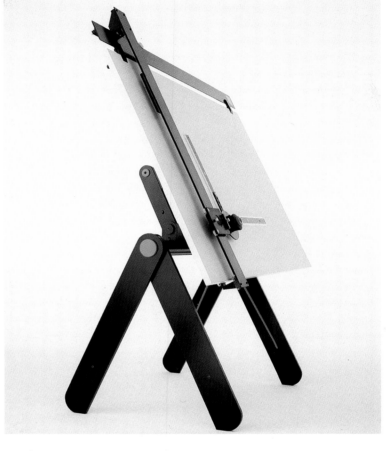

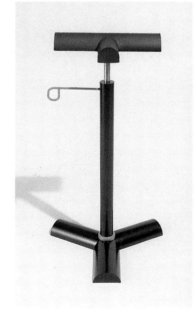

164

Polo, sedia
Primo premio SMAU 1975
Resources Council Product
Design Awards, New York 1978
Heron Parigi 1975

Polo, chair
1st prize SMAU 1975
Resource Council Product
Design Awards, New York 1978
Heron Parigi 1975

Il Bottone, sedia e sgabello
Parigi Design 1982

Il Bottone, stool and chair
Parigi Design 1982

Bret, Siedimpiedi
Parigi Design 1984

Bret, Siedimpiedi
Parigi Design 1984

A90, tavolo da disegno
Compasso d'Oro 1979
Heron Parigi 1976

A 90, drawing table
Compasso d'Oro winner 1979
Heron Parigi 1976

Tecnigrafo TK/100
selezione Compasso d'Oro 1981
Heron Parigi 1980

TK/100 drafting machine
selection Compasso d'Oro 1981
Heron Parigi 1980

Marco Pasianotto

Trentanove anni e un diploma all'Istituto Statale d'Arte di Udine. Inizia all'Ufficio Disegno Industriale delle Industrie Zanussi. Ha diretto la MPF Planning Group collaborando, tra gli altri, con il gruppo Pozzi-Ginori e il Governo del Ghana. Responsabile del design e della direzione Immagine e Comunicazione del Gruppo Snaidero. Quindi coordinatore marketing al Gruppo Fantoni, attualmente responsabile marketing e design del Gruppo Giomo.

He is 39, attended the Art School in Udine, started work at the Industrial Design Dept. of Industrie Zanussi. Directed the MPF Planning Group working also for the Group Pozzi-Ginori and the Government of Ghana. Was in charge of design, corporate identity and Communication in the Snaidero Group for a few years, then marketing co-ordinator in the Fantoni group; at present in charge of marketing and design in the Giomo Group.

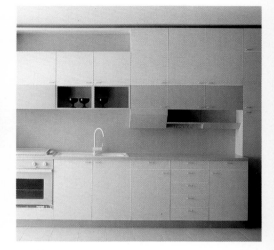

165

Cocoa bianca
poliestere lucido e faggio
Arredamenti Fantoni 1984

*Cocoa, white version
glossy polyester and beech
Fantoni Arredamenti 1984*

Cocoa amaranto
poliestere lucido e granito
Arredamenti Fantoni, 1984

*Cocoa, amaranth version
glossy polyester and granite
Fantoni Arredamenti 1984*

Ginger in faggio
Arredamenti Fantoni 1984

*Ginger, in beech
Fantoni Arredamenti 1984*

Pop Corn
biplaccato stampato
Arredamenti Fantoni 1984

*Pop Corn
laminated on both sides
Fantoni Arredamenti 1984*

Pasqui e Pasini

ADI

Lo studio si apre a Milano nel 1974. Ha una lunga esperienza nel settore dei prodotti elettronici e dal 1980 sviluppa anche il design degli interni di auto. Progetta in collaborazione con le strutture aziendali e realizza all'interno modelli reali delle ipotesi creative e l'ingegneria dei prodotti. Lo studio collabora con alcune delle più grandi aziende italiane. Ha ottenuto il premio SMAU Industrial Design nel 1982 e nel 1984.

The industrial design workshop was established in Milan in 1974. The studio has a long experience in designing e.d.p. equipment. Since 1980 it has designed also the interior of cars. The activity of the workshop is carried out in a close collaboration with the company's structures. Full size models of the creative assumptions can be produced. It works for some leading Italian companies. The studio won the SMAU Industrial Design awards in 1982 and in 1984.

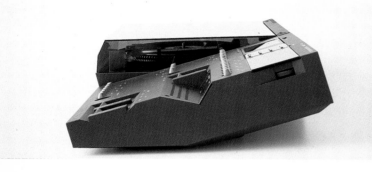

SGR 50
sistema compatto stereo
Radio Marelli 1976

*SGR 50
compact stereo system
Radio Marelli 1976*

Interno Lancia Prisma
Comind / Fiat 1982

*Lancia Prisma interior
Comind / Fiat 1982*

Thema 102, terminale portatile
Premio SMAU 1982
IDEA 1982

*Thema 102, portable terminal
SMAU Award 1982
IDEA 1982*

Video terminale Omega 1000
Italtel Telematica 1984

*Omega 1000, display terminal
for telephone connections
Italtel Telematica 1984*

Copia 1700
Ing. C. Olivetti & C. 1981

*Copy 1700
Ing. C. Olivetti & C. 1981*

Telefono addizionale Cobra
Premio SMAU 1984
Italtel Telematica 1984

*Cobra, extension telephone
SMAU Award 1984
Italtel Telematica 1984*

Mauro Pasquinelli

ADI

Nato a Scandicci (Firenze) nel 1931, diplomato al Magistero dell'Istituto d'arte di Firenze. Premiato nel 1961, 1962 e 1963 alla Fiera di Trieste, terzo premio al Continental table glassware design, USA 1966. Premio speciale La Rinascente al concorso Abet 1969, MIA Monza. Per la sedia Nodo selezionato al Compasso d'Oro 1969 e menzione speciale al BIO 9 di Lubiana. Primo premio al concorso *Una sedia italiana per l'Europa,* Udine 1981.

Born in Scandicci (Florence) in 1931, attended the Art School in Florence. Awarded the 1961, 1962 and 1963 prizes at the Fair of Trieste; third prize at the Continental table glassware design, USA 1966; special prize La Rinascente at the Abet Competition 1969, MIA Monza. Selected at the Compasso d'Oro 1969 and special mention at BIO 9 Lubiana for the chair Nodo. First prize at the competition An Italian chair for Europe, *Udine 1981.*

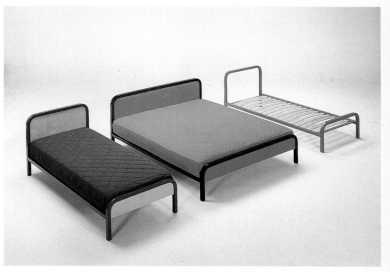

167

Appendiabiti n. 111
Potocco 1974

Clothes-stand no. 111
Potocco 1974

Cactus, appendiabiti
Pallavisini 1972

Cactus, clothes-stand
Pallavisini 1972

Sedia n. 894
legno, tessuto, canna d'India
Bros's 1984

Chair no. 894
wood, fabric, rattan cane
Bros's 1984

Dodo, sedia legno
Pallavisini 1981

Dodo, wooden chair
Pallavisini 1981

Leda, sedia
legno, tessuto, canna d'India
Lisa 1984

Leda, chair
wood, fabric, rattan cane
Lisa 1984

Nodo, sedia
legno, metallo, canna d'India
Tisettanta 1978

Nodo, chair
wood, metal, rattan cane
Tisettanta 1978

Asso, letto
Magis 1980

Asso, bed
Magis 1980

Gino Pastore

ADI

Nato nel 1950, vive e lavora a Lecce. Diplomato all'ISIA di Roma con una tesi apparsa su L'Espresso, dal 1972 si occupa di visual, interior ed industrial design con la collaborazione di Yukiko Tanaka. Consulente di svariate aziende del Mezzogiorno. Suoi lavori sono pubblicati su diverse riviste di design. Primo premio al concorso *Una sedia italiana per gli USA,* Udine 1984.

Born in 1950, lives and works in Lecce. Graduated from the ISIA in Rome, his thesis appeared in L'Espresso magazine. Since 1972 has been working as a visual, interior and industrial designer with the collaboration of Yukiko Tanaka. Consultant for many South Italian companies. Works published in several design magazines. First prize at the competition An Italian chair for the USA, Udine 1984.

Sedia Ottanta
Primo premio Una sedia italiana per gli USA 1984
Alpimass multistrato policromo
Mobilclan per Ottanta 1984

Sedia Ottanta
First prize An Italian chair for the USA 1984
polychrome multi-layer Alpimass
Mobilclan for Ottanta 1984

Sedia Ottanta
montaggio e packaging
Sedia Ottanta
assembly and packaging

Giorgio Pavesi

ADI

Nato a Varese nel 1931, collaboratore alla commissione dell'abitazione alla XI Triennale, medaglia d'argento alla stessa Triennale. Consulente per il graphic e il product design di numerose aziende, tra le quali IRE, Philips, Ansaldo, Ansaldo motori. Segnalazione d'onore al Compasso d'Oro 1954 per un tessuto d'arredamento per la Manifattura ISA. Opera attivamente anche in architettura e nell'arredamento.

Born in Varese in 1931, a member of the Housing Committee at the 11th Triennial, awarded a silver medal at the same Triennial. Graphic and product design consultant for many companies including IRE, Philips, Ansaldo, Ansaldo motori. Honour selection at the Compasso d'Oro 1954 for a fabric designed for Manifattura ISA. Works also in the fields of architecture and furnishing.

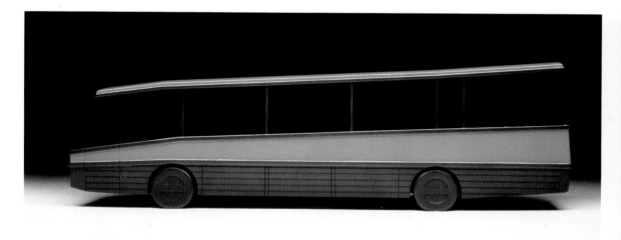

Macchibus, autobus per turismo
Carrozzeria Macchi 1979

*Macchibus, tourist coach
Carrozzeria Macchi 1979*

Silerg, sistema statico di potenza garantisce la continuità di alimentazione in caso di black-out
Ansaldo 1982

*Silerg, system guaranteeing power supply also in case of black-out
Ansaldo 1982*

Mascherina per lavatrice
Ignis Iberica 1976

*Washing machine fascia
Ignis Iberica 1976*

Lucidatrice aspirante
Officine Dansi 1979

*Suction polisher
Officine Dansi 1979*

Pino Pedano

Nato a Pettineo (Messina) nel 1944. Da ragazzo ha appreso il mestiere di falegname. Nel 1961 è a Milano dove, nel 1966, apre la prima bottega artigiana.
Nel 1971 inaugura la Pedano Arredamenti. Nel 1972 presenta un progetto di cellula abitativa all'Eurodomus di Torino.
Ha esposto i risultati della ricerca nel campo dell'ebanisteria e delle forme lignee nel 1976 alla Galleria del Naviglio, la prima di numerose mostre personali.

Born at Pettineo (Messina) in 1944. As a boy he learnt to be a joiner. In 1961 moved to Milan where in 1966 opened his first workshop. In 1971 established Pedano Arredamenti.
In 1972 submitted a project of a prefabricated unit to the Eurodomus in Turin. In 1976 he exhibited, at the Galleria del Naviglio, the results of his research on cabinet-making and wooden shapes. That was the first of many one-man shows.

Sedia 35, 1978
frassino o laccata

Chair 35, 1978
ash or lacquered

Scatole scultura e sfere
in millefogli 1979
Mostra Abitare, New York 1979

Sculpture boxes and balls
in millefogli 1979
Abitare Show, New York 1979

Cavalletto, 1984
frassino o laccato

Trestle, 1984
ash or lacquered

Tavoli Millefogli 1974, 1978
legno compensato marino millefogli
Mostra Abitare, New York 1979

Millefogli tables 1974, 1978
Millefogli plywood
Abitare Show, New York 1979

Paolo Pedrizzetti

ADI

Nato nel 1947, studi scientifici, laureato in architettura al Politecnico di Milano. Nel 1978 inizia l'attività di product designer con Davide Mercatali. Nascono da questa collaborazione alcuni prodotti industriali di notevole successo commerciale, caratterizzati da una immagine precisa e stimolante sul piano della comunicazione.

Born in 1947, scientific studies, graduated in architecture from Milan Polytechnic. In 1978 started working as a product designer with Davide Mercatali. This collaboration resulted in some very successful industrial products characterized by a neat and stimulating image as far as communication is concerned.

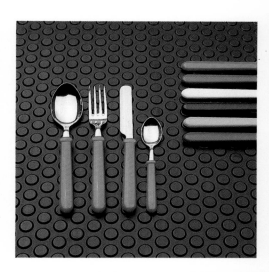

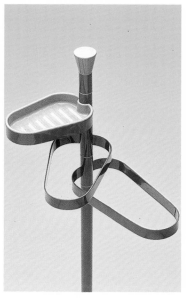

171

Le Tegole, mensola attrezzata
Metalplastica Lucchese 1980

*Le Tegole, equipped shelf
Metalplastica Lucchese 1980*

Ikebana, portasalviette-portacose
Veca 1981

*Ikebana, paper napkin-object holder
Veca 1981*

Open space, camino
Edil Kamin 1985

*Open space, fireplace
Edil Kamin 1985*

Hi-Fi miscelatore monocomando
F.lli Fantini 1985

*Hi-Fi, mixer tap
F.lli Fantini 1985*

Ping Pong, maniglie
Domus 1983

*Ping Pong, handles
Domus 1983*

Minibasket, lampada da tavolo
Eleusi 1983

*Minibasket, table lamp
Eleusi 1983*

Seltz, posate
Industrie Casalinghi Mori 1984
con Davide Mercatali
(come tutti)

*Seltz, cutlery
Industrie Casalinghi Mori, 1984
with Davide Mercatali
(like the others)*

Eleonore Peduzzi Riva

SWB VSI

Vive e lavora tra Basilea, città natale, e Milano. Dal 1960 si occupa di vaste tematiche nel campo dell'architettura, ristrutturazione di spazi pubblici e privati, progetti per uffici, showrooms, allestimenti, sistemazione di interni di prestigio, ricerca e produzione di industrial design e consulenza d'immagine. Primo premio ex aequo MIA Monza 1968, medaglia d'oro MIA Monza 1973, Showpiece of the Year, International Furniture Show, Birmingham 1978.

Lives and works in Basel, her native town, and Milan. Since 1960 has been working in the field of architecture, restructuration of public and private areas, projects for offices of leading companies, showrooms, interior decoration, industrial design research and production, and corporate identity advice. 1st prize ex aequo MIA Monza 1968; gold medal MIA Monza 1973; Showpiece of the Year, International Furniture Show, Birmingham 1978.

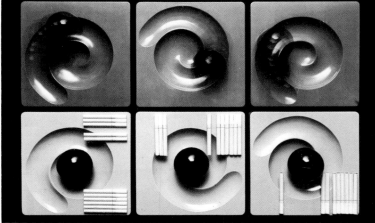

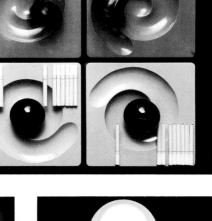

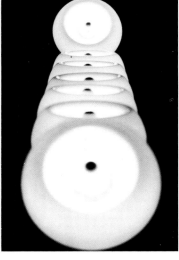

172

Bola, piatto in cristallo
MOMA New York
Vistosi 1970

*Bola, crystal glass plate
MOMA New York
Vistosi 1970*

Spirale, applique, elemento modulare
di sistema opalino, Europhane 1981

*Spirale, wall unit of a modular opaline
system, Europhane 1981*

5618, portaghiaccio
Vistosi 1970

*5618, ice-bucket
Vistosi 1970*

Ufo, lampada a saliscendi
Bilumen 1973

*Ufo, ceiling lamp
Bilumen 1973*

Gervasio, portafrutta
Vistosi 1970

*Gervasio, fruit bowl
Vistosi 1970*

Molla, lampada da terra
per luce alogena
Candle 1971

*Molla, floor lamp for halogen light.
Candle 1971*

Spyros, posacenere-gioco
Artemide 1967

*Spyros, game-ashtray in melamine
Artemide 1967*

Vacuna, lampada in vetro soffiato
MOMA New York
Artemide 1966

*Vacuna, blown glass lamp
MOMA New York
Artemide 1966*

Roberto Pezzetta

Nato a Treviso nel 1946, ha lavorato prevalentemente in aziende produttrici di elettrodomestici. Nel 1969 alla Zoppas, nel 1974 alle Industrie Zanussi. Dopo una breve parentesi alla Nordica, vive e lavora a Pordenone dove, dal 1982, è responsabile per il Disegno Industriale della Zanussi Elettrodomestici.

Born in Treviso in 1946, has worked mainly for companies in the sector of household appliances: 1969 Zoppas 1974 Industrie Zanussi. After a short period with Nordica, now lives and works in Pordenone where he has been in charge of the Industrial Design Dept. at Zanussi Elettrodomestici since 1982.

173

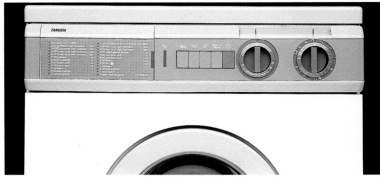

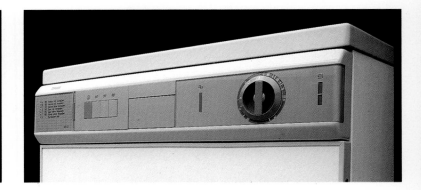

Banco attrezzato doppio
per odontotecnici, serie Master.
Eurospital 1984

*Equipped bench for dental technicians,
series Master
Eurospital 1984*

Elettrodomestici
Zanussi 1985

*Household appliances
Zanussi 1985*

Sprint, scarpa da sci per bambini
gomma termoplastica
Nordica 1981

*Sprint, children's ski-boot
thermoplastic rubber
Nordica 1981*

Seggiola
baydur
Faram 1977
con Umberto Facchini

*Chair
baydur
Faram 1977
with Umberto Facchini*

Enrico Picciani

ADI

Nato a Chieti nel 1945. Nel 1967 partecipa all'Expo di Montreal *La terre des hommes,* con la tesi finale del Corso Superiore di Disegno Industriale di Firenze. Dal 1969 al 1977 collabora con lo studio Nizzoli. Nel 1979 fonda a Milano lo studio Picciani & Scanziani. Collaborazioni: ACME, Boselli/Solari, Ceccato, Evoluzione, Fiamm, Fim, Ideal Standard, Laverda, Pirelli, Vandoni, Zucchetti.

Born in Chieti in 1945, in 1967 was present at the Expo of Montreal La terre des hommes with his thesis for the Higher Course of Industrial Design in Florence. Worked for the Studio Nizzoli from 1969 to 1977. In 1979 founded in Milan the Studio Picciani & Scanziani. Works for: ACME, Boselli/Solari, Ceccato, Evoluzione, Fiamm, Fim, Ideal Standard, Laverda, Pirelli, Vandoni, Zucchetti.

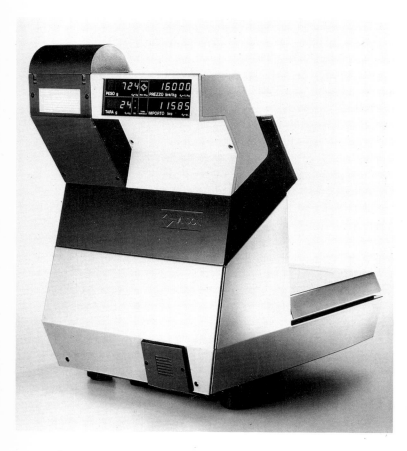

Leonardo VI, bilancia merceologica modulare
policarbonato, acciaio
Vandoni 1982
con Gianpaolo Guzzetti

*Leonardo VI, modular goods scales
polycarbonate, steel
Vandoni 1982
with Gianpaolo Guzzetti*

Pesapersone V10, bilancia elettronica
policarbonato, acciaio
Vandoni 1982
con Gianpaolo Guzzetti

*V10 scales, electronic scales
polycarbonate, steel
Vandoni 1982
with Gianpaolo Guzzetti*

Vibration, poltroncina autoregolante
Evoluzione 1983

*Vibration, self-regulating easy chair
Evoluzione 1983*

A 180, motore a scoppio
polietilene ad alta densità
ACME 1984

*A 180, explosion engine
high density polyethylene
ACME 1984*

ADX 600, motore diesel modulare
alluminio, acciaio, polietilene
ACME 1984

*ADX 600, modular diesel engine
aluminium, steel, polyethylene
ACME 1984*

Giancarlo Piretti

ADI

Nato a Bologna nel 1940. Premio SMAU 1971 per la sedia Plia, distinction BIO 5 a Lubiana, targa 'Gute Form' 1973 del Dipartimento del Commercio della Repubblica Federale Tedesca, onorificenza del Governo Inglese. Nel 1973 medaglia d'oro I.B.D. (USA) per il tavolo 'Plano'. Nel 1977 medaglia d'oro I.B.D. per il sistema di seduta 'Vertebra', premio SMAU nel 1979, Compasso d'Oro nel 1981. Membro del Comitato Direttivo ADI 1982-1985.

Born in Bologna in 1940. In 1971 SMAU Award for the Plia chair, BIO 5 distinction in Lubiana. Awarded in 1973 the 'Gute Form' label of distinction by the Department of Commerce of the Federal Republic of Germany and a special distinction by the British Government. In 1973 gold medal of the I.B.D. (USA) for the 'Plano' table. Gold medal prize awarded to the 'Vertebra' by I.B.D. in 1977, the SMAU Award in 1979, Compasso d'Oro winner 1981. Member of the ADI Managing Committee, 1982/5.

175

Dilemma, attaccapanni scala
Castilia 1984

*Dilemma, clothes-stand step-ladder
Castilia 1984*

Plano, tavolo pieghevole
poliuretano rigido
Castelli 1979

*Plano, folding table
structural polyurethane
Castelli 1979*

Platone, tavolo scrittoio pieghevole
Castelli 1971

*Platone, folding desk
Castelli 1971*

Dilungo, tavolo estensibile
Castilia 1984

*Dilungo, extension table
Castilia 1984*

Plia, sedia pieghevole accatastabile
Castelli 1969

*Plia, stackable folding chair
Castelli 1969*

Marco Piva

ADI

Nato a Milano nel 1952, dove vive, lavora in Italia e all'estero. È membro fondatore dello Studiodada Associati con cui ha sviluppato numerose ricerche e partecipato a molteplici esposizioni e mostre (Interieur 80, Kortrijk 1980, Triennale Milano 1981, Farb-Design Stuttgart 1979/84). Dal 1979 progetta per importanti aziende ed opera all'estero per grandi progetti di architettura ed interior design.

Born in Milan in 1952, lives there. Works in Italy and abroad. Charter member of Studiodada Associates with which he developed several researches and took part in many exhibitions (Interieur 80, Kortrijk 1980, Milano Triennial 1981, Farb-Design Stuttgart 1979/84). Since 1979 has been designing for leading companies and working abroad for big architectural and interior design projects.

176

Collezione Pantheon
Bernini 1984
con Helen Rainey

*Pantheon collection
Bernini 1984
with Helen Rainey*

L'interno dopo la forma dell'utile
Triennale di Milano 1981
Brunati, Interior Ceramiche, Marcato

*L'interno dopo la forma dell'utile
Milan Triennial 1981
Brunati, Interior Ceramiche, Marcato*

Carpets, territori ceramici
progetto al computer
Studiodada e Olivetti 1984
con Giorgio Ginelli

*Carpets, ceramic space
computer project
Studiodada and Olivetti 1984
with Giorgio Ginelli*

Architetture mobili, Cesena 1983

Mobile structures, Cesena 1983

Letto Levante e Ponente
Brunati 1983
con Ada Alberti

*Levante & Ponente, bed
Brunati 1983
with Ada Alberti*

Design della notte, Cefalù 1982
Studiodada Associati

*Night design, Cefalù 1982
Studiodada Associates*

Alfredo Pizzo Greco

ADI

Artista e designer di fama internazionale, dal 1965 è protagonista con produzioni e ricerche per industrie leaders in Europa. Innumerevoli riviste, musei, critici e mostre selezionate hanno presentato i suoi lavori come modelli di rilievo innovativo, formale e tecnologico. Membro di giurie, Associazioni e Centri Studi, dal 1980 opera in team con architetti nell'edilizia e nel territorio, con atelier a Milano, Bergamo, Palermo, Los Angeles.

Famous artist and designer, has been working for leading European industries since 1965 with projects and researches. His works were shown by a great number of magazines, museums, critics and selected exhibitions as outstanding examples of innovation, design and technological skill. Member of juries, Associations and Cultural Centres; since 1980 has been working in a team of architects concerned with building and the territory.

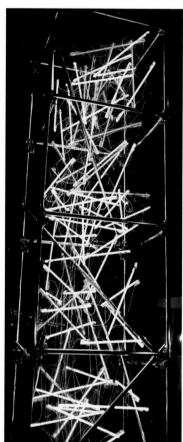

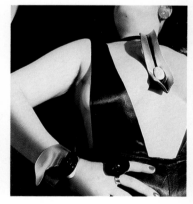

177

Campo giochi per l'infanzia
Interpark 1984

*Playing field for children
Interpark 1984*

Torre luminosa modulare
Tecnoneon 1983

*Modular luminous tower
Tecnoneon 1983*

Isola: stand galleggiante
Interpark 1983

*Isola: floating stand
Interpark 1983*

Arpa, lampada monolitica
marmo statuario
Zanotta 1966/1985

*Arpa, monolithic lamp
statuary marble
Zanotta 1966/1985*

Espositore, edicola mobile
Renoma 1984

*Display unit, mobile kiosk
Renoma 1984*

Gioielli coordinati
acetato, oro, pietre preziose
F.lli Ragazzi 1985

*Coordinated jewels
acetate, gold, stones
F.lli Ragazzi 1985*

Vasi, coordinati d'arredamento
Ceramiche S. Ambrogio 1984

*Vases, coordinated furnishings
Ceramiche S. Ambrogio 1984*

Piero Polato

ADI

Già professore di metodologia progettuale all'ISIA di Urbino, è stato consulente dell'Unesco. Ha progettato, tra l'altro, 400 scenografie, 7 serie di trasmissioni televisive sul design applicato, i laboratori *Giocare con l'arte* con Bruno Munari. È autore di vari libri sull'argomento, alcuni dei quali tradotti in più lingue. Menzione d'onore BIO 7 Lubiana 1977, Compasso d'Oro 1981.

Taught design methodology at the ISIA in Urbino. Was a consultant for Unesco. His designs include: 400 TV and stage settings, 7 TV serials on applied design the laboratories Giocare con l'arte with Bruno Munari. He is the author of several books on design, some of which translated into some foreign languages. Special mentions at the BIO 7 Lubiana 1977, Compasso d'Oro winner 1981.

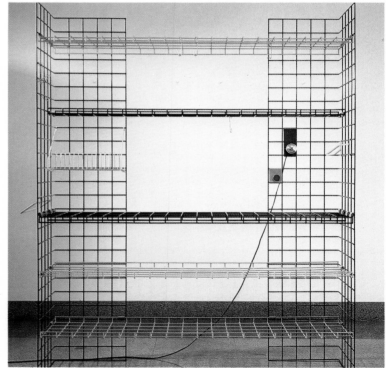

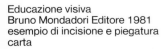

Educazione visiva
Bruno Mondadori Editore 1981
esempio di incisione e piegatura carta

Visual education
Bruno Mondadori Editore 1981
example of paper folding and engraving

Vivavoce + combinatore
terminali telefonici modulari
multi funzione
Saiet 1983

Vivavoce + sequence switch
multifunctional modular phone terminals
Saiet 1983

System Robots
particolare giunto e accessori
Robots 1984

System Robots
joint detail and accessories
Robots 1984

System Robots
struttura autoportante modulare,
pluriuso
Robots 1984

System Robots
modular self-bearing structure,
multi-purpose
Robots 1984

Ambrogio Pozzi

ADI

Nato a Varese nel 1931, ha iniziato l'attività nel 1951 e progettato per Rosenthal (Germania Occ.), F.lli Guzzini, I Guzzini, Norex, Alitalia, La Rinascente, Environnement Pierre Cardin (Francia), Padova Argenti, Arte Ceramica Romana, Barazzoni, Zojirushi (Giappone). Numerose le mostre selettive, i premi e riconoscimenti.

Born in Varese in 1931, started work in 1951, designed for Rosenthal (W. Germany), F.lli Guzzini, I Guzzini, Norex, Alitalia, La Rinascente, Environnement Pierre Cardin (France), Padova Argenti, Arte Ceramica Romana, Zojirushi (Japan). Several selective exhibitions, prizes and awards.

179

Servizio 1ª classe Alitalia
medaglia d'oro Faenza 1973
Richard-Ginori 1971

*Alitalia, 1st class set
Faenza 1973, gold medal
Richard-Ginori 1971*

Plana, I Guzzini 1983

Duo, Rosenthal 1968

Serie Amanda
Museum Contemporary Art Chicago
F.lli Guzzini 1980

*Amanda set
Museum of Contemporary Art Chicago
F.lli Guzzini 1980*

Serie Ivo, cristallo
Rosenthal 1985

*Series Ivo, crystal glass
Rosenthal 1985*

Servizio Primaluna, gres
Premio Macef 1973
Ceramica Franco Pozzi 1973

*Primaluna set, grés
Macef Award 1973
Ceramica Franco Pozzi 1973*

Bridge, silver plate
Padova Argenti 1981

*Bridge, silver plate
Padova Argenti 1981*

Arte Ceramica Romana 1984

Vasi Totem
Die Gute Industrieform, Hannover
Deutsche Auswahl Stuttgart 1985
Rosenthal 1984

*Totem vases
Die Gute Industrieform, Hannover 1984
Deutsche Auswahl Stuttgart 1985
Rosenthal 1984*

Marco Predari

ADI

Architetto, nato a Milano nel 1953 ove vive e lavora. Progettista ed art-director della Zeta di Verano Brianza. Presidente della commissione terminologia dell'U.N.I. (settore mobili). Vice presidente del Gruppo Giovani Industriali di Monza. Membro del comitato tecnico dell'Assarredo. Socio fondatore e vicedirettore di *Habitat Ufficio,* rivista internazionale di progettazione e design. Membro della Commissione Mostre dell'ADI.

Born in Milan in 1953, lives and works there, degree in architecture. Designer and art-director for Zeta in Verano Brianza. President of the UNI Terminology Committee (furniture sector). Vice-President of the Gruppo Giovani Industriali of Monza Employers' Assn. Member of Assarredo Technical Committee. Foundation member and assistant editor of Habitat Ufficio, *an international design and planning magazine. Member of ADI Exhibition Committee.*

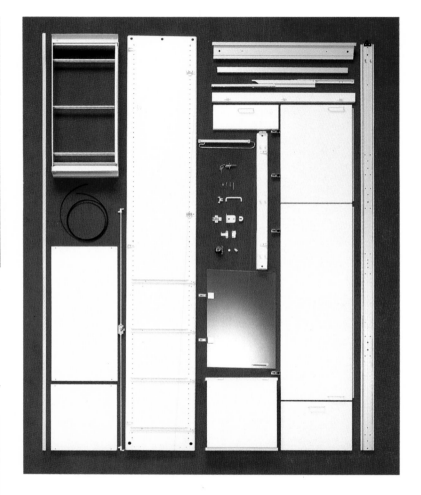

Sistema integrato di pareti attrezzate e mobili
melaminico e alluminio
Zeta 1983

*Integrated system of equipped panels and units
melamine and aluminium
Zeta 1983*

Parete attrezzata
Zeta 1983

*Equipped panel
Zeta 1983*

Componenti pareti attrezzate e mobili
Zeta 1983

*Equipped panels and units
Zeta 1983*

Antonio Quattrini

Nato a Sorengo (Svizzera) nel 1956. Laureato in architettura, svolge attività di product designer in vari settori e si dedica alla ricerca sull'uso dei materiali. Nel 1984 costituisce, con G. Giavotto e R. Cervini la *Arti e mestieri,* che promuove la produzione di oggetti di arredamento in serie limitata, proponendo il ricupero dei valori tradizionali spontanei. Ha esposto a Varese, ELAM Arredo Design, negli anni 1983/84/85.

Born in Sorengo (Switzerland) in 1956, degree in architecture. Works as a product designer in several sectors, and researches into the use of materials. In 1984 founded, with G. Giavotto and R. Cervini, the firm Arti e Mestieri *promoting the production of furnishings in a limited number, and trying to bring back the original values of the industrial design tradition. Exhibited in Varese, ELAM Arredo Design, in the years 1983/84/85.*

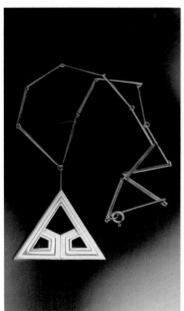

181

Gioielli
oro bianco e oro giallo
Rolla 1982

Jewels
white and yellow gold
Rolla 1982

Delo, vaso e Samo, centrotavola
ottone
F.B.C. 1984

Delo, vaso and Samo, bowl brass
F.B.C. 1984

Piatto
vetro di Murano
Seguso 1983

Plate
Murano glass
Seguso 1983

Franco Quirighetti

ADI

Nato nel 1937, vive e lavora a Torino e Milano. È arrivato al design attraverso esperienze di grafica, architettura, arredamento, impiantistica. Si è dedicato in particolare agli allestimenti per piccoli spazi dove le funzioni abitative necessitano di apparecchiature appositamente disegnate ed integrate tra di loro. Ha ottenuto il Compasso d'Oro 1981 presentando la cabina per autocarro Iveco *Transsaharian*.

Born in 1937, lives and works in Turin and Milan. After working in graphics, architecture, furnishing and plant engineering, became a product designer. Specializes in the design of small spaces where specially designed and integrated fixtures are required. Compasso d'Oro winner in 1981 for the Iveco truck cab.

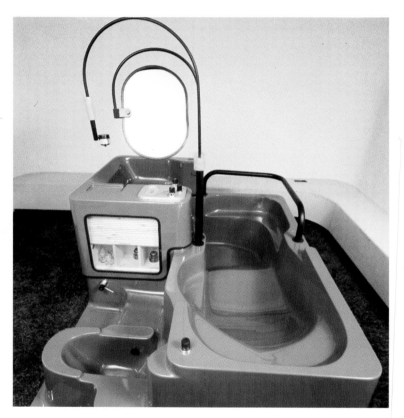

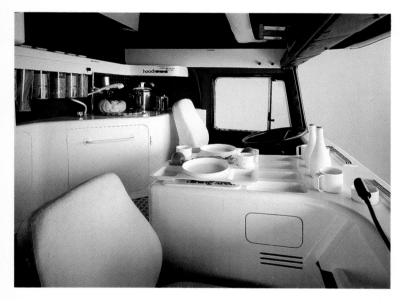

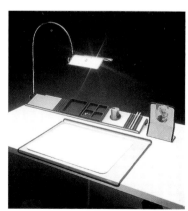

Transsaharian Cab
cabina per autocarro
Compasso d'Oro 1981
Iveco 1980

Transsaharian Cab
truck cab
Compasso d'Oro winner 1981
Iveco 1980

Offshore
collezione di oggetti per l'ufficio
Promoidea 1981

Offshore
collection of office items
Promoidea 1981

Ile de bain
unità bagno prefabbricata
La Bilancia 1979

Ile de bain
prefabricated bathroom unit
La Bilancia 1979

Woody Camper 2
camper con tetto ad energia solare
Iveco 1982

Woody Camper 2
motorhome with solar panelled roof
Iveco 1982

Mario Augusto Ragusa

ADI

Nato a Trieste nel 1938.
Dal 1971, dopo alcuni viaggi in
Giappone, vive e lavora a Milano.
All'attività di designer affianca
quella di pubblicista per riviste
nazionali ed estere. L'ultimo suo
lavoro, un progetto di bagno
integrato (piastrelle
sanitari-rubinetti-accessori)
viene presentato all'ISH 1985 di
Francoforte. Nel 1984 costituisce
il Gruppo di lavoro ITACA per la
ricerca di una sintesi tra
tecnologia e artigianato.

*Born in Trieste in 1938. After some
trips to Japan, he has been living
and working in Milan since 1971.
Works as a designer as well as a
contributor to Italian and foreign
magazines. His latest work, an
integrated bathroom project (tiles,
fixtures, taps, accessories) is
exhibited at the ISH 1985 in
Frankfurt. In 1984 founded the
group ITACA looking for a
synthesis between technology and
craftsmanship.*

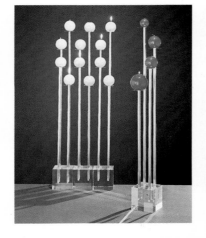

Collezione Toboga
linea completa bagno

*Toboga collection
complete bathroom line*

Food processor
a doppio contenitore
Linea Natura 1983

*Food processor
with two compartments
Linea Natura 1983*

Alfabeti, gioco didattico
polistirolo
TG Sebino 1977

*Alfabeti, educational game
polystyrene
TG Sebino 1977*

Sistema componibile di arredo
Stanley Works 1975/1976

*Modular system
Stanley Works 1975/1976*

Candeliere componibile
acciaio e metacrilato
Lape 1975

*Modular candlestick
steel and metacrilate
Lape 1975*

Tavolo in tubolare d'acciaio
Zevi 1975

*Steel tubular table
Zevi 1975*

Collezione Toboga
Villeroy & Boch 1985
accessori Keuco, rubinetterie Hansa

*Toboga Collection
Villeroy & Boch 1985
Keuco accessories, Hansa taps*

Giuseppe Raimondi

ADI

Nato a Fiume nel 1941, laureato in architettura, vive e lavora a Torino. Si è occupato di visual e industrial design, partecipando alle mostre più importanti del settore. Prodotti da lui disegnati sono esposti al MOMA di New York e al Victoria and Albert Museum di Londra.

Born in Fiume in 1941, degree in architecture, lives and works in Turin. Visual and graphic designer, present in the most important exhibitions. Works exhibited at the MOMA in New York and the Victoria and Albert Museum in London.

Argo, sedia e poltroncina
tubo verniciato e lamiera stampata
Molteni & Consonni 1983

Argo, chair and armchair
painted tube and stamped plate
Molteni & Consonni 1983

Adelmo Rascaroli

ADI BEDA

Nato a Luzzara (Reggio Emilia) nel 1931, lavora in vari studi di architettura, quindi inizia la propria attività nel 1960. Collaborazioni: Bernini, Cinova, Cubina (Barcellona), Driade, Molteni, Somaschini, I 4 Mariani. Premi: tre al VI Concorso Internazionale di Cantú e sette al VII, due al Concorso Nazionale Mobile di Trieste 1966/67, medaglia d'oro al MIA di Monza 1966.

Born in Luzzara (Reggio Emilia) in 1931, worked in several architects' offices then started his own activity in 1960. Works for: Bernini, Cinova, Cubina (Barcellona), Driade, Molteni, Somaschini, I 4 Mariani. Awards: VI/VII Cantù International Competition, 3 and 7 prizes resp.; Concorso Nazionale Mobile 1966/67 in Trieste, 2 prizes; MIA Monza 1966, gold medal.

BIG 51/57
poltrone e sedie per area d'attesa e collettività
metallo e poliuretano schiumato a freddo
I 4 Mariani 1978

BIG 51/57
armchairs and chairs for community and waiting area
metal and cold foamed polyurethane
I 4 Mariani 1978

Giorgio Reboli

ADI

Nato a Milano nel 1942, laureato in architettura, opera nel campo del design e della progettazione architettonica. Collabora con primarie aziende a livello nazionale. Ha partecipato a varie manifestazioni nazionali ed estere.

Born in Milan in 1942, degree in architecture, specialized in product design and architecture. Working for leading Italian companies. Was present in several exhibitions in Italy and abroad.

Cabine ascensore linea Domus
laminato plastico
Schindler 1985
con L. M. Guffanti

*Elevator cars, Domus line
laminated plastic
Schindler 1985
with L. M. Guffanti*

Motorhome Magnum
Elnagh 1983
con L. M. Guffanti

*Motorhome Magnum
Elnagh 1983
with L. M. Guffanti*

Cabina ascensore linea Habitat
inox, royalite
Schindler 1982
con L. M. Guffanti

*Elevator cars, Habitat line
stainless steel, royalite
Schindler 1985
with L. M. Guffanti*

Gabriele Regondi

ADI

Nato nel 1949, vive e lavora a Bovisio (Milano). Laureato in architettura al Politecnico di Milano, insegna progettazione all'Istituto Sperimentale d'Arte di Monza. Dal 1975 svolge attività professionale, prima in forma associata e dal 1978 individualmente, collaborando con alcune industrie che producono mobili o oggetti di arredamento.

Born in 1949, lives and works in Bovisio (Milan). Graduated in architecture from the Milan Polytechnic, teaches design at the Art School in Monza. In 1975 started working as a freelance associate designer, since 1978 has been working on his own for some companies manufacturing furniture or furnishings.

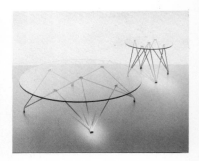

Magnum, contenitori per zona giorno
Modernindustria 1981

*Magnum, living area units
Modernindustria 1981*

Abry, poltroncina e tavolo
Flexform 1980

*Abry, armchair and table
Flexform 1980*

Programma Talete, tavolo
Rosenthal 1979
con Pierluigi Ghianda

*Talete programme, table
Rosenthal 1979
with Pierluigi Ghianda*

Specchio Personaggio
Rimadesio 1981

*Personaggio, mirror
Rimadesio 1981*

Carrello Dixi
tavolino Olimpo
tavolino Perlomeno
tavolino Honky
Rimadesio 1982/1984

*Dixi, trolley
Olimpo, low table
Perlomeno, low table
Honky, low table
Rimadesio 1982/1984*

Sandi Renko

ADI

Nato a Trieste nel 1949, vive a Padova e opera oltre che come designer, anche come art director per i prodotti.
Nel 1977 unico italiano al Premio Internazionale Braun.
Collaborazioni: Bilumen, Carrara & Matta, Da Fré, Ellebi, Egoluce, Frauflex, Longato, Mam, Mimo, Sleeping, Stock, Tivir, Veart.

*Born in Trieste in 1949, lives in Padua and works as a product designer and art-director.
In 1977 was the only Italian at the Braun International Award. Worked for: Bilumen, Carrara & Matta, Da Fré, Ellebi, Egoluce, Frauflex, Longato, Mam, Mimo, Sleeping, Stock, Tivir, Veart.*

Programma di librerie T126
Tivir 1983
con Theo Barberis

*T126, bookcase programme
Tivir 1983
with Theo Barberis*

Trophée, letto imbottito
con testiera reclinabile
Frauflex 1983

*Trophée, padded bed
with reclining headboard
Frauflex 1983*

LP, letto a testiera mobile
Da Frè 1985

*LP, bed with mobile headboard
Da Frè 1985*

Delta, portaoggetti da bagno
ABS a iniezione
Carrara & Matta 1981

*Delta, bathroom holders
injection ABS
Carrara & Matta 1981*

Icaro, con paralume orientabile
Egoluce 1982

*Icaro, with adjustable lamp-shade
Egoluce 1982*

Twist, lampada orientabile
ABS a iniezione
Egoluce 1984

*Twist, adjustable lamp
injection ABS
Egoluce 1984*

Gastone Rinaldi

Nato a Padova nel 1920, ha iniziato la sua attività nel 1948. Alla IX Triennale del 1951 le sue realizzazioni sono risultate tra le più avanzate. Riconoscimenti e segnalazioni alle Triennali e al Compasso d'Oro, vinto nel 1954. I prodotti più rappresentativi sono esposti al British Museum di Londra, al Philadelphia Museum, allo Stedelijk Museum di Amsterdam e al Musée des Arts Décoratifs di Parigi. La sua azienda, Thema, è attiva dal 1977.

Born in Padua in 1920, started his activity in 1948. At 11th Triennial in 1951 his works were the most advanced in the technology of materials. Awards at the Triennials and Compasso d'Oro that he won in 1954. His best works are exhibited at the British Museum in London, the Philadelphia Museum, the Stedelijk Museum in Amsterdam and the Musée des Arts Décoratifs in Paris. His company, Thema, was established in 1977.

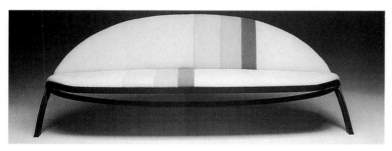

189

Sedia Ebe, 1980
tubo acciaio rettangolare

*Ebe chair, 1980
rectangular tubular steel*

Divano Saturno, 1957
tubo rettangolare sagomato
con imbottitura poliuretanica

*Saturno sofa, 1957
shaped rectangular tube
with polyurethane foam*

Sedia pieghevole Dafne, 1979
tubo ovale laccato,
legno compensato

*Dafne folding chair, 1979
oval steel tube, plywood*

Sedia Aurora, 1978
tubo ovale laccato, scocca in lamiera
forata o tessuto

*Aurora chair, 1978
oval steel tube, perforated plate
or fabric seat*

Sedia Desy, 1984
tubo tondo laccato o cromato

*Desy chair, 1984
tubular steel*

Sedia pieghevole Lisa, 1984
tubo acciaio, sedile in compensato,
schienale in faggio
Thema (come tutti)

*Lisa, folding chair, 1984
steel tube, plywood seat, beech back
Thema (like the others)*

Carlo Denis Rizzoli

ADI

Nato a Milano nel 1957, vive e
lavora a Brescia. Maestro d'Arte
e diplomato in Arte Applicata.
Entra nel mondo del lavoro
attraverso disparate esperienze,
approda negli uffici tecnici di una
carrozzeria, specializzata nella
costruzione di veicoli per il
trasporto pubblico, nella quale
assume una propria dimensione.
Attualmente collabora con studi
di progettazione e disegna linee
di apprezzate carrozzerie.

Born in Milan in 1957, lives and
works in Brescia. Attended
Art School, Applied Art certificate.
After many different work
experiences was in the technical
dept. of a body-builder specialized
in public transport vehicles and
found his way. Now works for
different offices and designs body
lines.

190

Autobus urbano lungo
Carrozzeria E. Portesi 1984

*Long bus
Carrozzeria E. Portesi 1984*

Autobus urbano medio
Carrozzeria E. Portesi 1981

*Standard bus
Carrozzeria E. Portesi 1981*

Emilio Romanò

ADI BEDA

Nato a Cantù (Como) nel 1934, diplomato in architettura all'Istituto Athenaeum di Losanna. Libero professionista, si occupa di product design e interior design. Medaglia d'oro MIA Monza 1962. Dal 1975 collabora come product designer con una primaria azienda produttrice di bilance elettroniche, stampanti e registratori.

Born in Cantù (Como) in 1934, graduated from the Institute Athenaeum in Lausanne. Works as a freelance product and interior designer. MIA Monza 1962, gold medal. Since 1975 has been working as a product designer for a leading company producing electronic scales, printers and cash registers.

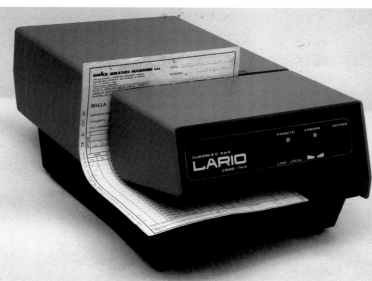

191

Veicolo pubblicitario
Artsana Chicco
CAM 1973

*Advertising vehicle
Artsana Chicco
CAM 1973*

Stampante per bilancia
Curioni Lario 1983

*Scales printer
Curioni Lario 1983*

Bilancia elettronica
CIBE 1985

*Electronic scales
CIBE 1985*

Bilance elettroniche e stampanti
Curioni Lario 1983

*Electronic scales and printers
Curioni Lario 1983*

Carlo Ronchi

ADI

Nato nel 1940, svolge la libera professione di designer. Dal 1968 fa parte dello Studio GPI con Angelo Cortesi e Patrizia Pataccini. Dal 1981 specializza la ricerca sul progetto degli spazi pubblici e sulle loro attrezzature. Questa attività, premiata con il Compasso d'Oro 1984, si è svolta in collaborazione con Angelo Cortesi, Umberto Orsoni e Gianfranco Facchetti.

Born in 1940, works as a freelance designer. Since 1968 has been a member of the Studio GPI with Angelo Cortesi and Patrizia Pataccini. Since 1981 has specialized in the research on public areas and their equipment. This activity, that was awarded the Compasso d'Oro 1984, has been carried out with Angelo Cortesi, Umberto Orsoni and Gianfranco Facchetti.

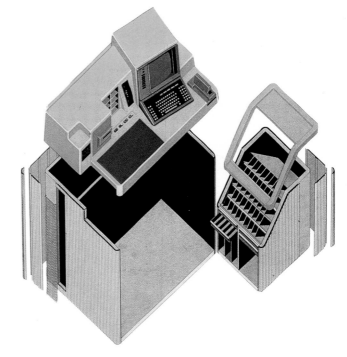

Work-stations di Check-in.
Posto di lavoro ad alta concentrazione tecnologica e funzionale per la presenza di numerosi strumenti di comunicazione e controllo

Check-in Work stations. Work station with a high technological and functional concentration due to the many communication and control instruments

Il sistema progettato in collaborazione con A. Cortesi, U. Orsoni, e G. Facchetti, è stato adottato dalle Aerostazioni milanesi di Linate e Malpensa.
C.C.M. 1984

This system, designed with A. Cortesi, U. Orsoni and G. Facchetti, has been applied in the Airports of Linate and Malpensa (Milan).
C.C.M. 1984

Domenico Ronchi

ADI

Nato a Milano nel 1933, qui si laurea e lavora. Fino al 1970 fa l'assistente al Politecnico. Nel 1971 forma il CP & PR Associati. Nel 1976 vince il 'Product design award'. Viene segnalato per un carrello tenda al Compasso d'Oro nel 1979. Collabora con alcune aziende per l'immagine e il prodotto.

Born in Milan in 1933, graduated and lives there. Assistant lecturer at the Polytechnic till 1970. In 1971 founded the CP & PR Associati. In 1976 won the Product Design Award and was selected at the Compasso d'Oro for a tent trailer. Works with some companies in the sector of product design and corporate identity.

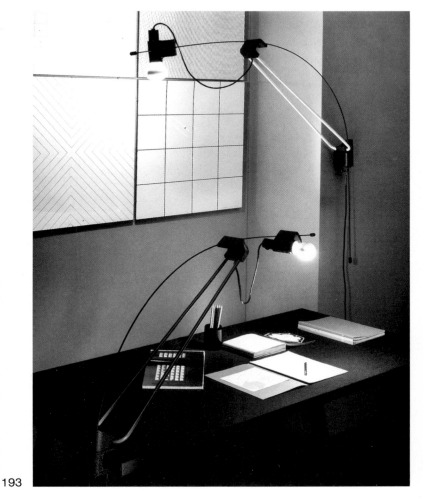

193

Cucina Metamorfosi
legno e laminato
Germal 1984

Metamorfosi, kitchen
wood and laminate
Germal 1984

Lampada Blue Bell
acciaio e gomma
Fontanaarte 1978

Blue Bell, lamp
steel and rubber
Fontanaarte 1978

Componibile Su e giù
Essex 1978

Su e giù, modular unit
Essex 1978

Rodbechia
decoro su piastrella
Cedit 1975

Rodbechia
tile decoration
Cedit 1975

Carrello tenda Scirocco
vetroresina, metallo, tela
Laverda 1979

Scirocco, camping trailer fiber glass
reinforced plastic, metal, canvas
Laverda 1979

Guia, sedia in frassino
Pozzi & Figli 1975

Guia, chair in ash
Pozzi & Figli 1975

Giovanni Ronzoni

Nato a Lissone (Milano) nel 1952, diplomato all'IPSIA di Lissone, dove ora svolge attività didattica, iscritto alla facoltà di architettura del Politecnico di Milano. Dal 1968 collabora con studi di architettura, nel 1980 apre uno studio professionale di interior e product design. Nel 1983 inizia la collaborazione con Barnaba Visconti e nel 1984 con Interflex.

Born in Lissone (Milan) in 1952, graduated from the IPSIA in Lissone where he now works as a teacher. Enrolled in the faculty of Architecture of the Milan Polytechnic. In 1968 started working for architects' offices, in 1980 opened his own interior and product design office. In 1983 began his work for Barnaba Visconti and in 1984 for Interflex.

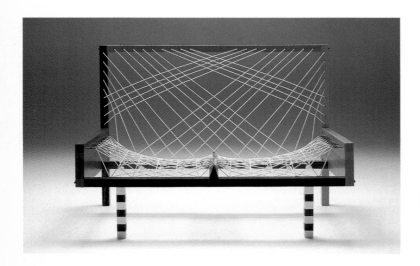

194

L'incontro, divano della collezione Segni e Disegni
Barnaba Visconti 1983

*L'incontro, sofa of the collection Segni e Disegni
Barnaba Visconti 1983*

Tavolini Rocchetto
Interflex 1984

*Rocchetto, low tables
Interflex 1984*

Tavolo O'maggio
Barnaba Visconti 1983

*O'maggio, table
Barnaba Visconti 1983*

Testiera Cespuglia
legno laccato lucido
Interflex 1984

*Cespuglia headboard
lacquered wood, glossy finish
Interflex 1984*

Guido Rosati

ADI

Nato a Chieti nel 1944, dopo studi in architettura e scenografia, dal 1970 comincia ad interessarsi al design. Dopo la prima esperienza con la Fontana Arte di Milano, il successo dei primi progetti lo ha spinto ad occuparsi di vari settori dell'interior design ed a sviluppare particolarmente la progettazione di mobili imbottiti e di oggetti polifunzionali.

Born in Chieti in 1944, studied architecture and stage designing; in 1970 started to take an interest in design. After the first successful projects for Fontana Arte in Milan, began specializing in different sectors of interior design with a preference for upholstered furniture and multi-purpose objects.

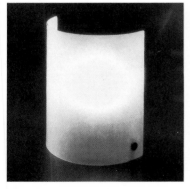

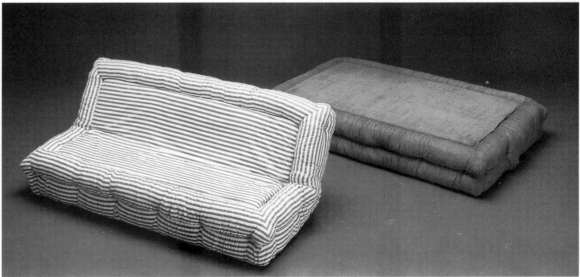

195

Fatua, lampada da tavolo
vetro soffiato
Fontana Arte 1970

*Fatua, table lamp
blown glass
Fontana Arte 1970*

Randa, lampada da tavolo
vetro curvato
Stilnovo 1981

*Randa, table lamp
curved glass
Stilnovo 1981*

Piego, divano letto
tubo di metallo, poliuretano espanso
e Dacron trapuntato
Sofart 1973

*Piego, sofa bed
metal tube, foam polyurethane
and matelassé dacron
Sofart 1973*

Lucinda, serie di lampade
vetro soffiato
Veart 1974

*Lucinda, set of lamps
blown glass
Veart 1974*

Ambrogio Rossari

ADI

Nato a Milano nel 1943, si è diplomato al Corso Superiore di disegno industriale a Venezia nel 1966, e ha conseguito l'MS in Poduct Design presso l'Institute of Design dell'Illinois Institute of Technology di Chicago.
Ha iniziato la propria attività professionale con collaborazioni nei settori del bagno, dell'illuminazione, ecc.

Born in Milan in 1943, completed the Advanced level industrial design course in Venice in 1966, going to an MS in Product Design at the Institute of Design at the Illinois Institute of Technology in Chicago. He then set up as a design consultant, working on product design in several fields.

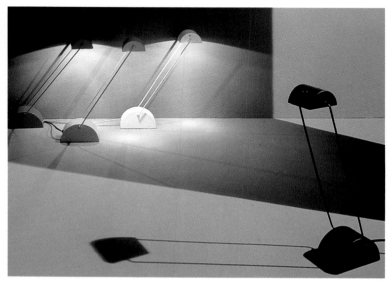

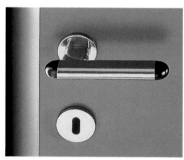

196

Symbol, servizio da tavola porcellana
Zeh, Scherzer & Co. 1984
con Marco Maggioni

*Symbol, table dinnerware china
Zeh, Scherzer & Co. 1984
with Marco Maggioni*

System, serie di sanitari vetrochina
Cesame 1985

*System, sanitary fixtures vitreous-china
Cesame 1985*

Laser, Bilumen 1984

Ross 109, lampada per esterni
Philips 1982

*Ross 109, outdoor lighting
Philips 1982*

Appendino in ABS, Gedy 1983

ABS hook, Gedy 1983

Biscotto, maniglie
Olivari 1982

*Biscotto, handles
Olivari 1982*

Tavolo per soggiorno
Gamma 1984
con Marco Maggioni

*Living room table
Gamma 1984
with Marco Maggioni*

Bruno Rota

ADI

Nato a Agen (Francia) nel 1941, vive a Bergamo. Tra i riconoscimenti: selezione Compasso d'Oro 1979 con Giunto e 1981 con Diante, Primo premio Interieur 80 Kortrijk con Diante, Primo premio per l'innovazione Dunlopillo Design Award 1981 Londra con Seduta regolabile con comando elettronico. Ha tenuto relazioni per la Parson's School of Design di New York 1982-1983, corso di Work Shop presso l'Istituto Europeo di Design 1983/84.

Born in Agen (France) in 1941, lives in Bergamo and works as an industrial and environmental designer. Awards: selection Compasso d'Oro 1979 with Giunto and 1981 with Diante, 1st prize Interieur 80 Kortrijk with Diante, 1st prize for innovation Dunlopillo Design Award 1981 in London with Seat adjustable through an electronic control. Lectures at the Parson's School of Design in New York 1982-1983, Work Shop course at the Istituto Europeo di Design 1983/1984.

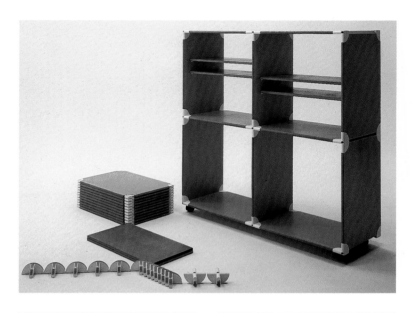

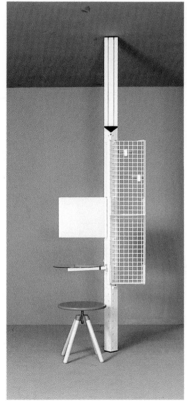

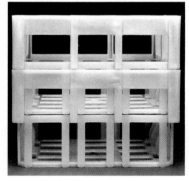

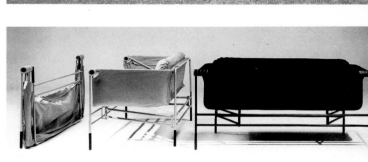

197

Giunto, sistema modulare
con giunto in materiale plastico
Structura 1979

*Giunto, modular system
with plastic material joint
Structura 1979*

Krik, sistema a piantane estensibili
Acerbisform 1981

*Krik, system with extensible poles
Acerbisform 1981*

Cassetta per contenimento
confezioni di liquidi
materiale plastico con alette
di supporto a espansione
Nord contenitori 1982

*Bottle crate
plastic material with expansion tabs
Nord contenitori 1982*

Pantos, tavolo allungabile
e adeguabile a varie forme di piani
B&B Italia 1984

*Pantos, extension table
with adjustable tops
B&B Italia 1984*

Tensostruttura Trieste
coperture per aree di attività
prodotta per CNA e CONI 1982

*Tensostruttura Trieste
roofings
made for CNA and CONI 1982*

Cabriolet, divano pieghevole
Esse 1982

*Cabriolet, folding sofa
Esse 1982*

Lino Sabattini

Nato nel 1925, inizia giovanissimo l'attività di argentiere. Si dedica soprattutto allo studio della forma, da cui deriva tutto il suo lavoro. Collabora con i più noti personaggi, tra cui Giò Ponti. Partecipa a Triennali a Milano e a importanti mostre. I suoi pezzi sono presenti nei più prestigiosi musei di tutto il mondo.

Born in 1925, started working as a silversmith very early. His activity is focussed on the shape study. Works with famous designers including Giò Ponti. Was present at Triennials in Milan and important exhibitions. Works exhibited in prestigious museums all over the world.

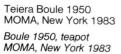

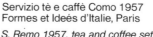

Teiera Boule 1950
MOMA, New York 1983

*Boule 1950, teapot
MOMA, New York 1983*

Servizio tè e caffè Stairs 1971
British Museum, London 1984

*Stairs 1971, tea and coffee set
British Museum, London 1984*

Concerto 1960

Servizio tè e caffè Como 1957
Formes et Ideés d'Italie, Paris

*S. Remo 1957, tea and coffee set
11th Triennial*

Pale, posate servire 1973
medaglia d'oro World Craft Council,
Monaco 1974

*Pale 1973, servers
World Craft Council gold medal,
Munich 1974*

Servizio tè e caffè Como 1957
Formes et Ideés d'Italie, Paris

*Como 1957, tea and cofee set
Formes et Ideés d'Italie, Paris*

Salsiera Estro
Cooper-Hewitt Museum
New York 1983

*Estro, sauce-boat
Cooper-Hewitt Museum
New York 1983*

Secchio ghiaccio Eskimo 1978
(Philadelphia Museum of Art)
e shaker Wasco 1978

*Eskimo 1978, ice-bucket
(Philadelphia Museum of Art)
and Wasco shaker 1978*

Centro tavola o frutta Centro 1979
Cooper-Hewitt Museum, New York

*Centro 1979, bowl
Cooper-Hewitt Museum, New York*

Luigi Saccardo

ADI

Nato nel 1927, vive a Padova. Studia architettura e successivamente pittura all'Accademia di Belle Arti di Venezia. Giovanissimo incomincia la sua attività progettando e decorando diversi ambienti pubblici in Italia ed all'estero. Entra nel settore del design nel 1970, collaborando con varie aziende italiane. Varie sono le pubblicazioni delle sue opere nelle riviste di settore. Riceve diversi riconoscimenti dei quali l'ultimo il premio ex aequo *L'imbottito degli anni ottanta*.

Born in 1927, lives in Padua. Studied architecture and then painting at the Academy of Fine Arts in Venice. Started his activity very young designing and decorating public premises in Italy and abroad. In 1970 started working in the design sector for several Italian and foreign companies. Many works published in the trade press. Various awards, the latest is the ex aequo prize L'Imbottito degli anni ottanta.

199

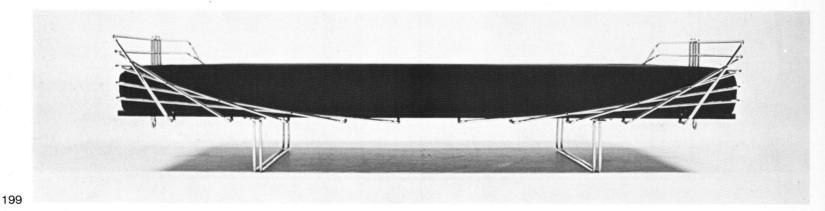

Tavolo UFO con piantana composta da quattro elementi curvati in alluminio e sedia Pellicano in lamellare laccato
Arrmet 1972

UFO table with pedestal consisting of four bent elements in aluminium and Pellicano chair in enamelled wood
Arrmet 1972

Divano Epoca
struttura metallica, rivestimento in pelle
Hain & Thome, Karlsruhe 1980

Epoca sofa
metal structure, leather covering
Hain & Thome, Karlsruhe 1980

Programma Spider
salotto in tubo di metallo, smontabile e con fodere sfilabili
Thalia 1978

Spider programme
demountable living-room in metal tube, with loose covers
Thalia 1978

Letto Dream
elementi in tondino di metallo collegati da bulloncini *unic*
Topline-Casem 1976

Dream, bed
metal rod elements joined with unic *boits*
Topline-Casem 1976

Maurizio Sala

ADI

Nato nel 1946, vive e lavora a Milano dove si è laureato. Consigliere dell'Ordine degli architetti, specializzato in costruzioni edilizie ed in ristrutturazioni, progetta, per i grandi complessi immobiliari, sia l'intervento per la realizzazione che gli elementi di e per la prefabbricazione e l'arredo, senza tralasciare il design e la grafica.

Born in 1946, lives and works in Milan where he graduated in architecture. A Councillor of the Architects' Association. Specializes in building and restoration and makes the complete design for big works. Also interested in product and graphic design prefabrication and furnishing.

200

Piatta
porta pannello senza telaio
pannelli tamburati a sandwich
con massello sagomato
Novarredi 1984

Piatta
panel door without frame
sandwich panels
with molded solid part
Novarredi 1984

Alter Ego
telefonia automatica memorizzata
ABS stampato
Piar 1978

Alter Ego
computerized phone
pressed ABS
Piar 1978

Iraqui Brise Soleil
pannello prefabbricato in lamiera
di alluminio calandrata, sagomata,
anodizzata
Volani 1981
con Dan Anton Cipu

Iraqui Brise Soleil
prefabricated panel in rolled, shaped
and anodized aluminium plate
Volani 1981
with Dan Anton Cipu

Claudio Salocchi

ADI

Nato a Milano nel 1934, laureato al Politecnico di Milano. Opera in campo internazionale nei settori dell'industrial, interior design, architettura. Ha partecipato, su invito, alle principali mostre e manifestazioni sia in Italia che all'estero; i suoi lavori sono stati esposti nei più importanti musei e presentati sulle più significative pubblicazioni internazionali. Premi e riconoscimenti: International Aluminium Extrusion Design Competition Award of Merit, New York 1970, Compasso d'Oro 1979.

Born in Milan in 1934, graduated from the Milan Polytechnic. Works in the sectors of industrial design, architecture and interior design in Italy and abroad. Was invited to the most important international exhibitions of industrial design. Works exhibited in the main museums and shown in the leading international reviews. Awards: International Aluminium Extrusion Design Competition Award of Merit, New York 1970, Compasso d'Oro winner 1979.

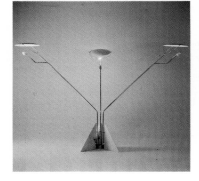

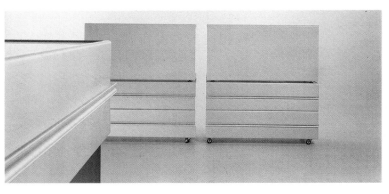

201

MetrOsistema, elementi e attrezzature componibili
Alberti Cucine 1978

MetrOsistema, modular elements and fittings
Alberti Cucine 1978

Appoggio, sedia regolabile
Sormani 1971

Appoggio, adjustable chair
Sormani 1971

Ri-flessione, lampada da terra stelo girevole su base in marmo
Skipper 1973

Ri-flessione, floor lamp revolving stand on a marble base
Skipper 1973

Ellisse, contenitori componibili
Sormani 1966

Ellisse, modular units
Sormani 1966

Blocchi pensili in acciaio S102 con attrezzature a carrello
Alberti Cucine 1970

S102, steel wall worktops with trolley-mounted fixtures
Alberti Cucine 1970

I diamanti, contenitori, sedute e letti
Skipper 1978

I diamanti, units, settees and beds
Skipper 1978

Feeling, poltrone e divani
Skipper 1980

Feeling, armchairs and sofas
Skipper 1980

Salvati e Tresoldi

ADI

Svolgono dal 1960 attività nel campo edilizio, dell'arredamento e dell'industrial design. Partecipano alla XII, XIV e XV Triennale e alla mostra *Italy, the new domestic landscape* di New York. Premiati in vari concorsi nazionali e internazionali.

Since 1960 they have been active in the field of construction, interior decoration and industrial design. They participated in the XII, XIV and XV Triennials and in the Italy, the new domestic landscape *exhibition in New York. They have been awarded prizes in national and international contests.*

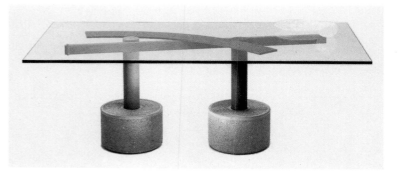

202

Rossana Night, cucina
RB Rossana 1970
con G. Iliprandi

*Rossana night, kitchen
RB Rossana 1970
with G. Iliprandi*

Miamina, poltrona
Saporiti Italia 1983

*Miamina, armchair
Saporiti Italia 1983*

El Lissitzky, tavolo
Saporiti Italia 1984

*El Lissitzky, table
Saporiti Italia 1984*

Melrose, divano
Saporiti Italia 1984

*Melrose, sofa
Saporiti Italia 1984*

Dania, sedia
Saporiti Italia 1983

*Dania, chair
Saporiti Italia 1983*

Roberto Sambonet

ADI

Nato nel 1924, designer, grafico e pittore. Studia architettura ed è avviato al design da Bardi in Brasile e da Aalto in Finlandia. Progetta per Sambonet, Baccarat, Bing & Grondahl, Richard Ginori, Seguso. Gran Premio Triennale 1960, Primo premio Domus/Inox 1962, Compasso d'Oro 1956 e 1970. Oggetti esposti al MOMA di New York. Grafico per La Rinascente, Pirelli, Olivetti, Einaudi, Feltrinelli, TCI, ICE, RAI, Alfa Romeo, Regione Lombardia (Compasso d'Oro 1979).

Born in 1924, a product and graphic designer and a painter. Designs for Sambonet, Baccarat, Bing & Grondahl, Richard Ginori, Seguso. Awards: Grand Prix Triennial 1960, 1st prize Domus/Inox 1962, Compasso d'Oro winner in 1956 and 1970. Works exhibited at the MOMA in New York. A graphic designer for La Rinascente, Pirelli, Olivetti, Einaudi, Feltrinelli, TCI, ICE, RAI, Alfa Romeo, Regione Lombardia (Compasso d'Oro winner 1979).

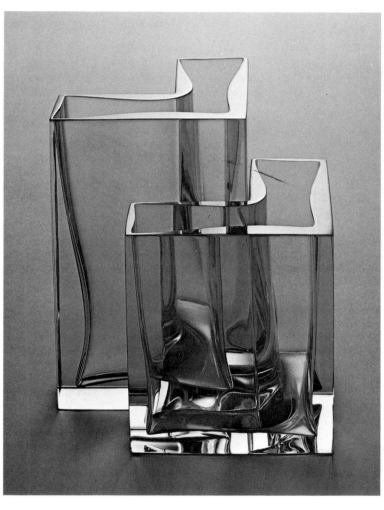

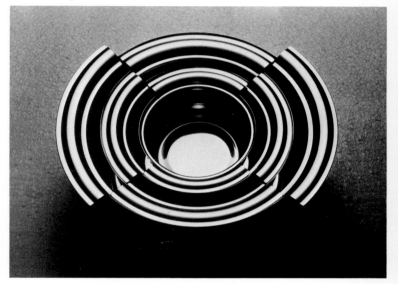

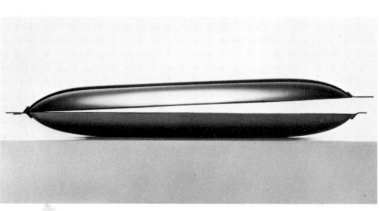

203

Due elementi della serie di quattro vasi angolari in cristallo
Compagnie des Cristalleries de Baccarat, Francia 1975/1977

Two elements of four corner shaped vases in crystal glass
Compagnie des Cristalleries des Baccarat France 1975/1977

Pesciera
acciaio inossidabile
Sambonet 1957

Fish dish
stainless steel
Sambonet 1957

Center line, serie di otto contenitori da fuoco
Sambonet 1965/1971

Center line, set of eight ashtrays
Sambonet 1965/1971

Set posate RST
Sambonet 1973

RST cutlery set
Sambonet 1973

Tir, serie di 4 bicchieri in cristallo di uguale altezza e differenti capacità
Compagnie des Cristalleries de Baccarat, Francia 1971

Tir, set of four crystal glasses, same height but different capacities
Compagnie des Cristalleries de Baccarat, France 1971

Franz T. Sartori

ADI

Nato a Milano nel 1927, archidesigner, scultore, docente universitario. Direttore Laboratorio Ricerche Estetiche e professore di ID Università Europea del Lavoro di Bruxelles. Direttore Dipartimento Psicologia Applicata e professore emerito Psicologia della Progettazione Università PUMS Milano. Direttore Ricerca Università Europea Terzo Ciclo UNE. Primo premio V Concorso Fiera di Trieste. Europremio d'onore per il Design, Stoccolma 1970.

Born in Milan in 1927, architect, designer, sculptor, university teacher. Aesthetic Research Laboratory director and ID professor at the European University of Work in Bruxelles. Director of the Applied Psychology Dept. and professor of Design Psychology, PUMS University Milan. Research director, Università Europea Terzo Ciclo UNE. 1st prize 5th Concorso Fiera di Trieste. Honour European prize for Design, Stockholm 1970.

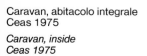

204

Caravan, abitacolo integrale
Ceas 1975

Caravan, inside
Ceas 1975

Trieste, sedia sovrapponibile
premio V Concorso Nazionale
Fiera di Trieste
Del Corno 1965

Trieste, stackable chair
5th Concorso Fiera di Trieste Award
Del Corno 1965

Accendino, ottone e argento
Saffa 1964

Lighter, brass and silver
Saffa 1964

Sedia sovrapponibile
legno laccato
Pozzi e Verga 1965

Stackable chair
lacquered wood
Pozzi & Verga 1965

Sedia Giumella
Pozzi e Verga 1981

Giumella, chair
Pozzi & Verga 1981

Baby Express, trenino abitabile
Citterio 1975
con L. Motta

Baby Express, toy train
Citterio 1975
with L. Motta

Evasio Savina

Nato a Parma nel 1933, vive e lavora a Milano. Diplomato alla scuola superiore di Industrial Design di Venezia con E. N. Rogers e C. Scarpa, entra nel 1966 nel gruppo di Industrial Design della Olivetti diretto da E. Sottsass Jr. Dal 1968 è responsabile dell'ufficio di Industrial Design della Honeywell Information Systems Italia. Suoi lavori sono stati selezionati per il Compasso d'Oro 1979 e per il Premio SMAU 1979 e 1984.

Born in Parma in 1933, lives and works in Milan. Graduated from the Higher School of Industrial Design in Venice with E. N. Rogers and C. Scarpa, in 1966 became a member of the Olivetti Industrial Design Dept. directed by E. Sottsass Jr. In charge of the Industrial Design Dept. of Honeywell Information Systems Italia since 1968. Works selected for the Compasso d'Oro Award (1979) and the SMAU Award 1979 and 1984.

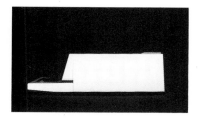

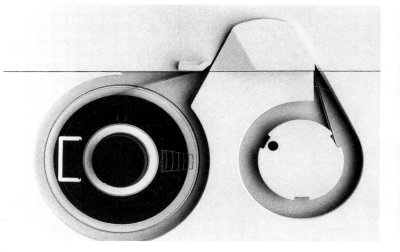

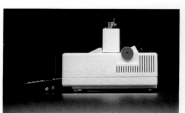

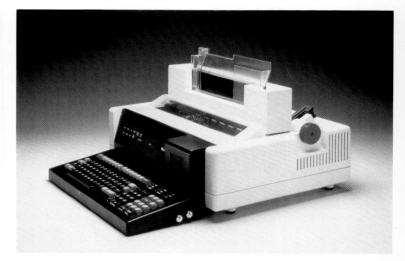

205

Terminale stampante a matrice 80 col.

Printer terminal

Terminale stampante per applicazioni di data entry, high performance teleprinter, teller

Printer terminal for applications of data entry, high performance, teleprinter, teller

Unità a nastro magnetico montabile su rack

Magnetic tape unit can be fitted on rack

Terminale bancario interattivo GTBH 3073 Honeywell Information Systems Italia (come tutti)

Interactive bank terminal GTBH 3073 Honeywell Informations Systems Italia (like the others)

Achille Savinelli

Nato a Milano nel 1917. Entrato da ragazzo nell'azienda di famiglia, fonda la omonima industria negli anni '50. Progetta personalmente gran parte delle 200.000 pipe ed articoli per fumatori prodotti nella fabbrica di Varese ed esportati in tutto il mondo. Famose le Savinelli Autograph, le Giubileo e le tradizionali Punto Oro.

Born in Milan in 1917, as a boy started working in the family business. In the 50s established the industry having the same name. Designed personally most of the 200,000 pipes and articles for smokers produced in Varese and exported all over the world. Savinelli Autograph, Giubileo and the traditional Punto Oro are some famous models.

Accendino Flint 45, con fiamma a 45 gradi per sigarette e pipa. Accendino SAP con curapipe estraibile e fiamma orizzontale

Flint 45 lighter, 45° flame for cigarettes or pipe. SAP lighter, with pull-out pipe cleaner and horizontal flame

Tranciasigari da tasca

Pocket cigar cutter

Curapipe ripiegabile
Folding pipe cleaner

Pipa linea Bruna, 1985
Bruna line, pipe 1985

Pipe linea '76, disegnate per il centenario dell'azienda
Pipes line '76, designed for the company's centenary.

Michele Sbrogiò

Architetto, nato a Venezia nel 1951. Si occupa prevalentemente di design e di immagine. Dal 1984 è direttore del centro studi Snaidero. Nello stesso anno per il marchio Abaco realizza il modello Duna e nel 1985 con Complus presenta Zeral. Nel 1986 a Detroit verrà esposta una sua nuova realizzazione.

An architect born in Venice in 1951. Works mostly in the design and image sectors. Since 1984 has been working as director of the Snaidero research department. In the same year designed the Duna model for Abaco, and in 1985 introduced Zeral for Complus. He will show a new realization at the Detroit Fair in 1986.

Cucina Duna
legno Alpi con vernici poliesteri
Abaco, Gruppo Snaidero 1984

*Duna, kitchen
Alpi wood with polyester paint
Abaco, Snaidero Group 1984*

Zeral
programma direzionale per ufficio
medium density con vernici poliesteri
metallizzate
Complus 1985

*Zeral
programme for manager's office
medium density with metalized
polyester paint
Complus 1985*

Francesco Scansetti

ADI

Nato nel 1955, vive e lavora a Milano. Dal 1975 al 1984 collabora con lo Studio di A. Cortesi. Nel 1984 apre un proprio studio progettando per primarie aziende. Ha collaborato per il concorso appalto Milano Malpensa Palazzina Arrivi e con la Regione Toscana Dipartimento Attività Produttive Turismo e Commercio.

Born in 1955, lives and works in Milan. From 1975 to 1984 worked for the Studio A. Cortesi. In 1984 opened his own studio designing for leading companies. Worked for the Arrivals Dept of the Milano Malpensa Airport and for the Production, Tourism and Commerce Dept. of the Regione Toscana.

Sedia Aelita
struttura in tubolare di acciaio e laminato rivestita in cuoio interamente smontabile
Insa 1983
con A. Cortesi

Aelita, chair
completely dismountable steel and laminate tubular structure, covered in hand worked leather
Insa 1983
with A. Cortesi

Nerosubianco, poltrona e divani
struttura in profilati speciali di acciaio rivestiti in cuoio, imbottitura in poliuretano
Insa 1981
con A. Cortesi

Nerosubianco, armchair and sofas
special steel sections, structure entirely covered in leather, stuffing in polyurethane foam
Insa 1981
with A. Cortesi

Sistema di transenne in acciaio
per SEA aeroporti
Castelli 1984
con A. Cortesi, G. Facchetti, U. Orsoni

Steel screen system for SEA airports
Castelli 1984
with A. Cortesi, G. Facchetti, U. Orsoni

Mario Scheichenbauer

Nato nel 1931 a Milano, dove vive e lavora. Si occupa principalmente di applicazioni delle materie plastiche, di energia alternativa e di tecnologia edilizia in genere. Consulente di alcune delle principlai industrie chimiche europee, esplica anche una continua attività nel campo editoriale. Invitato per conferenze a Londra, Mosca, Sofia, Bucarest. Ha progettato e condotto corsi di qualificazione tecnica per enti privati e pubblici.

Born in 1931 in Milan, lives and works there mainly in the fields of plastic material applications, alternative energy sources and building technology. A consultant for the main European chemical industries, works regularly also in the publishing sector. Invited to give lectures in London, Moscow, Sophia, Bucarest. Has organized and taught in technical courses for private and public boards.

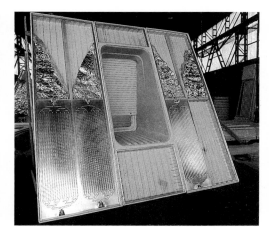

Unità bagno
Gesa Impianti 1972

Bathroom unit
Gesa Impianti 1972

Poltrona Jety
Elam 1978

Jety, armchair
Elam 1978

Divano Montenapo
Zanotta 1968

Montenapo, sofa
Zanotta 1968

Parete solare
Anic 1978

Solar panel
Anic 1978

Unità bagno RPV
Resine Plastiche & Derivati 1967

RPV bathroom unit
Resine Plastiche & Derivati 1967

Unità di copertura
RPD 1956

Roofing unit
RPD 1956

Uniservice
C. Domestic 1979

Uniservice
C. Domestic 1979

Auto da città
BMA 1974

Town car
BMA 1974

Remo Semenzato

ADI

Nato a Venezia nel 1934, vive a
Brescia. Inizia l'attività nel 1960 e
progetta per Alfa Romeo, Zoppas,
Reguitti, Sormani, CGE
Telefunken, Imperial, Saba,
Nautica Rio, Stylarredo, Giardini
d'Italia, Brevi. Ha collaborato con
M. Bellini e A. Mangiarotti.
Ha lavorato con lo Studio Zetass.
Una segnalazione al Compasso
d'Oro 1979, due al Compasso
d'Oro 1981.

*Born in Venice in 1934, lives
in Brescia. Started work in 1960
and designs for Alfa Romeo,
Zoppas, Reguitti, Sormani, CGE
Telefunken, Imperial, Saba,
Nautica Rio, Stylarredo, Giardini
d'Italia, Brevi. Has worked with
M. Bellini and A. Mangiarotti and
for the Studio Zetass. Special
mentions at the Compasso d'Oro
1979 (one) and 1981 (two).*

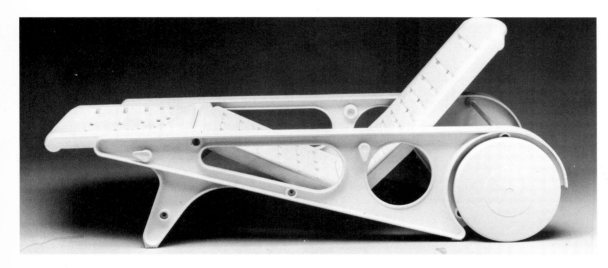

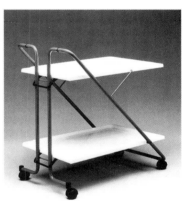

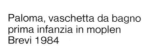

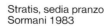

Orizzonte, lettino prendisole
Giardini d'Italia 1984

*Orizzonte, chaise longue
Giardini d'Italia 1984*

Day-cruiser Rio 730
Nautica Rio 1984
con C. Scarani

*Day-cruiser Rio 730
Nautica Rio 1984
with C. Scarani*

Paloma, vaschetta da bagno
prima infanzia in moplen
Brevi 1984

*Paloma, baby's bathtub in moplen
Brevi 1984*

Aladino, lettino
Nuova Reguitti 1983

*Aladino, children's bed
Nuova Reguitti 1983*

Stratis, sedia pranzo
Sormani 1983

*Stratis, dining-room chair
Sormani 1983*

Sesamo, carrello chiudibile
Norda Tubazioni 1980
con Studio Zetass

*Sesamo, folding trolley
Norda Tubazioni 1980
with Studio Zetass*

Seveso e Trezzi

ADI

Marco Seveso e Gigi Trezzi, nati rispettivamente a Meda nel 1957 e a Milano nel 1958, si laureano in architettura presso il Politecnico di Milano. Nel 1982 costituiscono a Meda il Laboratorio di Progettazione con Marco Cefis, che due anni più tardi lascerà il gruppo. Sempre nel 1982 sono fra i vincitori del concorso L'imbottito anni '80 col progetto Topolino. Attualmente collaborano con diverse ditte nei settori del mobile, dell'imbottito e illuminotecnica.

Marco Seveso and Gigi Trezzi were born in Meda in 1957 and in Milan in 1958 respectively. Graduated in architecture from the Milan Polythecnic; in 1982 founded the Laboratorio di Progettazione in Meda with Marco Cefis who left the group two years later. Among the winners of the competition L'imbottito anni '80 with the project Topolino in 1982. Now work for several companies in the furniture, upholstered furniture and, lately, lighting sectors.

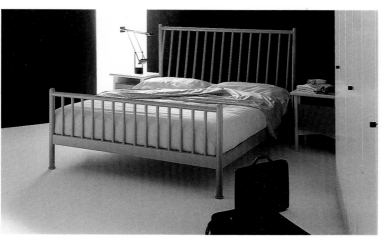

211

Josephine, divanetto 2 posti
Studio 3 / Stylarte 1984

*Josephine, two-seat settee
Studio 3 / Stylarte 1984*

Volo, letto con testiera attrezzata della collezione notte Marrakesh
Di Liddo & Perego 1984

*Volo, bed with equipped headboard
Marrakesh collection
Di Liddo & Perego 1984*

Topolino, dondolo
Felicerossi 1982
con Marco Cefis
progetto vincente ex aequo al concorso L'imbottito anni '80

*Topolino, rocking chair
Felicerossi 1982
with Marco Cefis
winner ex aequo at the contest
L'imbottito anni '80*

Agostino, serie completa
imbottito di dimensioni minime
Studio 3 / Stylarte 1984

*Agostino, complete set of small upholstered furniture
Studio 3 / Stylarte 1984*

Agostino, bergere
Studio 3 / Stylarte 1984

*Agostino, bergere
Studio 3 / Stylarte 1984*

Squillo, divano letto
Studio 3 / Stylarte 1983
con Marco Cefis

*Squillo, sofa bed
Studio 3 / Stylarte 1983
with Marco Cefis*

Kazumi Shigeto

ADI

Nato a Mie-ken (Giappone) nel 1947, laureato in architettura a Tokio nel 1970, vive e lavora a Milano dal 1974. Collabora con primarie industrie giapponesi e italiane. Segnalato al Premio Industrial Design 1972, Premio Mobile Design 1972, Premio Mainichi Industrial Design 1973 e 1981.

Born in Mie-ken (Japan) in 1947, graduated in architecture in Tokyo in 1970, has been living and working in Milan since 1974. Designs for leading Italian and Japanese companies. Special mention at the Industrial Design Award 1972, Furniture Design Award 1972, Mainichi Industrial Design Award 1973 and 1981.

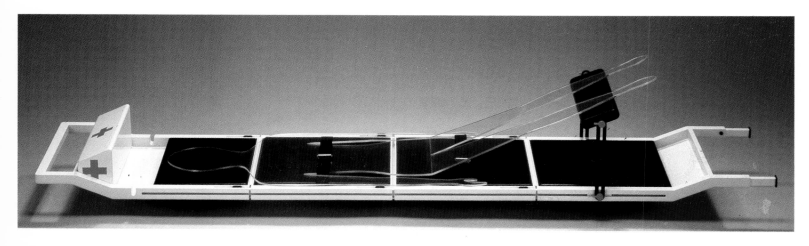

Sistema di allarme urbano e per comunicazioni di emergenza 1973

Town alarm and emergency communication system 1973

Caraffa termica in ABS Zojirushi 1983

Insulated jug in ABS Zojirushi 1983

Barella pieghevole in ABS Pigeon 1982

Folding stretcher in ABS Pigeon 1982

Simonit e Del Piero

ADI

Alfredo Simonit, nato a Romans d'Isonzo (Gorizia) nel 1937, è stato premiato al V Concorso Internazionle del Mobile, Cantú 1963, al Concorso Nazionale del Mobile, Roma 1965 e Fiera di Trieste 1965. Giorgio Del Piero, nato a Pordenone nel 1952, si è associato allo Studio nel 1974. Oltre che di product design e arredamento, si occupa anche di graphic design.

Alfredo Simonit was born in Romans d'Isonzo (Gorizia) in 1937. Awards at the 5th Furniture International Competition, Cantù 1963, the Italian Furniture Competition, Roma 1965 and the Trieste Fair 1965. Giorgio Del Piero was born in Pordenone in 1952, became a member of the Studio in 1974. Works as a product and graphic designer and in the furniture field.

Joker, programma di sgabelli e tavolini in lamellare curvato, con particolare della struttura portante e del piano a spicchi
Olivo 1981

Joker, programme of stools and tables in curved wood, with a detail of the bearing structure and segment-shaped top
Olivo 1981

Spritz
sedia in lamellare curvato
Olivo 1982

Spritz
chair in curved wood
Olivo 1982

Gala, chaise longue
Olivo 1982

Gala, chaise longue
Olivo 1982

Tavolo 880, smontabile
Bros's 1981

Table 880, demountable
Bros's 1981

Clio, poltrona e divano
struttura in acciaio cromato nero
Zevi, Möbel Italia 1983

Clio, armchair and sofa
Zevi, Möbel Italia 1983

Vetrinette Naxos
Zevi, Möbel Italia 1983

Naxos, glass cabinets
Zevi, Möbel Italia 1983

Ettore Sottsass Jr.

Nato a Innsbruck (Austria) nel 1917, laureato al Politecnico nel 1939, laurea H.C. Royal College of Art di Londra. Attivo a Milano dal 1947, dal 1958 consulente Olivetti per il design. Nel 1980 si è associato a Cibic, Thun e Zanini, nel 1981 ha dato inizio all'operazione Memphis, il simbolo quasi mitico del nuovo design. Ha esposto, tra l'altro, nei musei e centri di ID di New York, Berlino, Parigi, Barcellona, Gerusalemme, Sidney.

Born in Innsbruck (Austria) in 1917, graduated from the Polytechnic in 1939, degree honoris causa from the Royal College of Art in London. Active in Milan since 1947, a design consultant for Olivetti since 1958. In 1980 associated with Cibic, Thun and Zanini; in 1981 started the Memphis operation, the almost mythic symbol of the new design. Exhibited in many museums and ID centres including the ones in New York, Berlin, Paris, Barcellona, Jerusalem, Sidney.

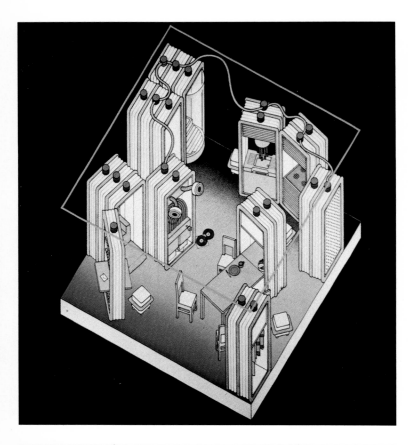

Ambiente formato da nicchie attrezzabili
Italy: the new domestic landscape
MOMA, New York1969

*Room with niches that can be equipped
Italy: the new domestic landscape
MOMA, New York 1969*

Elementi in fibra di vetro grigio e bianco
Eurodomus, Milano
Poltronova 1970

*Grey and white fiberglass cabinets
Eurodomus, Milan
Poltronova 1970*

Valentina, macchina da scrivere portatile esposta al MOMA di New York
Olivetti 1969

*Valentina, portable typewriter exhibited at the MOMA, New York
Olivetti 1969*

Mario Sozzi

ADI

Quarantaquattro anni, nato a Milano. Dal 1966 alla IDS Sangiorgio, nel 1970 con Lineadue, dove approfondisce la conoscenza e l'impiego delle materie plastiche nel settore illuminotecnico, dedicandosi soprattutto allo studio di componenti snodabili per l'assemblaggio degli apparecchi. Collaborazioni: Diner, Depa, Cidue, Interni Luce, Arflex.

Born in Milan, is 44 years old. In 1966 worked for IDS San Giorgio and in 1970 for Lineadue where he specialized in the use of plastic materials in the lighting sector, with a preference for the study of articulated components for the assembly of fittings. Worked for: Diner, Depa, Cidue, Interni Luce, Arflex.

Componenti per lampade. Serie composta da 5 particolari: snodi e morsetti, realizzati in resina termoplastica (moplen, nylon). Ciascun componente farà parte della struttura della lampada per consentire il movimento direzionale, il fissaggio o l'appoggio, 1970/71

Lamp components, 1970/1971 Set consisting of 5 parts: articulated joints and clamps in thermoplastic resin (moplen, nylon). All components will be a part of the lamp structure to allow its directional movement, installation and support.

Snodi a frizione in resina termoplastica per supporti basculanti; funzionano mediante pressione regolabile a mezzo di apposite molle, 1972

Friction type articulated joints in thermoplastic resin, for swinging supports. Pressure operated through adjustable springs, 1972

Corpo per l'alloggiamento della lampadina alogena e dell'interruttore in miniatura, che funge anche da riflettore e snodo. L'assemblaggio avviene senza l'uso di viti, 1973

Housing for the bulb and the microswitch, acting as a reflector and articulated joint. Assembly is carried out without screws. The steel spring pin built into the resin acts as an arcitulated joint and friction device, 1973

Pierluigi Spadolini

ADI

Nato a Firenze nel 1922, docente di ID, professore in Italia per corsi di laurea della Rhode Island School of Design (USA), ha fondato l'ISIA di Firenze. Progetta per aziende e cantieri navali, dal 1952 ha sviluppato ricerche sull'edilizia industrializzata. Premio *Lorenzo il Magnifico* per l'architettura 1978, *Eurostructpress* (GB) 1979, ha esposto al MOMA di New York. In giuria Compasso d'Oro 1981 e Premio SMAU 1984.

Born in Florence in 1922, industrial design teacher, professor in Italy for the Rhode Island School of Design (USA); founded the ISIA in Florence. Designs for companies and naval dockyards, has carried out researches on industrial building since 1952. Lorenzo il Magnifico Award for Architecture in 1978; Eurostructpress award (UK) in 1979, Exhibited at the MOMA in New York. In the Juries of Compasso d'Oro 1981 and SMAU Award 1984.

AKHIR 18, barca da diporto
Cantieri Navali di Pisa 1982
con Gianna Fagnoni Spadolini

*AKHIR 18, pleasure boat
Cantieri Navali of Pisa 1982
with Gianna Fagnoni Spadolini*

MAPI, modulo abitativo di pronto intervento in fiberglass e acciaio, montabile in 20 minuti
Edilpro-Ipysystem 1985

*MAPI, emergency modular unit in fiber glass and steel, can be assembled in 20 min.
Edilpro-Ipysystem 1985*

Lorenzo Stano

Nato a Santeramo (Bari) nel 1950, vive e lavora a Milano. Dopo gli studi artistici consegue il diploma del corso superiore di Industrial Design presso l'Istituto Europeo di Milano. Dal 1980 svolge la propria attività di insegnamento e ricerca presso il Dipartimento di progettazione per l'industria nello stesso istituto, cui è stato chiamato da R. Lucci e P. Orlandini. Dal 1978 inizia l'attività professionale indipendente nel campo del design.

Born in Santeramo (Bari) in 1950, lives and works in Milan. Studied at the Art School; his degree from the European Institute of Design in Milan is in Industrial Design. Since 1980 he has been teaching and researching at the Design Dept. for Industry in the same institute, where he was invited by R. Lucci and P. Orlandini. In 1978 began his freelance activity in the field of design.

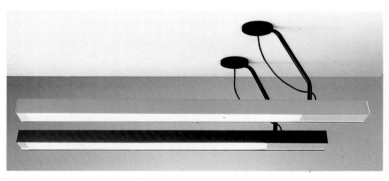

217

Plan, lampade da tavolo, parete, terra e soffitto in ABS
Fosnova 1984
con P. Bistacchi, G. Zimmerman

Plan, table, wall, floor and ceiling lamps in ABS
Fosnova 1984
with P. Bistacchi, G. Zimmerman

Gru, Candle 1983
lampada fluorescente a sospensione

Gru, Candle 1983
fluorescent hanging lamp

Alice, cucina
Tosimobili 1983
con P. Bistacchi, G. Zimmerman

Alice, kitchen
Tosimobili 1983
with P. Bistacchi, G. Zimmerman

Kioto, poltrona
Elam 1984
con P. Bistacchi

Kioto, armchair
Elam 1984
with P. Bistacchi

Formula 190
sistema modulare di contenitori
Tosimobili 1984
con P. Bistacchi

Formula 190
modular system
Tosimobili 1984
with P. Bistacchi

Franco Stefanoni

ADI

Nato nel 1926, vive e lavora a Lecco e Milano. Esercita la professione nel campo dell'architettura, dell'arredamento e del disegno industriale. Membro del MIA, progetta per numerose aziende.

Born in 1926, lives and works in Lecco and Milan. Working in the fields of architecture, furnishing and industrial design. A member of MIA, designs for several companies.

Lampade Luna 1 e Stalagmite
E. Beltrami

*Luna 1 and Stalagmite, lamps
E. Beltrami*

Cilindro e mezzo
contenitore in legno e marmo
Ballerio

*A cylinder and a half
wood and marble unit
Ballerio*

Triangolo, contenitore
Ronchi

*Triangle, unit
Ronchi*

Cerchio, scrivania
legno e pelle
Ballerio

*Circle, desk
wood and leather
Ballerio*

Ovale, contenitore
Ballerio

*Oval, unit
Ballerio*

Giotto Stoppino

ADI

Nato a Vigevano nel 1926. Sue opere fanno parte delle collezioni del MOMA di New York, del Victoria and Albert Museum di Londra, del Museum für Angewandte Kunst di Monaco. Gran Premio per la sezione introduttiva della XII Triennale. Compasso d'Oro ADI 1979 e medaglia d'oro BIO 9 di Lubiana 1981. Product Design Award dell'Institute of Business Designers di New York 1981. Presidente ADI dal 1982 e del Comitato ICSID 83 a Milano.

Born in Vigevano in 1926. Some of his works are included in the collections of the New York Museum of Modern Art, the Victoria and Albert Museum in London and the Museum für Angewandte Kunst in Munich. Grand Prix for the introductory section to the Triennial of Milan, 1964. Compasso d'Oro winner 1979, gold medal BIO 9 in Lubiana 1981. Product Design Award from the Institute of Business Designers in New York 1981. Chairman of ADI 1982 and ICSID 1983 Committee in Milan.

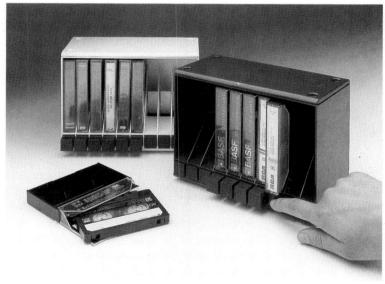

Birillo
portacenere da terra
Rexite 1982

Birillo
pedestal ashtray
Rexite 1981

Contenitore per musicassette in ABS
Rexite 1981

Musicassette holder in ABS
Rexite 1981

Mobile Sheraton
Compasso d'Oro ADI 1979
medaglia d'oro BIO 9 Lubiana 1981
Acerbis International 1977
con Lodovico Acerbis

Sheraton desk
Compasso d'Oro ADI winner 1979
gold medal BIO 9 Ljubiana 1981
Acerbis International 1977
with Lodovico Acerbis

Contenitori in marmo
Casigliani 1984

Marble containers
Casigliani 1984

Sedia Liuba in frassino curvato
Zanotta 1979

Liuba chair with curved ash frame
Zanotta 1979

Playbox
per televisore, hi-fi, personal computer
Acerbis International 1984
con Lodovico Acerbis

Playbox
for television, stereo set or comput
Acerbis International 1984
with Lodovico Acerbis

Giovanna Talocci

ADI

Nata a Roma nel 1951, Liceo Artistico, studi di architettura di interni e scenografia. Nel 1973 inizia a collaborare con Fabio Lenci e Carlo Urbinati e dal 1975 si dedica al product design. Ha progettato per Rustici, Guzzini, Teuco, Vitreouslite, Bernini, Sorgente dei Mobili, Osma, Eurobit, Fornara, Maulini.

Born in Roma in 1951, qualified at the Art School and studied interior decoration and stage designing. In 1973 started to work with Fabio Lenci and Carlo Urbinati; a product designer since 1975. Designed for: Rustici, Guzzini, Teuco, Vitreouslite, Bernini, Sorgente dei Mobili, Osma, Eurobit, Fornara, Maulini.

Kine, camera da letto
Sorgente dei Mobili 1981
con Fabio Lenci (come tutti)

Kine, bedroom
Sorgente dei Mobili 1984
with Fabio Lenci (like the others)

Minipiscina per otto persone con idromassaggio, riscaldamento e filtri, luce subacquea, vassoio galleggiante
Teuco 1984

Mini swimming-pool for 8 people with hydromassage, heating and filters, underwater light, floating platform
Teuco 1984

Kine, paravento

Kine, screen

Rubinetteria per bagno
con termometro a cristalli liquidi
e doccetta
Teuco 1983

Bathroom taps and fittings with liquid crystal thermometer and shower
Teuco 1983

Snodo, specchiera con
accessori ruotanti
tubo di metallo e metacrilato
Selezione Compasso d'Oro 1981
Fratelli Guzzini 1979

Snodo, wall mirror with revolving accessories
metal and metacrylate tubes
Selection Compasso d'Oro 1981
Fratelli Guzzini 1979

Paolo Targetti

ADI

Nato nel 1937, vive e lavora a
Firenze. Dal 1958 svolge attività
imprenditoriali e di industrial
designer di apparecchi
d'illuminazione, mobili e
complementi d'arredo, di cui cura
anche il merchandising.
Dal 1982 svolge attività grafica
pubblicitaria e studio di immagine
aziendale.

Born in 1937, lives and works in
Florence. Since 1958 has been
busy in the management of an
industry of lighting fittings,
carrying out also the activity of
industrial designer in the furniture,
lighting and furnishings sectors.
Engaged also in merchandising.
Since 1982 has been working in
advertising graphics and the
corporate identity study.

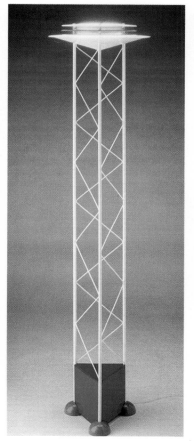

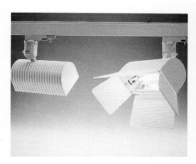

221

Structura, sistema modulare
Altalite, divisione tecnica
della Targetti Sankey 1980

*Structura, modular system
Altalite, Technical Dept.
by Targetti Sankey 1980*

Study station
stazione attrezzata per studio
teen-agers
Pico 1984

*Study station
equipped station for teen-agers
study room
Pico 1984*

Targetti Shop
allestimento modulare

*Targetti Shop
modular display*

Up-lighter HID 250W
illuminazione per luce riflessa
Altalite 1983

*Up-lighter HID 250W
reflected light lighting
Altalite 1983*

Studio 54, faretto
Altalite 1982

*Studio 54, spotlight
Altalite 1982*

Sunset, proiettore alogeno
Altalite 1980

*Sunset, halogen projector
Altalite 1980*

Alessio Tasca

Nato a Nove (Vicenza) nel 1929, ha iniziato a lavorare con la trafila nel 1968 e da allora produce per estrusione piccole serie di oggetti e sperimenta grandi strutture modulari in gres. Triennale 1951, 1957, 1968 e 1973, Praga 1962, Victoria and Albert Museum 1972 (opere in permanenza), *Il materiale delle arti* Castello Sforzesco, Milano 1981, *Scultura e ceramica del XX Secolo,* Bologna 1985.

Born in Nove (Vicenza) in 1929, started working with the extruder in 1968 and since then has been producing objects in small lots and experimented big modular structures in grés. Triennials 1951, 1957, 1968 and 1973; Prague, 1962; Victoria and Albert Museum, 1972 (works on permanent exhibition); Il materiale delle Arti, Sforza Castle, Milan 1981; Scultura e Ceramica del XX secolo, Bologna 1985.

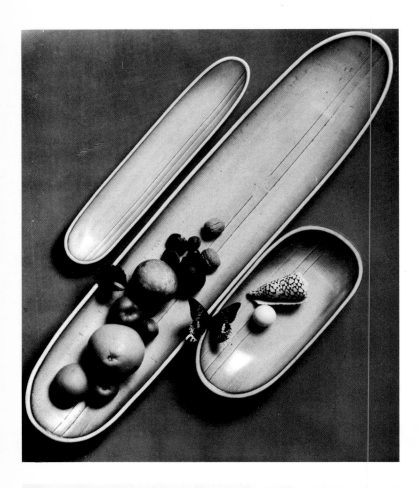

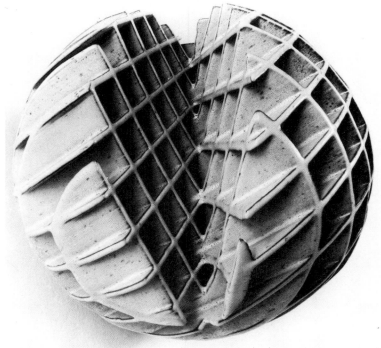

Canoa 1969
maiolica per estrusione

Canoa 1969
extruded majolica

Fondovalle 1972
maiolica per estrusione

Fondovalle 1972
extruded majolica

Sfera 1973
maiolica per estrusione

Sfera 1973
extruded majolica

Cornovaso 1968
maiolica per estrusione

Cornovaso 1968
extruded majolica

Marcello Terzano

Nato nel 1949, laureato in architettura, effettua l'apprendistato all'estero. Questa abitudine a viaggiare non lo abbandonerà mai: metà del suo tempo lo trascorre in cantieri di vari paesi. Premio al *Salone dei Brevetti* di Milano 1975, *Oscar de la Technique* a Parigi nel 1983, collabora con primarie aziende, preferendo gli impegni nei quali la componente tecnica è dominante rispetto alla forma estetica.

Born in 1949, degree in architecture, training abroad, will keep travelling; spends half of his time in workshops in different countries. Award at the Salone dei Brevetti *in Milan, 1975; Oscar de la Technique in Paris in 1983. Works for leading companies with a preference for the jobs where the technical element prevails over the aesthetic one.*

223

Charly, divano trasformabile
Evoluzione 1983

*Charly, modular sofa
Evoluzione 1983*

Sedia Isotta, tavolo Tristano
pieghevoli
2Inn 1975

*Isotta chair, Tristano table
folding units
2Inn 1975*

Master, tavolo milleusi
Castiglioni 1983

*Master, multi-purpose table
Castiglioni 1983*

Collezione Ambassador
Oscar de la technique 1983
EMU 1982

*Ambassador Collection
Oscar de la technique 1983
EMU 1982*

Poltroncina Tesa
Sofart 1982
con Giuseppe Terzano

*Tesa armchair
Sofart 1982
with Giuseppe Terzano*

Motoryacht Martinica 42TS
Cantieri Posillipo 1978

*Motoryacht Martinica 42TS
Cantieri Posillipo 1978*

Paolo Tilche

Nato ad Alessandria d'Egitto nel 1925, vive a Milano, opera come architetto e designer. In questo settore ha realizzato circa quattrocento oggetti per Sirrah, Arform, Roman Letic, Cedit, Ideal Standard, Gedy, Blome, Corrier, Pencin, Ideal, Casigliani.

Born in Alexandria in 1925, lives in Milan and works as an architect and designer. Has designed some 400 objects for Sirrah, Arform, Roman Letic, Ideal Standard, Cedit, Gedy, Blome, Corrier, Pencin, Ideal, Casigliani.

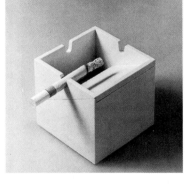

224

Linea di Sanitari
Ideal Standard

Line of sanitary fixtures
Ideal Standard

Lampada Quadro
Sirrah

Quadro, lamp
Sirrah

Pagoda, Guzzini 1971

Posacenere
Arform 1968

Ashtray
Arform 1968

Lampada
Sirrah

Lamp
Sirrah

Portaolio e aceto
Arform 1968

Oil and vinegar cruet
Arform 1968

Bicchieri in cristallo
Parise

Crystal glasses
Parise

Ciotole in acciaio
Arform

Steel bowls
Arform

Lampada in carta e legno
Bilumen

Lamp in paper and wood
Bilumen

Tom Tjaarda

ADI

Nato a Detroit nel 1934, laureato in architettura all'Università del Michigan, vive a Torino. Recentemente ha fondato il proprio studio Dimensione Design. In Italia dal 1959, ha lavorato per Ghia, Pininfarina, Italia '61, De Tomaso, Centro Stile Fiat, Rayton Fissore. Ha disegnato la Pantera De Tomaso, la Ford Fiesta del 1972, la Seat Ronda, elicotteri per la Silvercraft.

Born in Detroit in 1934, graduated in architecture from the Michigan University, lives in Turin. He has recently opened his own office, Dimensione Design. In Italy since 1959, worked for Pininfarina, Italia '61, De Tomaso, Fiat Styling Centre, Rayton Fissore. Designed the Pantera De Tomaso, Ford Fiesta in 1972, Seat Ronda and helicopters for Silvercraft.

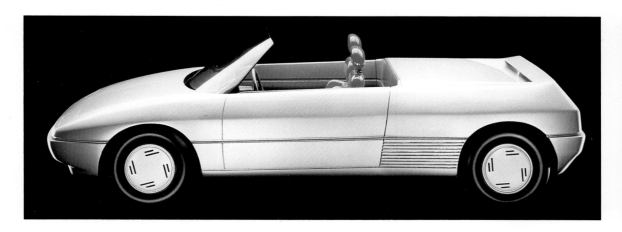

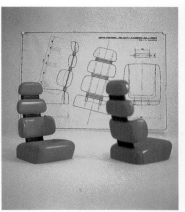

Sagitta Spyder 1984
Sagitta Spyder 1984

Boutique modulare per franchising Pratesi 1984

Modular boutique for franchising Pratesi 1984

Apparecchiature elettroniche, telefoni e dispositivi di sorveglianza a mezzo video System Sare Urmet 1985

Line of electronic equipment, telephones and video surveillance System Sare Urmet 1985

Sedile anatomico con movimento elettrico G. Ferrero 1985

Wrap-around seat with electric adjustment G. Ferrero 1985

Magnum 4x4, fuoristrada Rayton Fissore 1984

Magnum 4x4, off-road vehicle Rayton Fissore 1984

Werther Toffoloni

ADI

Nato a Udine nel 1930, studia a Venezia dedicandosi subito dopo all'insegnamento e alla progettazione industriale. Ha svolto l'attività professionale in collaborazione con Piero Palange fino al 1975. Collabora con varie industrie sul piano della progettazione e su quello della consulenza generale. Selezione Compasso d'Oro 1981 per la Sedia Otto, premio IBD 1982 per la sedia UNI 2.

Born in Udine in 1930, studied in Venice, then worked as a teacher and industrial designer. Worked with Piero Palange till 1975. A consultant and designer for various companies. Selection Compasso d'Oro 1981 for the chair Otto; IBD Award 1982 for the chair UNI 2.

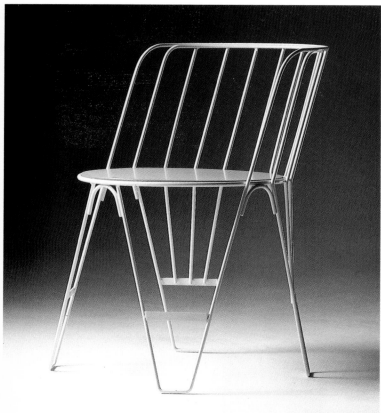

Poltrona G9
rattan e midollino
Germa 1980

*G9, armchair
rattan and pith
Germa 1980*

Programma Drop
Neoform 1984

*Drop programme
Neoform 1984*

Poltroncina
tondino termosaldato
Una sedia per gli USA 1985

*Easy chair
thermowelded rod
An Italian chair for the USA 1985*

Vela, poltrona chiudibile
struttura in metallo verniciato,
tessuto portante in nylon
Ibis 1983

*Vela, folding armchair
painted metal structure, nylon covering
Ibis 1983*

Otto, Ibis 1981

Otto, Ibis 1981

UNI 2
sedia smontabile
Ibis 1982

*UNI 2
demountable chair
Ibis 1982*

Gianni Tomba

ADI

Nato nel 1946, vive e lavora a Bologna. Dal 1972 si occupa di progettazione e architettura d'interni. Fonda sei anni dopo la GT Design, per la quale disegna complementi di arredo. Collabora come industrial designer con diverse aziende italiane. Alcuni suoi oggetti sono stati selezionati dal Museo d'arte contemporanea di Chicago (USA).

Born in 1946, lives and works in Bologna. A product designer and interior decorator since 1972. Six years later founded CT Design where he designs furnishings. Works as an industrial designer for several Italian companies. Some works were selected by the Museum of Contemporary Art in Chicago (USA).

227

Tavolo luna
con seduta incorporata
GT Design 1982

*Luna, table
with built-in seat
GT Design 1982*

Lampada Para, candelieri Ancora
GT Design 1983/1984

*Para lamp, Ancora candlesticks
GT Design 1983/1984*

Barattoli Cono e Tubo
alluminio verniciato a fuoco
GT Design 1984

*Cono and Tubo cans
stove enamelled aluminium
GT Design 1984*

Appoggio Lira
GT Design 1978

*Lira, stool
GT Design 1978*

Serie Omega, contenitori pluriuso
in alluminio verniciato
GT Design 1977

*Series Omega, multi-purpose units
in painted aluminium
GT Design 1977*

Lampada Gabbia 2
selezionata per il Museo d'Arte
Contemporanea di Chicago (USA)
GT Design 1980

*Gabbia 2, lamp
selected for the Museum of
Contemporary Art in Chicago (USA)
GT Design 1980*

Lorenzo Tosi

ADI

Nato nel 1948, vive e lavora a Milano. Interrotti gli studi di architettura, nel 1974 consegue l'attestato presso la Scuola Politecnica di Design di Milano. Ha lavorato anche per Montedison, Einaudi, Iveco. Insegnante di allestimento mostre presso la Società Umanitaria (1983-1984), ha progettato con lo studio MID gli allestimenti per: *Gli anni Trenta* 1982, *È Design* 1983, *Come giocavamo* 1984.

Born in 1948, lives and works in Milan. After leaving the studies of architecture, in 1974 graduated from the Scuola Politecnica di Design in Milan. Worked also for Montedison, Einaudi, Iveco. Teacher of exhibition design at the Società Umanitaria (1983-1984), designed for the Studio MID the following shows: Gli anni Trenta 1982; È Design 1983; Come giocavamo 1984.

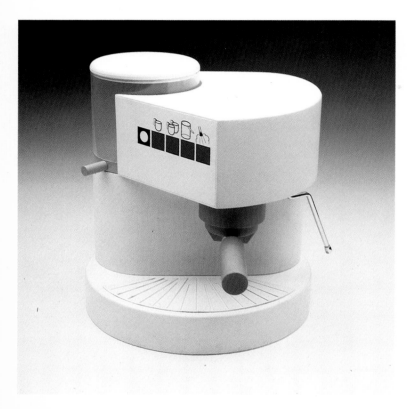

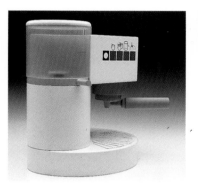

228

Macchina per caffè espresso con dosatore, per famiglia 1985

Espresso coffee maker family size, 1985

Gli Anni Trenta
simbolo tridimensionale della mostra
Comune di Milano 1982

*The thirties
exhibition three-dimensional symbol
Milan Local Authority 1982*

Apparecchio per termografia al seno 1984

Breast thermography device 1984

Macinacaffè elettrico
Seda 1985

*Electric coffee grinder
Seda 1985*

Casco antinfortunistico
Montedison 1975

*Safety helmet
Montedison 1975*

Trabucco e Vecchi

ADI

Francesco Trabucco, nato a Milano nel 1944, insegna ID al Politecnico di Milano e all'ISIA di Firenze e Marcello Vecchi, nato a Modena nel 1946, sono associati dal 1973. Hanno ottenuto la selezione al Compasso d'Oro 1981, selezione al BIO 9 e BIO 10 di Lubiana, il premio Die Gute Industrieform 1984.

Francesco Trabucco, born in Milan in 1944, ID teacher at the Milan Polytechnic and ISIA in Florence, and Marcello Vecchi, born in Modena in 1946, have been associates since 1973. Awards: selection Compasso d'Oro 1981, selection BIO 9 and BIO 10 in Lubiana, Die Gute Industrieform Award 1984.

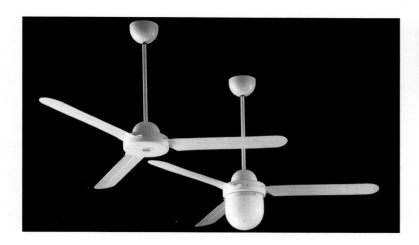

Ventilatori da soffitto
premio Die Gute Industrieform 1984
Vortice 1983

*Ceiling fans
Die Gute Industrieform Award 1984
Vortice 1983*

Bidone Acqua-dry
selezione Compasso d'Oro 1981
e BIO 10, Alfatec 1979

*Acqua-dry tank
selection Compasso d'Oro 1981
and BIO 10, Alfatec 1979*

Allegra, Vaghi 1985
sistema di seduta per collettività

*Allegra, Vaghi 1985
community armchair system*

Baby, divani e poltrone
Sofart 1984

*baby, sofas and armchairs
Sofart 1984*

Vortmuro
ventilatori elicoidali da muro in ABS
Vortice 1978

*Vortmuro
system of wall fans in ABS
Vortice 1978*

Scriba, arredi per ufficio
Zeta Mobili 1984

*Scriba, office furniture
Zeta Mobili 1984*

Ventilatore oscillante da tavolo
ABS e policarbonato
Vortice 1985

*Table swinging fan
ABS and polycarbonate
Vortice 1985*

Nicola Trussardi

ADI

Nato a Bergamo nel 1942, laureato in Economia e Commercio. Ha rinnovato immagine e prodotti dell'azienda di famiglia, scegliendo come simbolo la testa di un levriero sostenuto da uno stemma. Oggi questa griffe è conosciuta ovunque nel mondo e rappresenta un total look che va dall'abbigliamento ai gioielli, dagli occhiali agli oggetti per la persona, dagli accessori ai profumi.

Born in Bergamo in 1942, degree in Economics and Commerce. Updated the family's business image and its products choosing the head of a greyhound above a coat of arms as the firm's new trademark. This trademark is now known worldwide representing a total look ranging from clothing, jewellery and glasses to perfumes, accessories and miscellaneous objects.

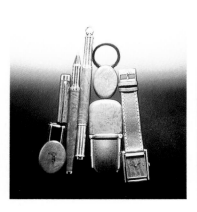

230

Trussardi Bike
telaio in metallo, borse e rifiniture
in cuoio
Garelli 1982/1983

*Trussardi Bike
metal frame, leather bags and finishing
Garelli, 1982/1983*

Bagaglio a mano Alitalia
crespo e rifiniture di cuoio
Trussardi 1983

*Alitalia bag
crêpe and leather finish
Trussardi 1983*

Inside
radica, metallo argentato e argento
Trussardi e altri 1979

*Inside
briar, silver plated metal, silver
Trussardi and others 1979*

Chaise longue Parabola
Busnelli 1984

*Parabola, chaise longue
Busnelli 1984*

Tavolo Belt
metallo profilato, cristallo, cuoio
Busnelli 1983

*Belt, table
rolled metal, crystal glass, leather
Busnelli 1983*

Poltrona Scultura
Busnelli 1983

*Scultura, armchair
Busnelli 1983*

Carlo Urbinati

ADI

Nato a Roma nel 1949, frequenta architettura lavorando nel settore arredamento con Fabio Lenci. Dopo il corso di arredamento e scenografia alla Hotech (CH), nel 1972 inizia l'attività di product designer, diversificando i campi di intervento. Collabora, oltre che con Lenci, con Giovanna Talocci e Patrizia Lalle. Insegna all'Istituto Europeo di Design.

Born in Rome in 1949, attended architecture working in the furniture sector with Fabio Lenci. After the furnishing and stage designing course Hotech (CH), in 1972 started working as a product designer in different fields. He works also with Giovanna Talocci and Patrizia Lalle. A teacher at the Istituto Europeo di Design.

231

Programma di mobili componibili
Giessegi 1981
con Patrizia Lalle

*Programme of modular furniture
Giessegi 1981
with Patrizia Lalle*

Sedia pieghevole
Stacchietti 1985

*Folding chair
Stacchietti 1985*

Divano-letto Atollo
Sleeping system 1975
con Fabio Lenci

*Atollo, sofa bed
Sleeping system 1975
with Fabio Lenci*

Sanitari pensili Antares con
accessori incorporati
metacrilato rinforzato con vetroresina
Teuco 1978

*Antares, wall sanitary fixtures with
built-in accessories fiber glass
reinforced metacrylate
Teuco 1978*

Pipedo, colonnina girevole
per il bagno,
poliuretano rigido
Tulli e Zuccari 1975

*Pipedo, revolving bathroom column
stiff polyurethane
Tulli and Zuccari 1975*

Andries Van Onck

ADI

1928 Amsterdam. Hochschule für Gestaltung, Ulm 1957. Studio a Milano con moglie giapponese. Ha realizzato molti prodotti di alto contenuto tecnologico ed estetico per grandi e piccole industrie. Suoi lavori sono nelle collezioni del Stedelijk Museum di Amsterdam, del Louvre ed altri. Premi Compasso d'Oro, SMAU e MACEF. Insegna ed ha scritto saggi sul design.

1928 Amsterdam. Hochschule für Gestaltung, Ulm 1957. Studio in Milan with Japanese wife. Designed many products with high technological and aesthetical content for large and small industries. Works exhibited in museums, including the Stedelijk Museum, Amsterdam, and the Louvre. Teaches and writes on industrial design. Compasso d'Oro winner, SMAU and MACEF awards.

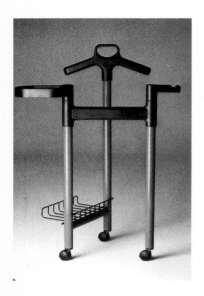
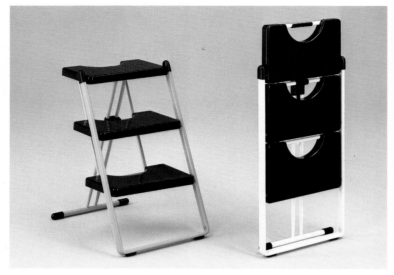

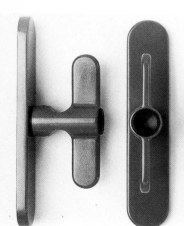

232

Appendiabiti su rotelle Totem
Magis 1982

Totem, wheeled clothes-stand
Magis 1982

Tokio, maniglia per porte e finestre segnalazione Compasso d'Oro
Olivari 1981

Tokyo, handle for doors and windows special mention Compasso d'Oro Olivari 1981

Scaletta pieghevole STEP
Magis 1984

STEP, folding ladder
Magis 1984

Tavolo regolabile Lem
Magis 1985

Lem, adjustable table
Magis 1985

Multimetro Explorer
Carlo Gavazzi Pantec 1984

Explorer, multimeter
Carlo Gavazzi Pantec 1984

Lampada stradale, Philips 1970

Philips 1970, streetlamp

Albatros, lampada per esterni
Soriani 1985

Albatros, outdoor lamp
Soriani 1985

Sedia pieghevole Cricket
Magis 1983

Cricket, folding chair
Magis 1983

Carla Venosta

ADI

Vive e lavora a Milano. Premio
Compasso d'Oro 1979 per
Mark 5, sistema elettromedicale
computerizzato. Premio
Compasso d'Oro 1981 per
Teknico, controsoffitto integrato.
Vicepresidente del Comitato
ICSID 83 a Milano. Consigliere di
amministrazione della Triennale
di Milano.

*Lives and works in Milan.
Compasso d'Oro winner 1979 for
Mark 5, a computerized
electromedical system. Compasso
d'Oro winner 1981 for Teknico, an
integrated false ceiling.
Vice-President of the ICSID
Committee 83 in Milan. Member of
the Milan Triennial board of
directors.*

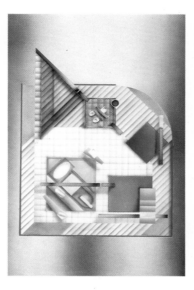

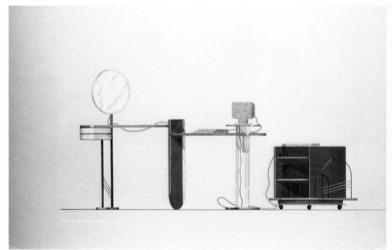

Sistema espositivo
Summit 1985

*Display system
Summit 1985*

Marks, sistema elettromedicale
Compasso d'Oro 1979
Amplaid

*Marks, electromedical system
Compasso d'Oro 1979
Amplaid*

Pianta del progetto 'Il bagno
come luogo pubblico e luogo
dell'immagine'
Ideal Standard 1984

*Plan of the project 'The bathroom
as a public and private place'
Ideal Standard 1984*

Tenico, controsoffitto integrato
Compasso d'Oro 1981
Termisol

*Tenico, integrated false ceiling
Compasso d'Oro winner 1981
Termisol*

Ovato tondo, scrivania
Summit 1985

*Ovato tondo, desk
Summit 1985*

Mario Viezzoli

ADI

Nato a Trieste nel 1948, vive a Padova e lavora nel campo della comunicazione visiva, dell'industrial design e del design di interni per la media e grande distribuzione. Nel 1977 ha coordinato l'ufficio Studi e Progetti della Longato Arredamenti, attualmente collabora, tra gli altri, con Euromobil, Febar, Malobbia International, Mimo, Zalf. Selezionato al Compasso d'Oro 1979.

Born in Trieste in 1948, lives in Padua and works in the fields of visual communication and industrial and interior design for the medium and large store chains. In 1977 was the director of the Research and Design Dept. at Longato Arredamenti; now works for several companies including Euromobil, Febar, Malobbia International, Mimo, Zalf. Selected for the Compasso d'Oro 1979.

234

Letto matrimoniale Dream
metallo laccato lucido
Malobbia International 1984

*Dream, double bed
enamelled metal, glossy finish
Malobbia International 1984*

Cucina Spray
laminato plastico e bordature in ABS
Febar 1984

*Spray, kitchen
laminated plastic and ABS edges
Febar 1984*

Cassettone Dream
laccato lucido
Malobbia International 1984

*Dream, chest of drawers
lacquered, glossy finish
Malobbia International 1984*

Maniglia per cucina Spray
straticolor Abet Print
Febar 1984

*Spray, kitchen handle
Abet Print straticolor
Febar 1984*

Nanda Vigo

Mitteleuropea, nata a Milano, laureata nel 1959 all'Institute Politechnique di Losanna, training a S. Francisco. Dal 1958 più di 350 mostre in musei e gallerie. Presente alla Triennale 1964 e 1973, alla Biennale di Venezia 1982. Tra i premi, il New York Award nel 1971 e il primo premio Saint Gobain 1976. Opera con un rapporto interdisciplinare tra arte, design, architettura, ambiente.

Born in Milan, graduated in 1959 from the Institute Politechnique in Lausanne, training in San Francisco. Since 1958 more than 350 exhibitions in museums and galleries. Was present at the Triennial in 1964 and 1973 and at the Biennial of Venice in 1982. Awards including the New York Award in 1971 and the Saint Gobain first prize in 1976. Interdisciplinary work in the fields of art, design, environment and architecture.

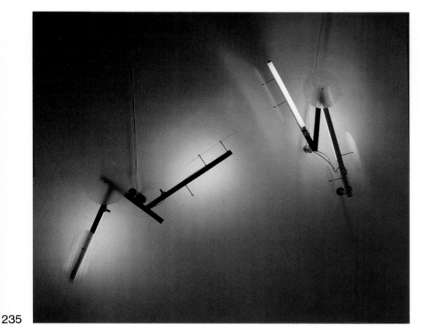

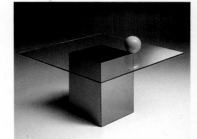

235

Decoro Stripes New 20x20
biscotto smaltato e serigrafato
Interior Gabbianelli 1983

*Decoration Stripes New 20x20
enamelled and silk screened biscuit
Interior Gabbianelli 1983*

Decoro Star System 20x20
Interior Gabbianelli 1983

*Decoration Star System 20x20
Interior Gabbianelli*

Light Tree
lampade a muro W1 e W2
Rainer Krause Quartett 1985

*Light tree
W1 and W2, wall lamps
Rainer Krause Quartett 1985*

Tavolini tris Modern Art
specchio serie Cosmos
Glass Design Macherio 1981

*Modern Art tables and mirror
series Cosmos
Glass Design Macherio 1981*

Decoro Stripes 20x20
Interior Gabbianelli 1982

*Decoration Stripes 20x20
Interior Gabbianelli 1982*

Specchio serie Cosmos
Glass Design Macherio 1981

*Mirror series Cosmo
Glass Design Macherio 1981*

Tavolo Blok
cristallo e specchio fumé
Acerbis International 1971

*Blok table
crystal glass and smoke-grey mirror
Acerbis International 1971*

Hans Von Klier

ADI

Nato a Tetschen (Cecoslovacchia) nel 1934, Hochschule für Gestaltung di Ulm. Dal 1960 al 1968 con Ettore Sottsass Jr. Dal 1969 responsabile della Corporate Identity della Olivetti. Mostra personale galleria Il Sestante (Milano 1962) sui giochi didattici, due partecipazioni alla Triennale. Membro di giuria del Gute Industrie form dal 1973 al 1975.

Born in Tetschen (Czechoslovakja) in 1934, attended the Hochschule für Gestaltung in Ulm. 1960 to 1968 with Ettore Sottsass jr. In charge of Olivetti corporate identity since 1969. One-man show on educational games at the Il Sestante gallery (Milan 1962); member of the Gute Industrie form jury from 1973 to 1975.

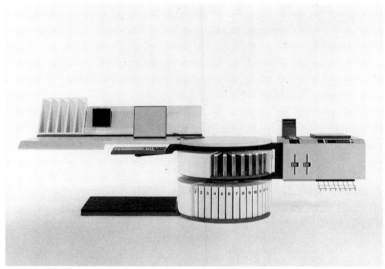

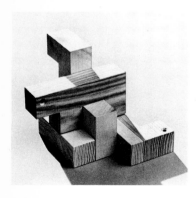

Tessuto Explosion
Assia Italiana 1983

*Explosion, fabric
Assia Italiana 1983*

Zoo, Ulm 1958

Poltrone Azzard
Skipper 1984

*Azzard, armchairs
Skipper 1984*

Edys, sedia ergodinamica
Olivetti Synthesis 1980

*Edys, ergodynamic chair
Olivetti Synthesis 1980*

Posto di lavoro integrale
Museo Neue Sammlung, Monaco
1984

*Integral work-place
Museum Neue Sammlung, 1984*

Tavolo Ponte
Skipper 1974

*Ponte, table
Skipper 1974*

Kit di arredamento per creare un'area identificante
Ing. C. Olivetti & C. 1984
con Monica Unger

*Furnishing kit for stand
Ing. C. Olivetti & C. 1984
with Monica Unger*

Antonio Zambusi

ADI

Dello studio Boccato Gigante Zambusi. Nato a Padova nel 1937, laureato in architettura a Venezia. Attivo nei settori architettura, restauro, arredamento e design, collabora da sempre con Boccato e Gigante. Pezzi esposti all'*Italy, the new domestic landscape,* di New York, Biennale di Venezia 1970 (sezione arti decorative), Museo d'Arte Contemporanea di Chicago 1982. Premio *Andrea Palladio* Vicenza 1969, Premio Macef 1966.

Boccato Gigante Zambusi Studio's. Born in Padua in 1937, graduated in architecture from Venice University. Works in the sectors of architecture, restoration, furnishing and design and has always worked with Boccato and Gigante. Works exhibited at Italy, the new domestic landscape *in New York, the Biennial of Venice 1970 and the Museum of Contemporary Art in Chicago 1982. Prize* Andrea Palladio *Vicenza 1969, Macef Award 1966.*

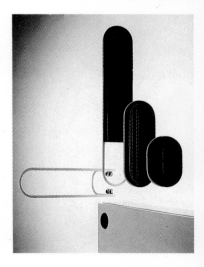

Acquarius, mobili per bagno coordinati con accessori in ceramica 1982

Acquarius, bathroom furniture coordinated with ceramic accessories 1982

Orologio Clocky Industrie Secco, Seccose 1984

Clocky, clock Industrie Secco, Seccose 1984

Totum, lampada per interni ed esterni alluminio pressofuso e policarbonato Zerbetto 1976

Totum, lamp outdoor lamp die-cast aluminium and polycarbonate Zerbetto 1976

Mobili per ufficio direzionale Ultom 1981

Furniture for manager's office Ultom 1981

Planduo, lampada da tavolo a tubi fluorescenti Zerbetto 1980

Planduo, table lamp with glow tubes Zerbetto 1980

Poltrona e divano Cadillac BBB Bonacina 1980

Cadillac, armchair and sofa BBB Bonacina 1980

Accessori da bagno Anula ceramica, acciaio e ottone Sicart 1977

Anula, bathroom accessories ceramic, steel and brass Sicart 1977

Gastone Zanello

Nato nel 1931. Nel 1959 con Gino Valle alla Zanussi dove è stato dal 1962 al 1980 responsabile del disegno industriale degli elettrodomestici. Compasso d'Oro 1962 e 1967. Ha collaborato dal 1976 con Andries Van Onck (Compasso d'Oro 1981). Dal 1980 responsabile del design al settore elettronico Zanussi-Seleco.

Born in 1931. Since 1959 at the Zanussi company where from 1962 to 1980 was the chief of the Industrial Design team in the household appliances dept. Compasso d'Oro winner in 1962 and 1967. Since 1976 with Andries Van Onck (Compasso d'Oro winner 1981) and since 1980 chief manager of the ID Dept. at the Zanussi-Seleco electronic department.

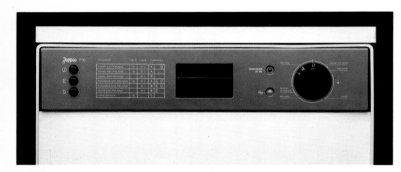

Cruscotti per elettrodomestici
Zanussi 1979

*Front panels for household appliances
Zanussi 1979*

Carrelli per Hi-Fi videocenter
Seleco 1983

*Hi-Fi racks
Seleco 1983*

Televisori
Seleco 1983/1985

*TV sets
Seleco 1983/1985*

Televisore portatile
Seleco 1983

*Portable TV set
Seleco 1983*

Televisore stereofonico
con casse mobili
Seleco 1985

*Stereophonic TV set
with mobile boxes
Seleco 1985*

Marco Zanuso jr.

ADI

Nato a Milano nel 1954, laureato in architettura a Firenze, ha collaborato con Natalini e Zanuso sr. Assistente di ID al Politecnico di Milano, dal 1980 si occupa nel proprio studio di progettazione architettonica, disegno industriale, allestimenti, organizzazione di mostre. Nel 1981 con Luigi e Pietro Greppi e Bepi Maggiori ha creato il marchio Oceano Oltreluce.

Born in Milan in 1954, graduated in architecture in Florence, worked with Natalini and Zanuso sr., ID assistant lecturer at the Milan Polytechnic. Since 1980 has specialized in architecture, industrial design and stand and pavilion design, working in his own office. In 1981 founded Oceano Oltreluce with Luigi and Pietro Greppi and Bepi Maggiori.

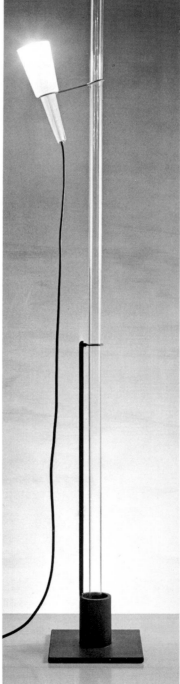

Eco, lampada alogena da tavolo
Oceano Oltreluce 1982
con Bepi Maggiori

Eco, halogen table lamp
Oceano Oltreluce 1982
with Bepi Maggiori

Tavolo smontabile
struttura in ferro piano in cristallo
con Bepi Maggiori

Demountable table
iron structure, crystal glass top
with Bepi Maggiori

Sedia in tubo di ferro e lamiera forata
con tessuto sfilabile
MB 1981
con Bepi Maggiori

Chair in iron tube and perforated plate
with loose cover
MB 1981
with Bepi Maggiori

Truba, lampada alogena
regolabile in altezza
Carlo Moretti 1984

Truba, halogen lamp
with adjustable height
Carlo Moretti 1984